UTB 8264

Eine Arbeitsgemeinschaft der Verlage

Beltz Verlag Weinheim · Basel · Berlin
Böhlau Verlag · Köln · Weimar · Wien
Wilhelm Fink Verlag München
A. Francke Verlag Tübingen und Basel
Haupt Verlag Bern · Stuttgart · Wien
Verlag Leske + Budrich Opladen
Lucius & Lucius Verlagsgesellschaft Stuttgart
Mohr Siebeck Tübingen
C. F. Müller Heidelberg
Ernst Reinhardt Verlag München und Basel
Ferdinand Schöningh Verlag Paderborn · München · Wien · Zürich
Eugen Ulmer Verlag Stuttgart
UVK Verlagsgesellschaft Konstanz
Vandenhoeck & Ruprecht Göttingen
WUV Facultas · Wien

Wilfried Plöger

Grundkurs Wissenschaftstheorie für Pädagogen

Wilhelm Fink Verlag

Der Autor:
Wilfried Plöger ist Professor für Erziehungswissenschaft an der Universität zu Köln.
1985 Promotion, 1991 Habilitation.

Buchveröffentlichungen:
Forschender Physikunterricht (1983), Phänomenologie und ihre Bedeutung für die Pädagogik (1986), Naturwissenschaftlich-technischer Unterricht unter dem Anspruch der Allgemeinbildung (1989), Allgemeine Didaktik und Fachdidaktik (in Herausgeberschaft zusammen mit Meinert Meyer) (1994), Wurzeln des Sachunterrichts (in Herausgeberschaft mit Erich Renner) (1996), Was kann und soll Lehrerbildung leisten? – Anspruch und Realität des erziehungswissenschaftlichen Studiums (zusammen mit Elmar Anhalt) (1999), Allgemeine Didaktik und Fachdidaktik (1999)

Bibliografische Information der Deutschen Bibliothek

Die Deutsche Bibliothek verzeichnet diese Publikation in der Deutschen Nationalbibliografie; detaillierte bibliografische Daten sind im Internet über
http://dnb.ddb.de abrufbar.

Gedruckt auf umweltfreundlichem, chlorfrei gebleichtem
und alterungsbeständigem Papier ♾ ISO 9706

ISBN 3-7705-3857-9

Internet: www.fink.de

Printed in Germany
Herstellung: Ferdinand Schöningh GmbH, Paderborn
Einbandgestaltung: Atelier Reichert, Stuttgart

UTB-Bestellnummer: ISBN 3-8252-8264-3

Inhaltsverzeichnis

Vorwort ... 7

1. Kapitel
Die Arbeitsweise des Naturwissenschaftlers 9

2. Kapitel
Empirische Forschung im Bereich der Pädagogischen Psychologie ... 17

3. Kapitel
„Echte" Experimente und ex-post-facto-Studien ... 21

4. Kapitel
Gütekriterien empirischer Forschung ... 29

5. Kapitel
Theorie und Empirie ... 35

6. Kapitel
Empirische Forschung und ihr (implizites) .. 43
Menschenbild

7. Kapitel
Planung einer empirischen Untersuchung ... 47

8. Kapitel
Qualitative Forschung ... 55

9. Kapitel
Das Problem der Werturteilsfreiheit ... 67

10. Kapitel
Empirische Erziehungswissenschaft und Didaktik ... 75

11. Kapitel
Der Kritische Rationalismus ... 87

12. Kapitel
Spielarten des Falsifikationismus: Dogmatischer, methodologischer und raffinierter Falsifikationismus ... 97

13. Kapitel
Wissenschaftstheorie nach Thomas Kuhn ... 107

14. Kapitel
Die strukturalistische Auffassung von Wissenschaft nach Sneed und Stegmüller ... 125

Rückblick ... 133

Antworten zu den Kontrollfragen ... 137

Glossar ... 149

Zitierte Literatur ... 153

Biographische Anmerkungen ... 157

Vorwort

Dieses Buch verfolgt das Ziel, Studienanfänger der Fächer Pädagogik und Psychologie in grundlegende Sachverhalte empirischer Wissenschaftstheorie einzuführen. Es ist zu Beginn dieser Einführung natürlich nicht möglich, dem Leser präzise mitzuteilen, was empirische Wissenschaftstheorie bedeutet. Denn diesen komplexen Sachverhalt sollen die folgenden Kapitel ja erst entwickeln. Durch die Formulierung konkreter Fragen läßt sich aber andeuten, worum es in diesem Buch geht. Thematisiert werden etwa folgende Fragen:

- Wie gelangt der Wissenschaftler zu „sicherem“ Wissen?
- Welche Methoden sind geeignet, um dieses Wissen zu gewinnen?
- Welche Kriterien legt man für die Wissenschaftlichkeit dieses Wissens an?
- Nach welchen Maßstäben kann man Theorien kritisieren?
- Wie verhält man sich gegenüber einer Vielzahl von konkurrierenden Theorien?

Wenn man auf derartige Fragen Antworten sucht, will man wissen, wie Wissenschaft „funktioniert“, was also das „Wesen“ von Wissenschaft ausmacht. Deshalb zielt diese Einführung weniger auf die speziellen *Methoden* oder auf besondere *Ergebnisse* der Forschung, sondern auf die *grundsätzliche* Arbeitsweise eines Forschers und auf die *Rechtfertigung*, die *Begründung* für sein Vorgehen.

Zur Veranschaulichung der sich dabei stellenden Probleme wird es allerdings notwendig sein, spezifische Forschungsprojekte beispielhaft vorzustellen, d.h. also auch das methodische Design einer empirischen Untersuchung und ihre Ergebnisse zu beschreiben, um daran dann erkennen zu können, wie sich das „Wesen“ empirischer Forschung fassen läßt.

Diese Einführung setzt auf Seiten des Lesers keine wissenschaftstheoretischen Vorkenntnisse voraus; sie möchte ihm grundlegende Begriffe und Zusammenhänge vermitteln, die ihn befähigen, sich selbst mit den entsprechenden wissenschaftstheoretischen Standardwerken auseinandersetzen zu können. Die Beschäftigung mit Wissenschaftstheorie soll aber kein Selbstzweck sein – so interessant einem auch die Materie erscheinen mag –, sondern soll einen in die Lage versetzen, die Theorien, die man in seinem Studium kennenlernt, besser – gleichsam von einer höheren Warte her – zu verstehen und vor allem auch eine *kritische Distanz* zu ihnen entwickeln zu können. Denn für denjenigen, der sich noch nicht intensiv mit Problemen empirischer Forschung auseinandergesetzt hat, steht die Empirie meistens in gutem Ruf. Sie scheint unbestreitbare Fakten zu liefern, auf die man sich verlassen darf. Deshalb beauftragen z.B. Politiker zur Klärung bestimmter (Streit-)Fragen Wissenschaftler. Diese gelangen über zum Teil sehr aufwendige und kostspielige Untersuchungen zu Aussagen, die zu politischen Entschlüssen führen oder bereits getroffene Entscheidungen nachträglich rechtfertigen sollen.

Verfolgt man aber ein wenig die Diskussion solcher Forschungsergebnisse, so zeigt sich sehr schnell, daß diese Ergebnisse alles andere als „objektive“, unumstrittene Fakten sind, sondern daß in den verschiedenen Stadien des Forschungsprozesses z.B. Festsetzungen zu treffen waren und daß man dabei zwischen verschiedenen Möglichkeiten zu wählen, sich also zu entscheiden hatte. In solchen Entscheidungsprozessen geht es nicht nur um die bloße Beschreibung und Erklärung von Sachverhalten, sondern auch um deren Wertung.

Solche und andere Probleme begleiten die wissenschaftliche Arbeit mit einer gewissen Selbstverständlichkeit. Deshalb kommt es uns darauf an, nicht nur die „Spielregeln“ von Wissenschaft darzustellen, sondern sie auch kritisch zu reflektieren. Am Ende mag sich dann die ernüchternde Erkenntnis einstellen, daß die Tätigkeit des Forschers ein überaus pragmatisches Vorgehen ist, dessen Möglichkeiten und Grenzen nur derjenige abzuschätzen weiß, der sich zumindest mit einigen grundlegenden Sachverhalten empirischer Wissenschaftstheorie exemplarisch befaßt hat.

Zur Erleichterung des Verständnisses folgt diese Einführung einigen didaktisch-methodischen Gesichtspunkten:

- Zu Beginn eines Kapitels informiert ein Überblick den Leser darüber, welche Begriffe, Zusammenhänge und wissenschaftstheoretischen Sachverhalte er kennenlernen wird.
- Die Ausführungen sind so konzipiert, daß die wissenschaftstheoretischen Sachverhalte jeweils über Beispiele veranschaulicht werden.
- Empirische Forschung ist ursprünglich eine Domäne der naturwissenschaftlichen Disziplinen gewesen; an diesen „Vorbildern“ haben sich später auch die sozialwissenschaftlichen Disziplinen orientiert. Deshalb werden die jeweiligen wissenschaftstheoretischen Sachverhalte nicht nur an sozialwissenschaftlich relevanten Beispielen, sondern auch an einfachen Beispielen aus naturwissenschaftlichen Disziplinen veranschaulicht. Aber keine Sorge: Der Leser muß kein Kenner der Physik oder Chemie sein; er wird die Beispiele ohne spezielle naturwissenschaftliche Vorkenntnisse verstehen.
- Übungsaufgaben und Lösungsvorschläge sollen die zuvor erarbeiteten Kenntnisse vertiefen und zu einer kritischen Meinungsbildung beitragen.
- Am Ende eines Kapitels sind Kontrollfragen aufgeführt, mit deren Hilfe der Leser selbständig seinen Kenntnisstand überprüfen kann. Die Antworten auf diese Fragen finden sich im Anhang des Buches.
- Das Buch läßt sich in zwei Teile gliedern: Im ersten Teil (Kapitel 1 bis 8) wird der Leser in einer eher intuitiven Weise mit Fragen wisssenschaftlicher Forschung bekannt gemacht; der zweite Teil (Kapitel 8ff.) ist systematisch ausgerichtet und stellt grundlegende wissenschaftstheoretische Sachverhalte und Probleme in zusammenhängender Weise dar.
- Im Seitenrand sind kleine Dreiecke verankert; sie markieren zentrale Begriffe und Sachverhalte und sollen eine optische Hilfe sein, beim evtl. erforderlichen Zurückblättern schnell die vormals eingeführten Definitionen wiederzufinden.
- Die mit Sternchen (*) markierten Wörter sind allesamt am Ende des Buches in einem Glossar zusammengestellt. Es soll helfen, die während des Lesens noch nicht zur Gänze verinnerlichten Begriffe unverzüglich nachschlagen zu können.
- Die einzelnen Kapitel dieser Einführung bauen aufeinander auf. Der Leser benötigt also zum Verständnis unbedingt die in den vorangegangenen Ausführungen vermittelten Kenntisse. Deshalb kann man die Lektüre nicht an beliebigen Stellen beginnen, sondern muß sich Schritt für Schritt in die Materie einarbeiten.

Das vorliegende Buch ist aus einer Vorlesung heraus erwachsen, die ich mehrmals an der Universität zu Köln gehalten habe. Bei den Übungsaufgaben konnten deshalb Anregungen der Studierenden einfließen, damit die Aufgabenstellung und die Lösungsvorschläge möglichst eindeutig sind. Mein Dank gilt also diesen Anregungen.

Ganz besonderen Dank möchte ich meinen Kollegen und Mitarbeitern Elmar Anhalt, Klaus-Ulrich Wasmuth und Daniel Scholl sagen. Sie haben die Gestaltung des Buches durch Ergänzungen, Korrekturen, didaktisch-methodische Vorschläge, Grafikentwürfe und schließlich auch durch die lästige Arbeit des Korrekturlesens mitgetragen.

1. Kapitel

Die Arbeitsweise des Naturwissenschaftlers

Überblick:

In diesem Kapitel wird an einem Beispiel aus der medizinischen Forschung die grundsätzliche Arbeitsweise des Naturwissenschaftlers demonstriert.

Erklärungsbedürftige Phänomene veranlassen den Forscher zur Formulierung von Hypothesen, die geeigneten empirischen Tests unterzogen werden. Diejenige Hypothese, die diesen Tests standhält, wird als (vorläufig bewährte) Theorie akzeptiert.

Man bezeichnet dieses Verfahren, vom besonderen Fall auf die Theorie, das Allgemeine, zu schließen, als Induktion. Wir werden später sehen, daß das induktive Verfahren in der Wissenschaftstheorie heftig kritisiert wurde.

Die auf diese Weise gewonnenen Theorien dienen in der Forschung und bei der praktischen Anwendung zur Erklärung zurückliegender und zur Prognose künftiger Ereignisse.

Diese Erklärungen und Prognosen werden aus einer Theorie unter Annahme besonderer raum-zeitlicher Bedingungen, sogenannter Antecedensbedingungen, abgeleitet.

Die Naturwissenschaften sind als „exakte" Disziplinen anerkannt, die „wahres", „objektives", unbestreitbares Wissen produzieren, und dieser Ruf ist es in der Vergangenheit gewesen, durch den sich auch sozialwissenschaftlich ausgerichtete Forscher genötigt sahen, bei ihren Untersuchungen so vorzugehen, wie es in der naturwissenschaftlichen Forschung der Fall war und ist. Deshalb wollen wir uns zu Beginn dieser Einführung mit einem Beispiel aus dem spannenden Buch „Philosophie der Naturwissenschaften" von Carl Gustav Hempel (erste Auflage 1974; hier zitiert als 1977[2]) befassen. Darin schildert Hempel die Arbeit des ungarischen Mediziners *Semmelweis*, der von 1844-1848 am Wiener Allgemeinen Krankenhaus arbeitete und dort Mitglied des ärztlichen Kollegiums der Ersten Geburtshilflichen Abteilung war.

Semmelweis hatte in jenen Jahren die schreckliche Feststellung machen müssen, daß in seiner Abteilung etwa drei- bis fünfmal soviel Frauen an Kindbettfieber starben wie in der benachbarten Zweiten Geburtshilflichen Abteilung. Auf ein derart rätselhaftes und bewegendes Phänomen reagierten die Beteiligten erwartungsgemäß mit Vermutungen über die zugrundeliegenden Ursachen. Einige dieser Vermutungen konnte Semmelweis, ohne einen *aufwendigen empirischen* Test durchführen zu müssen, schnell zurückweisen:

- ➪ So stieß Semmelweis z.B. auf die von Kollegen gehegte Vermutung, daß die Ursache der hohen Todesrate irgendwelchen epidemischen Einflüssen (die Rede war von „atmosphärisch-kosmisch-tellurischen Änderungen"; s. S. 11) zugeschrieben werden könnte. Warum aber sollte dann nur die Erste und weitaus weniger die Zweite Abteilung betroffen sein? Und wie sollte man mit dieser Vermutung die niedrige Todesrate derjenigen Frauen erklären, die weit vom Krankenhaus entfernt wohnten und deshalb nicht selten auf dem Weg dorthin entbinden mußten?
- ➪ Ein anderer Grund für die erhöhte Sterberate wurde in der Überbelegung der Ersten Abteilung gesehen. Semmelweis konnte jedoch leicht zeigen, daß die Belegung der Zweiten Station noch stärker war.
- ➪ Als haltlos erwies sich auch die Meinung, daß die Frauen der beiden Abteilungen unterschiedlich verpflegt und behandelt wurden.
- ➪ Eine zur Untersuchung des beängstigenden Phänomens eingesetzte Kommission vermutete zunächst, daß die Ursache in einer zu groben Untersuchungsweise durch Studenten, die nur in der Ersten Abteilung ihre Ausbildung erhielten, liege. Demgegenüber konnte Semmelweis aber auf die viel schwereren Verletzungen bei der Geburt selbst verweisen. Außerdem behandelten die Hebammen in der Zweiten Abteilung nach der gleichen Vorgehensweise wie die Studenten. Selbst eine drastische Kürzung der Zahl der auszubildenden Studenten in der Ersten Abteilung führte nicht zur Bestätigung der Vermutung, da die Todesrate nach einem geringen Abfall sogar höher lag als zuvor.
- ➪ Ein weiterer Erklärungsversuch zielte darauf ab, daß ein Priester, der den Sterbenden die Kommunion brachte, durch die Begleitung seiner Meßdiener mit einer Klingel die Frauen der Ersten Station so stark erschrecken könnte, daß ihr Wille zum Leben dadurch gebrochen würde. Semmelweis ließ den Priester schließlich ohne Klingel und auf einem Umweg zu den Sterbenden gehen: Eine Änderung der Todesrate ergab sich dadurch aber nicht.
- ➪ Da die Frauen der Ersten Abteilung auf dem Rücken liegend entbunden wurden, die der Zweiten dagegen lateral (seitlich), führte Semmelweis auch in seiner Abteilung die laterale Geburtsstellung ein. Und wiederum blieb dadurch die Zahl der an Kindbettfieber sterbenden Frauen unverändert hoch.

Im Jahre 1847 ereignete sich ein folgenreicher Zwischenfall: Ein Kollege Semmelweis' wurde während einer Autopsie von einem Studenten mit einem Skalpell am Finger verletzt. Die daraus resultierende Erkrankung des Kollegen zeigte die gleichen Symptome, die man vom Kindbettfieber her kannte, und führte nach großen Qualen zum Tod. Dieser Fall brachte Licht in das Dunkel. Die Ähnlichkeit des Krankheitsverlaufs, der in beiden Fällen tödlich ausging, brachte Semmelweis auf die Idee, daß jeweils die gleiche Ursache für die auftretenden Erscheinungen in Frage kommen mußte. Er vermutete, daß die behandelnden Ärzte und Medizinstudenten die Frauen infiziert hatten, wenn sie nach der Arbeit in der Autopsie direkt die in Wehen liegenden Frauen untersuchten.

Um sich dessen sicher zu sein, prüfte er seine Hypothese gewissenhaft nach. Auf seine Veranlassung hin mußten sich alle an den Autopsien beteiligten Personen in einer entsprechenden Lösung die Hände desinfizieren, erst dann wurden die Untersuchungen in der Ersten Abteilung durchgeführt. Das Ergebnis bestätigte die Vermutung: Seitdem diese neue Regelung der Hygiene eingeführt worden war, sank die Todesrate in der Ersten Abteilung auf nahezu den gleichen Wert wie in der Zweiten. Die

„Leichensubstanz" war es also, die zu den tödlichen Infektionen geführt hatte.

Wenn wir nun versuchen, das Vorgehen Semmelweis' systematisch zu betrachten, so zeigt sich folgendes Bild: Anlaß für seine Forschungen war ein *rätselhaftes Phänomen*. Er und andere stellten dann *Vermutungen/Hypothesen* auf, die mögliche *Erklärungen* für dieses Phänomen bieten sollten. Bei bloßen Hypothesen kann die medizinische Forschung jedoch nicht stehenbleiben, da man gegen eine Krankheit erst dann etwas unternehmen kann, wenn man ihre *Ursachen* exakt ausmachen kann. Deshalb unterwarf Semmelweis die jeweiligen Hypothesen entweder einer gedanklichen Überprüfung („Gedankenexperiment") oder einem *empirischen Test*. Wir werden später noch sehen, daß man für einen empirischen Test exakt formulierte Hypothesen benötigt. Diesen Prozeß der exakten Hypothesenformulierung bezeichnet man als *Operationalisierung**. Semmelweis mußte alle Hypothesen (bis auf die letzte) zurückweisen. Diese letzte Hypothese hat durch die erfolgreiche empirische Überprüfung den Status einer *Theorie* erhalten, die lautet:

Immer wenn Wunden mit „Leichensubstanz" in Berührung kommen, führt dies zu einer tödlich verlaufenden Infektion.

Wir führen an dieser Stelle den Terminus „Theorie" in einer einfachen, formalen Weise ein, indem wir uns an die elementare Logik halten. Dort benutzt man sogenannte Quantoren (eigentlich Quantifikatoren = „Anzahlmacher"), um genaue Aussagen über Mengen oder über ihre Teile (Teilmengen) machen zu können. Es sind für unsere Überlegungen vier Quantoren zu unterscheiden: „alle", „genau ein", „nicht alle" und „mindestens ein". Wir definieren nun mit Hilfe dieser Quantoren drei Satzarten, die für die empirische Wissenschaftstheorie von besonderer Bedeutung sind.

(1) *Generelle Sätze** (auch „All-Sätze" genannt): Generelle Sätze sind Sätze, die sich auf *alle* Elemente einer Menge beziehen.

Beispiele:
Immer wenn es regnet, wird die Straße naß. Immer wenn Wunden mit „Leichensubstanz" in Berührung kommen, führt dies zu einer tödlich verlaufenden Infektion. Alle Menschen sind sterblich. Schüler lernen besonders gut, wenn der Lehrer sie entsprechend motiviert. Kinder im Kleinkindalter bedürfen einer hohen emotionalen Zuwendung.

(2) *Singuläre* (auch: singulare) *Sätze**
Singuläre Sätze sind Sätze, die sich auf *genau ein* Element einer Menge beziehen.

Beispiele:
Semmelweis hat die Ursache des Kindbettfiebers entdeckt. Hans ist ein schlechter Schüler. Lehrer Müller bereitet seine Unterrichtsstunden gewissenhaft vor.

(3) *Partikuläre* (auch: partikulare) *Sätze**
Partikuläre Sätze beziehen sich auf *mindestens ein* Element, *aber nicht auf alle* Elemente einer Menge.

Beispiele:
Manchmal regnet es. Hin und wieder lernt man im Leben etwas. Es gibt fleißige Schüler. Manche Lehrer – so der Volksmund – sind faul.

Eine *Theorie** hat den *formalen* Status eines *generellen* Satzes; sie beansprucht, Aussagen über alle Elemente der betreffenden Menge zu machen. Im Falle der Theorie von Semmelweis soll sie also auf alle Menschen, die mit „Leichensubstanz" in Berührung kommen, zutreffen. Diese formale Definition von „Theorie" mag auf den ersten Blick befremden, weil vieles, was man eventuell nicht als eine Theorie betrachtet hätte, nun sozusagen zu einer Theorie „hochstilisiert" wird, wie dies beispielsweise im Falle des generellen Satzes „Alle Menschen sind sterblich" (eine Allerweltsweisheit) erscheinen könnte. Dennoch wird sich diese formale Begriffsbestimmung im weiteren Verlauf als sehr tragfähig erweisen, über grundsätzliche Probleme empirischer Wissenschaftstheorie nachzudenken. Das gilt auch von den noch näher zu behandelnden singulären und partikulären Sätzen.

Graphisch läßt sich die im vorangegangenen beschriebene Arbeitsweise des Naturwissenschaftlers folgendermaßen zusammenfassen:

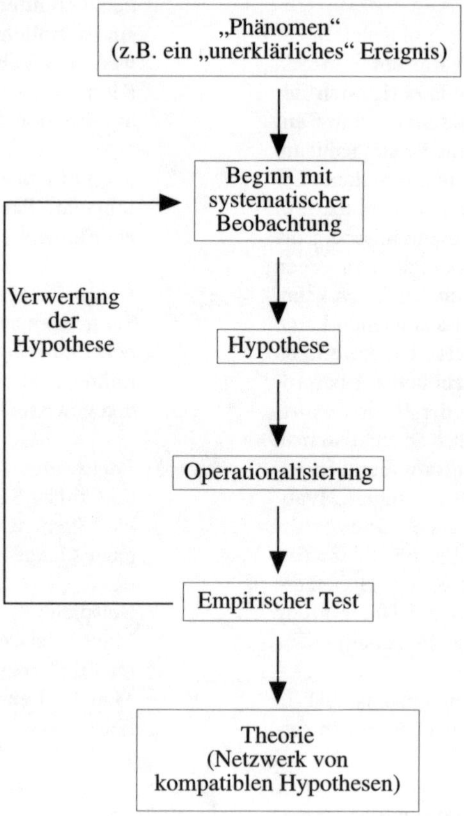

Abbildung 1

Wir betrachten diesen in Abbildung 1 dargestellten *Prozeß* der Forschung nun weniger psychologisch orientiert (Was spielt sich im Kopf des Wissenschaftlers ab?), sondern *formal*. Das Vorgehen Semmelweis' erweckt den Eindruck (später haben wir diesen allerdings zu korrigieren), daß man vom Besonderen (von den einzelnen tödlichen Ereignissen) auf das Allgemeine (die Theorie), genauer: von singulären Aussagen auf generelle schließt. Dieses Verfahren wird als *Induktion** bezeichnet (inducere, lt.: hineinführen) und zeugt zunächst von hoher Plausibilität. Gerade im Alltag zeigt sich immer wieder, daß wir sehr „induktionssensibel" sind, weil wir dazu neigen, von Einzelfällen auf Allgemeines zu schließen („Das ist mir nur einmal passiert!" „Mit *dem* hab' ich so meine Erfahrungen.") Für den Forscher könnte das induktive Vorgehen aber noch einen anderen Sinn haben, denn er kann niemals unendlich viele Untersuchungen durchführen, sondern muß seine empirischen Tests auf eine endliche Menge von Elementen eingrenzen. Dies hat jedoch zur Konsequenz, daß keine Sicherheit in der Frage besteht, ob der generelle Satz, die Theorie, immer zutreffen wird. Schon morgen kann die Realität zeigen, daß alles ganz anders ist. So hat uns z.B. die Geschichte der Physik immer wieder gelehrt, daß man durch Induktion keine absolut gültigen („wahren") Gesetze ermitteln kann. Viele Gesetzmäßigkeiten haben sich nämlich als „falsch" erwiesen; man denke nur an die kopernikanische Revolution (Ablösung des geozentrischen Weltbildes durch das heliozentrische Weltbild) oder an die Relativitätstheorie *Einsteins,* die die vorher von Newton aufgestellte Theorie in vielen Punkten widerlegte.

Der Blick auf diese formalen Implikationen von Theoriebildung soll nicht verdecken, daß Wissenschaft letztlich kein Selbstzweck sein, sondern zur Lösung bestimmter praktischer Probleme dienen soll. Eine empirisch fundierte Theorie – so der Anspruch des Naturwissenschaftlers – kann auf zweifache Weise hilfreich für die Praxis sein: Im Hinblick auf vergangene, bereits geschehene Ereignisse kann sie *Erklärungen**, im Hinblick auf die Zukunft, auf erwartete Ereignisse, kann sie *Prognosen** liefern.

Bevor wir uns dem logischen Status von Erklärungen und Prognosen näher zuwenden, sind zwei wichtige Forderungen zu nennen, die beide – Erklärungen und Prognosen – erfüllen müssen:

(1) Erklärungen und Prognosen müssen, so Hempel, *erklärende Relevanz* haben (1977^2, S. 71). Will man beispielsweise erklären können, warum die Jahreszeiten in einem bestimmten Turnus wechseln, so muß sich ein logischer Zusammenhang zwischen der beobachteten Erscheinung (Wechsel der Jahreszeiten) und den erklärenden Sätzen herstellen lassen. Eine logisch stimmige Erklärung für unser Beispiel wäre: Der regelmäßige Wechsel der Jahreszeiten kommt dadurch zustande, daß erstens sich die Erde einmal im Jahr um die Sonne bewegt und daß zweitens die Erdachse nicht senkrecht zur Ebene der Erdumlaufbahn steht, sondern so, daß der nördliche Teil der Erde im Winter weniger Sonnenenergie auffangen kann als im Sommer. Eine solche logisch stimmige Erklärung erfüllt die Forderung nach *erklärender Relevanz.*

(2) Erklärungen und Prognosen müssen *empirisch überprüfbar* sein (1977^2, S. 71).
Die Erklärung, daß der Jahreszeitenwechsel auf irgendwelche „verborgenen, geheimen Kräfte", die menschlichen Sinnen nicht zugänglich sind, zurückzuführen sei, würde dem Kriterium der empirischen Überprüfbarkeit nicht genügen. Die Beobachtungen, die die Astronomen aber bisher gemacht haben, erfüllen dagegen die Forderung nach empirischer Überprüfbarkeit. Wir benutzen den Begriff „empirisch" hierbei im Sinne von: durch Erfahrung (Beobachtung/Experiment) gewonnen und für jedermann überprüfbar.

Die beiden unterschiedlichen Funktionen von Theorie (Erklärung und Prognose) lassen sich auf eine einheitliche *logische Struktur* zurückführen. Zur Aufstellung von Erklärungen und Prognosen benötigt man zunächst einen generellen Satz (oder auch mehrere generelle Sätze), also eine Theorie. Zusätzlich sind Angaben über die besonderen raum-zeitlichen Bedingungen notwendig; sie werden in singulären Sätzen zum Ausdruck gebracht. Diese besonderen Bedingungen werden in der Wissenschaftstheorie als *Antecedenzbedingungen** bezeichnet (antecedens, lat.: vorausgehend). Aus diesen beiden Elementen (den generellen Sätzen und den Antecedenzbedingungen) kann man dann das zu Erklärende/zu Prognostizierende *logisch gültig* ableiten.

Ein Beispiel:
Will man erklären (oder prognostizieren), warum (daß) Eis durch Streusalz zum Tauen gebracht wird (werden kann), so kann man dabei auf einen generellen Satz aus der Physik zurückgreifen, der besagt: Immer wenn man Salz in Wasser löst, erniedrigt sich der Gefrierpunkt der Lösung. Als besondere Umstände nehmen wir erstens an, daß jemand zum Zeitpunkt x Salz auf den vereisten Gehweg gestreut hat, und zweitens, daß die Lufttemperatur zu diesem Zeitpunkt eine bestimmte Gradzahl nicht unterschritten hat. (Dann würde

Das H-O-Schema (Hempel-Oppenheim Schema) der Erklärung:

I.	Immer dann, wenn man Salz in Wasser löst, erniedrigt sich der Gefrierpunkt der Lösung.	(I und II bilden zusammen das Explanans.)
II.	Wir haben Salz auf das Eis gestreut. Und: Die Lufttemperatur liegt über dem Gefrierpunkt der Salzlösung.	
III.	Das Salz hat das Eis aufgetaut.	(III bildet das Explanandum.)

nämlich selbst die Salzlösung in den festen Zustand übergehen, da ihr Gefrierpunkt unterschritten worden wäre.) Sind beide Bedingungen erfüllt, so können wir erklären bzw. prognostizieren, daß das Streuen von Salz zum Tauen des Eises geführt hat bzw. führen wird.

Die generellen Sätze, die uns den gesetzmäßigen Rahmen vorgeben, und die besonderen Antecedenzbedingungen bezeichnet man *zusammen* als *Explanans** (Explanans, lat.: das Erklärende), die Sätze, die das zu erklärende/zu prognostizierende Phänomen beschreiben, als *Explanandum** (Explanandum, lat.: das, was erklärt werden soll). Wir erhalten für das gewählte Beispiel ein Schema (siehe S. 13), das auch als Hempel-Oppenheim-Schema* (Hempel hat mit dem Philosophen Oppenheim zusammen publiziert) bzw. kurz als H-O-Schema bezeichnet wird.

Im Vergleich zur oben beschriebenen Vorgehensweise von Semmelweis schließen wir in diesem Schema *nicht* vom Besonderen auf das Allgemeine, sondern *umgekehrt* – und zwar logisch gültig, *wenn* die einzelnen Aussagen des Explanans *wahr* sind – vom Allgemeinen auf das Besondere. Einen solchen Schluß nennt man *Deduktion** (deducere, lat.: herabführen). Hempel nennt dieses Schema auch „deduktiv-nomologisches Schema", da es im Explanans *gesetzmäßige* Aussagen (nomos, griech.: Gesetz) enthält.

Wir können unsere ursprüngliche Grafik (Abb. 1) nun um die Elemente Induktion, Deduktion, Erklärung und Prognose erweitern:

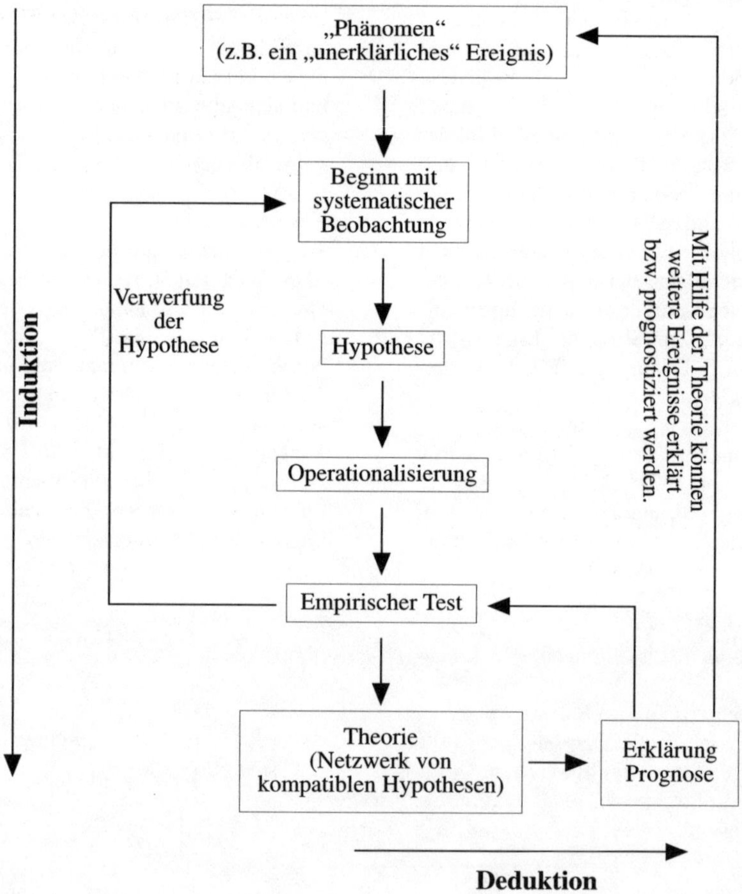

Abbildung 2

Kontrollfragen:

1. Was ist der Unterschied zwischen einem generellen und einem partikulären Satz?
2. Wie verläuft der induktive Weg der Gewinnung einer Theorie?
3. Wie bezeichnet man die Herleitung einer Erklärung bzw. Prognose aus einer Theorie?
4. Was unterscheidet eine Erklärung von einer Prognose?
5. Welche strukturelle Gemeinsamkeit teilen Erklärung und Prognose?

2. Kapitel

Empirische Forschung im Bereich der Pädagogik und Psychologie

Überblick:

Die im ersten Kapitel erarbeiteten Begriffe und Zusammenhänge sollen nun auf den Bereich der Pädagogik und Psychologie übertragen werden.

Am Beispiel der „Hospitalismusforschung" von René Spitz werden einige Parallelen zwischen naturwissenschaftlicher und pädagogischer bzw. psychologischer Forschung erkennbar.

Das gewählte Beispiel soll darüber hinaus auf einige grundsätzliche Probleme der Meßbarkeit psychischer Sachverhalte aufmerksam machen.

Die im vorangegangenen naturwissenschaftlichen Beispiel kennengelernten Fachbegriffe wollen wir nun auf das empirische Vorgehen in der Pädagogik bzw. Psychologie anwenden. Zu diesem Zweck wählen wir die berühmte Studie von René Spitz über das sogenannte Hospitalismusphänomen. Als Hospitalismus bezeichnet man das Auftreten körperlicher oder seelischer Entwicklungsstörungen, -verzögerungen oder -rückschritte bei Kindern als Folge von Heimaufenthalten.

Lesen Sie sich bitte den folgenden Text aufmerksam unter der Fragestellung durch, inwiefern das darin beschriebene Vorgehen von R. Spitz mit dem von Semmelweis vergleichbar ist (Vielleicht entdecken Sie auch schon wichtige Unterschiede, auf die wir später noch eingehen werden). Benutzen Sie dabei die von uns eingeführten Fachbegriffe zur Beschreibung der Vorgehensweise! Als Strukturierungshilfe kann Ihnen die auf Seite 19 vorgeschlagene Tabelle dienen.

Die Hospitalismusforschung von René Spitz

„Gelegentlich einer um das Jahr 1930 unternommenen Sichtung der Literatur über das Thema der Säuglings-Sterblichkeit entdeckte ich, daß eine im Jahr 1912 durchgeführte Untersuchung des Preußischen Ministeriums in einem der größten Findelhäuser des Reiches im Laufe des ersten Lebensjahres eine Säuglings-Sterblichkeit von 71,5% aufwies, indes die allgemeine Säuglings-Sterblichkeit im ersten Lebensjahr unter 1% lag. Weitere Berichte mit vergleichbaren Ziffern veranlaßten mich, nach den Ursachen dieser unwahrscheinlich hohen Sterblichkeit zu forschen. Es gelang mir vor etwa 35 Jahren mit meinen Mitarbeitern, eine der ersten systematischen Vergleichsbeobachtungen in zwei Kinderheimen mit vier Beobachtungsstunden pro Woche und Kind über einen Zeitraum von ungefähr fünf Jahren durchzuführen. Der Vergleich war erschütternd.

Anstalt *Eins* war eine Strafanstalt, in der straffällige Mütter ihre unehelich geborenen Kinder in der Kinderabteilung persönlich pflegten, fütterten und betreuten. Da die Mütter Häftlinge waren, konnten sie sich den ganzen Tag mit ihren Kindern beschäftigen. Ich beobachtete dort 360 Mütter mit ihren Kindern. Krankheiten waren selten, meist leichte Erkrankungen der Atmungsorgane, und unter den 360 Kindern, die ich fünf Jahre hindurch zu sehen bekam, ergaben sich insgesamt zwei Todesfälle. Ihre Entwicklung war durchaus normal, es waren lebhafte, aktive, gesunde, intelligente Kinder.

Anstalt *Zwei* beherbergte nur 92 Kinder, die während vier Jahren dort von mir beobachtet wurden. Doch im Gegensatz zu der ungewöhnlich geringen Anzahl von Todesfällen in Anstalt *Eins* starben in Anstalt *Zwei* im Laufe der ersten zwei Jahre unserer Beobachtungen bereits 34 der 92 Kinder. Eine horrende Zahl. Worin bestand der Unterschied? Woran starb mehr als ein Drittel dieser Kinder?

Nicht an der Verpflegung; in beiden Anstalten war sie gleich ausgezeichnet, sowohl die Qualität wie die Quantität und den Abwechslungsreichtum betreffend. Nicht an der Unterbringung; denn in beiden Anstalten waren die Kinder in schönen, sonnigen Räumen untergebracht. Beide Heime lagen in parkähnlichen Gärten.

Der Unterschied bestand in den Gegenseitigkeitsbeziehungen, die den Kindern zuteil wurden. In Anstalt *Eins* fast übertrieben reiche Beziehungen mit den Häftlingsmüttern. In Anstalt *Zwei* arbeiteten zehn Kinderschwestern für 92 Kinder, daher konnte jedem Kind nur ein Zehntel einer Mutter, ein Zehntel der normalen Gegenseitigkeitsbeziehungen, ein Zehntel mütterlicher Fürsorge geboten werden. Die überforderten Kinderschwestern mußten den Kindern die Milchflasche in den Mund stecken und dann gleich weiterlaufen. Die Kinder wurden gebadet, hygienisch und rein gehalten und regelmäßig täglich von einem Arzt besucht. Aber das war auch alles. Die Gegenseitigkeitsbeziehungen, und zwar sowohl positive liebevolle wie auch negative, aggressive, waren völlig ausgeschlossen. Ich betone dabei eigens die aggressiven Beziehungen, da sie nach meinen Forschungen für die normale Entwicklung des Säuglings ebenso wichtig sind wie die positiven. Die negativen Beziehungen, die Frustration, die Versagung sind für eine Normalentwicklung des Kindes eine absolute Notwendigkeit. Und die Kinder in Anstalt *Zwei* hatten weder das eine noch das andere – sie waren sozusagen in sterilisierter Einzelhaft.

Die Kinder in Anstalt *Zwei* blieben in ihrer Entwicklung zurück, verfielen langsam, hatten keine Widerstandskraft gegen irgendwelche Infektionskrankheiten. Als wir sie zuletzt im Alter von etwa 4-4 1/2 Jahren untersuchten, waren noch 22 Kinder im Heim. 34 waren – wie gesagt – gestorben, die andern adoptiert worden. Von den 22 verbliebenen Kindern konnte ein einziges in Sätzen sprechen, acht konnten ein bis zwei Worte sagen. Die andern waren stumm. Fünf von ihnen konnten selbständig gehen, acht konnten sich an den Möbeln weiterhanteln, die übrigen blieben im Bettchen, und nur einige konnten sich aufsetzen.“

(Aus: René Spitz, Beziehung. In: H.J. Schultz, Psychologie für Nichtpsychologen. Stuttgart – Berlin 1975², S. 85f.)

Strukturierungshilfe zur Untersuchung des Hospitalismusphänomens nach R. Spitz

(in Anlehnung an: Fischer, H./Bubolz, G. (1984): Entwicklung und Sozialisation unter anthropologischen, psychologischen und gesellschaftswissenschaftlichen Aspekten, Frankfurt/M., S. 53)

1. Ausgangspunkt: Untersuchung von 1912	Allgemeine Säuglingssterblichkeit	Sterblichkeit im Findelhaus
Säuglingssterblichkeit im ersten Jahr		
2. Vergleichende Beobachtung	**Strafanstalt**	**Findelhaus**
Allgemeine Charakterisierung des Heims		
Anzahl der beobachteten Personen		
Beobachtungsdauer insgesamt		
Beobachtungsdauer pro Woche		
Beziehungen (Interaktionen) zwischen Mutter und Kind		
3. Ergebnisse		
Entwicklung der Kinder im allgemeinen		
Sprachentwicklung		
Entwicklung der Motorik		
Sterblichkeit		
4. Ursachen		
Verpflegung?		
Unterbringung?		
Hygiene?		
ärztliche Versorgung?		
5. Die Theorie von Spitz:		

In Kapitel 3 finden Sie Antworten auf diese Fragen.

Kontrollfragen:

1. Welches Phänomen stellte den Ausgangspunkt der Überlegungen von R. Spitz dar?
2. Wie versuchte Spitz, seine Vermutung empirisch zu prüfen?
3. Wie könnte man seine Theorie formulieren?
4. Welche Unterschiede kann man im Vergleich zur Vorgehensweise von Semmelweis feststellen?

3. Kapitel

„Echte" Experimente und ex-post-facto-Studien

Überblick:

Ziel dieses Kapitels ist es, den Unterschied zwischen „echten" Experimenten und ex-post-facto-Studien darzustellen.

Methoden sind Verfahrensweisen der empirischen Forschung, deren Anwendung für jedermann nachvollziehbar und deren Ergebnisse für jedermann überprüfbar sind. Dazu zählen z.B. das Experiment, die Beobachtung oder der Test.

Eine Untersuchung Jean Piagets soll in einer abschließenden Übung darauf hin überprüft werden, ob es sich dabei um ein echtes Experiment oder eine ex-post-facto-Studie handelt.

Im ersten Kapitel hatten wir anhand eines Beispiels aus dem Bereich der Naturwissenschaften den grundsätzlichen Ablauf empirischer Forschung entwickelt (s. Abbildungen 1 und 2). Dabei lernten wir u.a. den von C.G. Hempel vorgeschlagenen Begriff „empirischer Test“ kennen.

Damit bezeichnet Hempel die *allgemeine* Vorgehensweise, mit der Semmelweis seine Theorie (Immer wenn Wunden mit „Leichensubstanz“ in Berührung kommen, führt dies zu einer tödlich verlaufenden Infektion.) „beweisen“ bzw. überprüfen konnte. „Empirisch“ war dieser Test insofern, als er ein für jedermann überprüfbares, nachvollziehbares Verfahren darstellte. In der einschlägigen Literatur werden solche und andere Verfahrensweisen als *Methoden** der empirischen Forschung bezeichnet. Typische Beispiele für Methoden sind: das Experiment, die Beobachtung, die Befragung und der Test (z.B. in Form von Intelligenztests, Eignungstests, soziometrischen Tests etc.). Wenn in der Literatur von „Tests“ (i.S. der gerade genannten Beispiele) gesprochen wird, dann ist also eine *spezielle* Methode gemeint; Hempel dagegen benutzt diesen Begriff als Sammelbezeichnung. Um im folgenden mögliche Mißverständnisse zu vermeiden, werden wir die jeweils in Betracht gezogene Methode näher kennzeichnen.

In diesem Kapitel wollen wir den Unterschied zwischen „echten“ Experimenten* und sogenannten „ex-post-facto-Studien“* beschreiben, um uns dann später an diesen ausgewählten Methoden einige *grundsätzliche* Zusammenhänge und Probleme zu verdeutlichen.

Zu diesem Zweck wählen wir zunächst ein physikalisches Beispiel, das zeigen soll, was ein „echtes“ Experiment ausmacht. Aus der Schulzeit mag Ihnen noch dieses Schülerexperiment vertraut sein: Mit Hilfe eines einfachen Stromkreises, bestehend aus Spannungsquelle, Glühlampe, Stromstärkemeßgerät (Amperemeter) und einer Prüfstrecke, soll untersucht werden, ob die Leitfähigkeit von Metallen abhängig ist von der Länge des Leiters. Die Leitfähigkeit wird dabei indirekt über die Stromstärke (Meßgerät) bestimmt.

Die entscheidende geistige Leistung, die die Schüler zur Planung und Durchführung dieses Versuches erbringen müssen, besteht in der Erkenntnis, daß nicht allein die Länge des metallischen Leiters dessen Leitfähigkeit bestimmt, sondern daß dafür zusätzlich der Stoff selbst (Eisen, Kupfer, Nickel) und der Querschnitt des Leiters maßgeblich sind.

Erst wenn die Schüler erkannt haben, daß diese drei Größen (Länge, Material, Querschnitt) im Experiment zu berücksichtigen sind, können sie den Nachweis der Abhängigkeit der elektrischen Leitfähigkeit von der Länge des Leiters erbringen, indem sie Material und Querschnitt konstant halten und *nur* die Länge verändern.

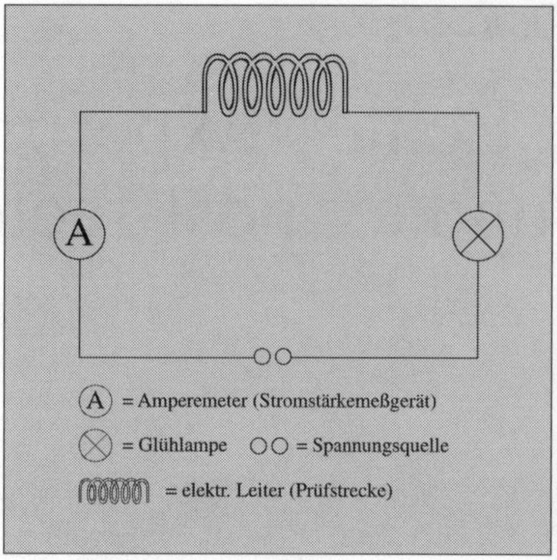

Abbildung 3: Messung der elektrischen Leitfähigkeit

Anhand dieses einfachen Experiments führen wir einige wichtige Fachbegriffe ein und beantworten mit Hilfe dieser Begriffe die Frage: *Was ist ein „echtes“ Experiment?*

➪ Bei den Größen „Länge“ und „Querschnitt“ handelt es sich um Faktoren, die wir verändern können. Solche veränderbaren Größen nennt man *Variablen**. Auf den ersten Blick erscheint es so, als sei die spezifische Leitfähigkeit in diesem Experiment keine Variable; schließlich hat ja jedes Metall eine genau quantifizierbare Leitfähigkeit. Im Versuch könnte man aber die Materialien austauschen, statt Eisen also etwa Kupfer verwenden und deshalb die Leitfähigkeit variieren. Um von einer Variablen zu sprechen, ist es nicht unbedingt notwendig, beliebige Abstufungen (z.B. unterschiedliche Längen) wählen zu können; wir sprechen deshalb selbst dann noch von einer Variablen, wenn man die betreffende Größe zwar nicht beliebig verändern, wohl aber beeinflussen kann, ob sie in der betreffenden Situation wirksam ist oder nicht. Wahrscheinlichkeitstheoretisch gesprochen, läge der Wert der Variable dann also entweder bei 0 *oder* bei 1.

➪ Das Unterrichtsbeispiel verweist auf die Notwendigkeit, zwischen zwei Arten von Variablen, nämlich zwischen *unabhängigen** und *abhängi-*

*gen** Variablen, zu unterscheiden. Wenn die Schüler Material und Querschnitt konstant halten und nur die Länge variieren, verändert sich die Leitfähigkeit; die Länge ist in diesem Fall die unabhängige Variable, die Leitfähigkeit dagegen die von ihr abhängige Variable.

- ➪ Ein „echtes" Experiment liegt vor, wenn alle (in Betracht kommenden) unabhängigen Variablen *außer einer* (im Beispiel die Länge des Leiters) konstant gehalten werden, während diese systematisch variiert wird, um so Aussagen darüber machen zu können, wie diese unabhängige Variable die abhängige bestimmt.
- ➪ Der Zusammenhang zwischen unabhängiger und abhängiger Variable wird vor Durchführung des Experiments in einer Hypothese formuliert. Nimmt man dabei an, daß sich kein Zusammenhang zwischen unabhängiger und abhängiger Variable feststellen lassen wird, dann bezeichnet man diese Hypothese auch als *Nullhypothese* (H_0), vermutet man einen Zusammenhang, dann nennt man die formulierte Hypothese *Alternativhypothese* (H_1).
- ➪ Experimente (wir können jetzt die adjektivische Bestimmung „echt" fortlassen) müssen u.a. den Prinzipien der *Kontrollierbarkeit* und *Variierbarkeit* der Bedingungen und der *Wiederholbarkeit* genügen.
- ➪ Um unter gleichen Bedingungen gleiche Ergebnisse erzielen zu können, müssen die Variablen *exakt* definiert sein. Man spricht dann von der *Operationalisierung** der Variablen. Eine Operationalisierung liegt vor, wenn Begriffe und Aussagen durch hinreichend genaue Handlungen (operation, engl.: Tätigkeit) bzw. Verhaltensweisen definiert sind, mit denen diese gemessen bzw. festgestellt werden. Im dargestellten physikalischen Experiment ist die Operationalisierung der Stromstärke durch Anwendung des Amperemeters (richtige Anordnung im Stromkreis, Einstellen des Meßwertebereiches, Ablesen der Skala) gegeben.

Wir versuchen nun, mit den gerade eingeführten Begriffen die Untersuchungen von R. Spitz zu beschreiben und zu analysieren. Seine Hypothese lautete, daß die „Gegenseitigkeitsbeziehungen" zwischen Mutter und Kind einen großen Einfluß auf die Entwicklung der Säuglinge und Kleinkinder haben. Die Gegenseitigkeitsbeziehungen stellen also den Faktor dar, der die Entwicklung ursächlich beeinflußt. Beide Größen – die Gegenseitigkeitsbeziehungen und die Entwicklung – sind relativ exakt definiert, also operationalisiert; die Gegenseitigkeitsbeziehungen werden über das Verhältnis Mutter-Kind (1 : 1) bzw. Kinderschwester – zu versorgende Kinder (etwa 1 : 10), die Entwicklung über entsprechende Indikatoren der motorischen und sprachlichen Fähigkeiten (selbständiges Gehen, Aufsetzen, Umfang des Wortschatzes, Fähigkeit, in Sätzen zu sprechen) operationalisiert. Es handelt sich in beiden Fällen um Variablen, die sich nicht systematisch verändern lassen: Spitz variiert in seiner Untersuchung nicht die Gegenseitigkeitsbeziehungen und kann dementsprechend auch nicht unterschiedliche Ausprägungen in der Entwicklung der Kinder herbeiführen. Vielmehr liegen die „Einwirkungen" der Mütter bzw. Kinderschwestern auf die Kinder in der Vergangenheit; im *nachhinein* wird die unterschiedliche Entwicklung der Kinder in beiden Heimen auf bereits Geschehenes zurückgeführt. Solche Untersuchungen werden als *ex-post-facto*-Studien bezeichnet (ex-post-facto, lat.: nachträglich aus dem bereits Geschehenen heraus).

Man darf den Wert derartiger Studien nicht unterschätzen, nur weil hier die Wiederholbarkeit der Situationen und die Kontrollierbarkeit und Variierbarkeit der Bedingungen nicht gegeben sind. Oft haben wir gar nicht die Möglichkeit, entsprechende experimentelle Situationen herstellen zu können, oder drängen uns ethische Erwägungen zur Zurückhaltung. Verdeutlichen wir uns diese beiden Gründe (wir werden später noch weitere Grenzen empirischer Forschung kennenlernen) jeweils an einem Beispiel:

- ➪ Die gegenwärtige Kinder- und Jugend- und – damit gekoppelt – Familienforschung beschreibt die Situation „Kindheit heute" u.a. mit Formeln wie „Medienkindheit", „Einzelkindfamilien", „Ein-Elternfamilien" oder „verschulte Kindheit", ordnet diesen Faktoren entsprechende Entwicklungsdefizite bei Kindern und Jugendlichen zu (rezeptiver Medienkonsum, eingeschränkte Aufnahmefähigkeit, Hyperaktivität, reduzierte Möglichkeiten im Umgang mit Mitmenschen, Ausprägung egoistischer Züge etc.) und leitet aus dieser Bestandsaufnahme Empfehlungen für den pädagogischen Alltag her (s. z.B. Hurrelmann 1993, Nauck 1993, Winkel 1991). Wenn diese Zuordnung von Ist-Zustand, Erklärungen und Empfehlungen auch noch so einleuchtend sein mag, eine experimentelle *Erzeugung* der Daten durch *genau die* Bedingungen, die sie erzeugt haben sollen, ist nicht mehr möglich, weil nicht mehr oder kaum rückgängig zu machende Ergebnisse vorliegen, sowohl was die Entwicklung der Familien und außerfamiliären Einflüsse als auch was die diagnostizierten Fähigkeiten der Kinder und Jugendlichen betrifft.

➪ Eine zweite Grenze für empirische Untersuchungen zeigt sich aus *ethischer* Perspektive. Versetzen wir uns in die *fiktive* Situation, uns mit der von R. Spitz vorgetragenen Interpretation erst nach Bestätigung seiner Überlegungen *durch experimentelle Untersuchungen* zufriedenzugeben. Wir müßten dann Mütter dazu bewegen, ihre Beziehungen zu ihren Kindern rigoros einzuschränken mit dem Risiko, daß die Entwicklung der Kinder stark retardiert oder daß diese Kinder dabei sogar ihr Leben lassen müßten. Wer wollte einen derartigen Plan mit derartigen hoch wahrscheinlichen Folgen verantworten?

Wir wollen uns nun zur Übung ein Beispiel ansehen, um zu klären, ob es sich in der darin geschilderten Untersuchung um ein „echtes“ Experiment oder eine ex-post-facto-Studie handelt.

„Die Kinder werden vor eine Tischplatte geführt, über der in einer Höhe von ungefähr 2,5 cm sechs Metallruten so angebracht sind, daß sie alle auf jeden Bruchteil ihrer Länge verkürzt werden können. Dabei ist nur das eine Ende befestigt, während das andere frei beweglich bleibt. Die Ruten sind aus drei verschiedenen Materialen (Messing, Kupfer, Stahl). Ihr Querschnitt weist zwei oder drei verschiedene Formen auf (rund, rechteckig und quadratisch), und es gibt zwei verschiedene Stärken für die einzelnen Formen. Für die Kinder lautet das Problem, welche der fünf Variablen (Gewicht, Länge, Material, Form, Stärke) die Möglichkeit beeinflussen, daß eine Scheibe das Ende der Rute so weit herunterdrückt, daß diese die Tischplatte berührt.“ (Sime 1978, S. 67)

Dieser Versuch wurde nun mit Kindern verschiedener Altersstufen durchgeführt. Dabei wurden *drei wichtige Entwicklungsstadien* erkennbar, die sich nochmals unterteilen lassen.

Stadium I: Auf dieser Entwicklungsstufe hantieren die Kinder in beliebiger Weise mit dem Versuchsmaterial. Sie begnügen sich damit, Feststellungen über das zu treffen, was sie gerade beobachten, z.B.: „Jetzt biegt sich die Rute durch!“ Für Kinder dieser Entwicklungsstufe (etwa bis 7 Jahre) stellt sich also kein echtes Problem. Sie hantieren mit dem Material in der Art und Weise, wie sie es von ihrem Spielzeug her gewohnt sind.

Stadium IIa: Auch im zweiten Stadium ist das Kind noch weit davon entfernt, die einzelnen Variablen isolieren zu können. Im Stadium IIa bemerken die Kinder jedoch, daß *einzelne* Variablen, so z.B. das Gewicht, einen Einfluß auf die Biegung der Rute haben.

Stadium IIb: In diesem Stadium sind einfache Voraussagen über das Verhalten der Ruten möglich. Werden beispielsweise zwei Ruten unterschiedlicher Dicke auf die gleiche Länge gebracht, dann ist es Kindern dieses Stadiums möglich vorauszusagen, daß sich die dünnere Rute bei gleichem Gewicht stärker durchbiegen wird als die dickere. Dabei wird jedoch keinerlei Rücksicht auf das Material und den Querschnitt genommen, so daß das Experimentieren letztlich immer noch nach Versuch und Irrtum abläuft.

Stadium IIIa: Im dritten Stadium (etwa ab 10-11 Jahren) erwerben die Kinder nun die Fähigkeit, die einzelnen Variablen zu isolieren und alle mit Ausnahme der einen konstant zu halten, die untersucht wird. Auch dieses dritte Stadium läßt sich in zwei Entwicklungsschritte differenzieren. Im Stadium IIIa sind die Kinder in der Lage, die meisten Variablen zu isolieren. Je mehr Variablen allerdings erkannt werden müssen, desto größer ist die Möglichkeit, daß die Kinder noch nicht alle Variablen in Betracht ziehen. Wesentlich für das Vorgehen ist allerdings auch schon im Stadium IIIa, daß die Kinder Vermutungen über das Verhalten der Rute anstellen und *dann erst* zur experimentellen Überprüfung dieser Hypothesen übergehen.

Stadium IIIb: Auf dieser Stufe haben die Kinder die Fähigkeit des formalen Denkens erlernt. Sie sind nun in der Lage, einen Plan aufzustellen, in dem *alle* in Betracht kommenden Variablen Berücksichtigung finden. Im Experiment wird dann systematisch jede einzelne Variable isoliert untersucht, während alle anderen konstant gehalten werden.

Man muß zum Verständnis dieser Untersuchung ihren entwicklungspsychologischen Hintergrund sehen. Es geht dabei um die Demonstration eines grundlegenden Sachverhaltes aus der Entwicklungspsychologie Jean Piagets. Diese komplexe Theorie kann hier natürlich nicht entfaltet werden. Wichtig ist für unseren Zusammenhang lediglich Piagets Entdeckung, daß Kinder vor dem 11. bis 12. Lebensjahr nicht in der Lage sind, hypothetisch-deduktiv zu denken, also Hypothesen aufzustellen, aus ihr – *rein gedanklich* – Konsequenzen abzuleiten und vorauszusagen, was geschehen würde, wenn man diese Konsequenzen *praktisch* überprüfen würde. Das gelingt im vorliegenden Fall nur, wenn die Kinder des Stadiums IIIb erkennen können, daß alle wirksamen Variablen *bis auf eine* konstant gehalten werden müssen.

Man sieht also: Es geht in der Untersuchung um die Frage, wann Kinder in der Lage sind, „echte“ Experimente zu planen und durchzuführen. Die *Untersuchung* selbst aber ist kein Experiment: Die Fähigkeiten der Kinder auf der jeweiligen Entwicklungsstufe sind *gegeben*, momentan also nicht *variierbar*; bei den jüngsten Kindern (ca. 7 Jahre) wird es noch einige Jahre dauern, bis sie über die geforderte intelligente Leistung verfügen. Es handelt sich bei dieser Untersuchung also um einen Test: Ähnlich wie bei Schulreife-, Lese-Rechtschreib- oder Intelligenztests soll diagnostiziert werden, über welche Fähigkeiten die Probanden zum jeweiligen Zeitpunkt verfügen.

Wir haben in den vorangegangenen Kapiteln den Begriff der Operationalisierung definiert und zur Analyse von empirischen Untersuchungen verwendet. Dabei mag dieser Begriff noch nicht die nötige Anschaulichkeit bekommen haben, so daß der Leser evtl. nur eine vage Vorstellung von dieser wichtigen wissenschaftlichen Aufgabe entwickeln konnte. Deshalb sollen im folgenden drei Beispiele skizziert werden, damit man sich ein Bild von dem weiten Aufgabenfeld der Operationalisierung machen kann. Es handelt sich um psychologisch relevante Beispiele, die allesamt dokumentieren, wie man in psychologischen *Tests* Operationalisierungen vornimmt. In solchen Tests geht es nicht um die Untersuchung von Ursache-Wirkungsbeziehungen wie in Experimenten, sondern um die Feststellung von bestimmten Kompetenzen, im folgenden also um die Feststellung des Aufmerksamkeitsverhaltens, um das räumliche Vorstellungsvermögen und um die Intelligenz von Kindern des ersten und zweiten Schuljahres.

Beispiel 1: Messung des Aufmerksamkeitsverhaltens

Dieses Beispiel ist dem FAIR, dem Frankfurter Aufmerksamkeits-Inventar, entnommen. FAIR ist ein von H. Moosbrugger und J. Oelschlägel entwickelter Test, dem die Prämisse zugrundeliegt, daß „Aufmerksamkeitsleitungen die essentielle Grundvoraussetzung für die Bewältigung einer Vielzahl von kognitiven und intellektuellen Anforderungen“ (Moosbrugger, H./Oehlschlägel, J., 1996, S. 11) bilden. Die Autoren erheben den Anspruch, es handele sich bei diesem Test um „einen fundamental neuen Zugang zum Problem der Aufmerksamkeitsdiagnostik“ (S. 16). Wir können und wollen diesen Anspruch hier nicht diskutieren, sondern beschränken uns lediglich auf die Frage der Operationalisierung: Wie wird hier Aufmerksamkeit gemessen? – Der Proband bekommt im Test 16 Reihen vorgelegt, die aus verschiedenen Figuren (20 pro Reihe) bestehen. Diese Figuren stellen eine jeweils kombinierte Variation von Gestalten und Punkten dar. Die Aufgabe lautet: „Sie beginnen am linken Blattrand bei dem angedeuteten Stift … und ziehen eine Linie unter den Zeichen nach rechts. Immer wenn Sie einen ‚Kreis mit 3 Punkten‘ oder ein ‚Quadrat mit 2 Punkten‘ finden, ziehen Sie von unten einen Zacken in das Zeichen hinein, unter den anderen Zeichen ziehen Sie die Linie einfach vorbei. Die Linie ist genauso wichtig wie die Zacken.“ (Anleitung im zugehörigen Testformluar, Form A).

Beispiel 2: Messung des räumlichen Vorstellungsvermögens

Mit sogenannten „Schlauchfiguren“ arbeitet ein von H. Stumpf und E. Fay (1983) entwickelter Test zur Messung des räumlichen Vorstellungsvermögens. Die folgende Anweisung des zugehörigen Übungsblattes gibt einen Einblick in das Verfahren und in die hier zugrundeliegende Operationalisierung dessen, was man unter räumlichem Vorstellungsvermögen versteht.
„Jeder der Aufgaben, die Sie hier bearbeiten sollen, besteht aus zwei Abbildungen. Diese Abbildungen zeigen einen durchsichtigen Würfel, in dem sich ein gewundenes Kabel befindet. Wie in der folgenden Beispielaufgabe zeigt ihnen die erste Abbildung (links) **stets die Vorderansicht (Frontansicht)** des Würfels. Auf dem rechten Bild daneben ist derselbe Würfel noch einmal abgebildet und zwar aus einer anderen Perspektive. Sie sollen herausfinden, ob der Würfel auf dem zweiten Bild von **rechts,** von **links,** von **unten,** von **oben** oder von **hinten** zu sehen ist.“

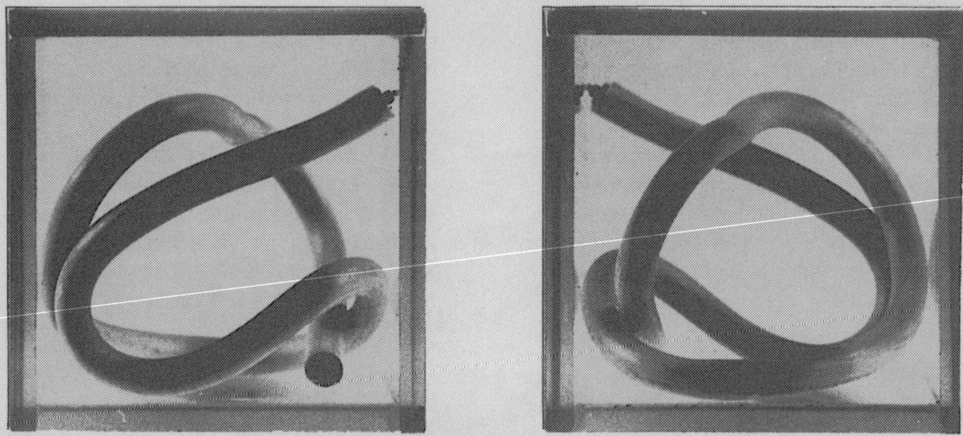

Beispiel 3: Heidelberger Intelligenztest (HIT 1-2)

H. Kratzmeier hat einen sprachfreien Intelligenztest für Kinder des ersten und zweiten Schuljahres entwickelt. Die Konstruktion dieses Tests basiert auf der Erfahrung, „daß Aufgaben, die die Differenzierung und Strukturierung optischer Gestalten erfordern, einen hohen prognostischen Wert hinsichtlich des Schulerfolgs aufweisen“ (Kratzmeier 1994, S. 4). Da der schulische Erfolg seinerseits wiederum in hohem Maße durch die Begabung bzw. Intelligenz bestimmt wird, geht Kratzmeier von der Hypothese aus, „durch mehrdimensionale Messung der Differenzierfähigkeit einen indikationswertigen Faktor der Inteligenz zu erfassen“. (Ebd.)

Wie wird diese mehrdimensionale Messung der Differenzierfähigkeit vorgenommen, wie wird dieser Begriff also operationalisiert? – Kratzmeier unterscheidet die Dimensionen „Relationen, Logik, Reproduktion, Differenzierung und Kreativität“ (S. 4ff.) und entwirft für jede dieser Dimensionen einen Teiltest. Der Teiltest „Relationen“ besteht darin, daß die Kinder in einer Reihe diejenigen Darstellungen (im folgenden also die beiden Bäume) erkennen und einkreisen, die zusammengehören.

Im Teiltest „Logik" müssen die Kinder eine abgebrochene Zeichenkette fortsetzen, indem sie die die Kette bildenden Elemente als zusammengehörend erkennen und dann einzeichnen. Im folgenden Beispiel müssen sie also mit „Kreis, Kästchen, Kreis, Kästchen" usw. fortsetzen. Der Schwierigkeitsgrad wird dann allmählich gesteigert, indem die Zahl der Elemente erhöht wird und deren zunehmende Verschiedenartigkeit eine entsprechende Differenzierfähigkeit erfordert.

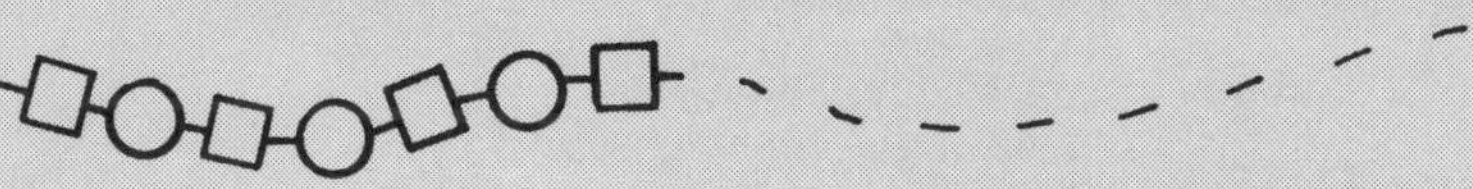

Die Fähigkeit der Reproduktion wird durch Nachzeichnen vorgegebener Elemente gemessen: In einem Rahmen sind bestimmte Figuren vorgezeichnet, die die Kinder im danebenstehenden leeren Rahmen möglichst genau nachzeichnen sollen. Das hier dargestellte Schiffchenbeispiel ist die einfachste Form; anschließend sind wesentlich komplexere und abstraktere Figuren nachzuzeichnen.

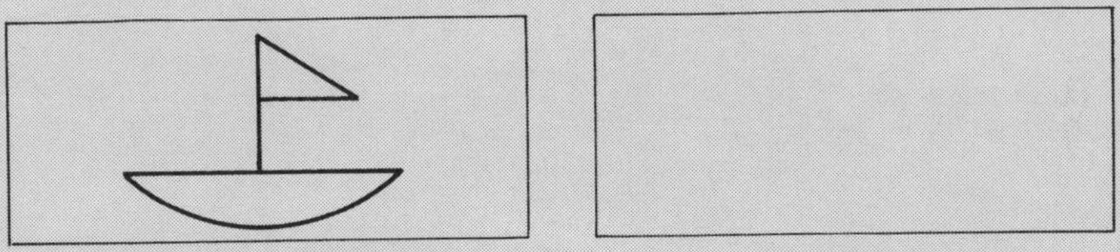

Die Dimension „Differenzierung" testet die Fähigkeit der Kinder die eine Figur konstituierenden Einzelelemente zu erkennen. Das folgende Beispiel zeigt einen Blumenstrauß; aus den daneben abgebildeten Blumen müssen die Kinder die zweite, dritte und vierte Blume identifizieren.

Lediglich der Vollständigkeit halber nennen wir hier noch den Test der Dimension „Kreativität". Dieser Teiltest verlangt von den Kindern, aus drei vorgegebenen, nicht miteinander in Beziehung stehenden Elementen (Halbkreis, geschlängelte Linie, rechter Winkel) eine Zeichnung zu fertigen. Da hier die Kreativität gefordert wird, liegt es auf der Hand, daß es keine eindeutige Operationalisierung gibt. Die Beurteilung des Ergebnisses läßt aber dennoch Schlüsse auf die Differenzierfähigkeit der Kinder zu, da sie die vorgegebenen Elemente zu Formen bzw. Figuren verarbeiten, deren Darstellung Auskunft über die differenzierte Wahrnehmung und Kenntnis ihrer Umwelt und ihrer Mitmenschen erlaubt.

Kontrollfragen:

1. Wie definiert man den Begriff Variable?
2. Was ist eine abhängige, was eine unabhängige Variable?
3. Wann kann man von einem (echten) Experiment sprechen?
4. Was unterscheidet diese Experimente von ex-post-facto-Studien?
5. Was versteht man unter einer Nullhypothese?
6. Was bedeutet Operationalisierung?

4. Kapitel

Gütekriterien empirischer Forschung

Überblick:

Ziel dieses Kapitels ist es, wichtige Kriterien für die Qualität empirische Forschung zu formulieren.

Kriterien „guter" empirischer Forschung sind Objektivität bzw. Intersubjektivität, Verläßlichkeit bzw. Reliabilität, Validität und Generalisierbarkeit.

Diese Gütekriterien dienen zur Prüfung der Qualität eines von M. Sherif durchgeführten Experiments.

Aufgrund unserer bisherigen Überlegungen sind wir nun in der Lage, einige wichtige Kriterien für „gute" empirische Forschung formulieren zu können. Dabei werden wir ein weitgehend *idealtypisches* Bild entwickeln, ohne allerdings gänzlich darauf verzichten zu wollen, nach der Realisierbarkeit der Kriterien zu fragen. Wir halten uns bei der Beschreibung der Kriterien vorerst an unser naturwissenschaftliches Beispiel zur Messung der Leitfähigkeit eines metallischen Leiters in Abhängigkeit von seiner Länge, um daran vier wichtige Kriterien zu erläutern.

(1) Die Leitfähigkeit des Drahtes wird von den Schülern (indirekt über die Stromstärke) mit einem Amperemeter gemessen. Dieses Meßgerät liefert Meßwerte, die *unabhängig* vom Urteil des einzelnen Schülers sind; die Helligkeit der Glühlampe ist nur ein ungefähres Indiz, so daß kleinste Längenänderungen des Leiters entweder keine oder nur geringfügige Veränderungen der Helligkeit herbeiführen, wobei dann die Schätzung der Schüler sehr *subjektiv* ausfallen würde. Das Amperemeter garantiert dagegen *Objektivität* bzw. *Intersubjektivität.*

(2) Physikalische Meßinstrumente (wie etwa das Amperemeter) garantieren eine hohe *Verläßlichkeit*, weil sie bei der Wiederholung von Messungen unter gleichen Bedingungen gleiche Meßwerte liefern. Diese Verläßlichkeit bezeichnet man in der natur- und sozialwissenschaftlichen Forschung als *Reliabilität.** Dem Kriterium der Reliabilität kann selbst ein physikalisches Meßgerät aber nur in idealisierter Hinsicht entsprechen. Das reale Experiment zeigt nämlich immer mehr oder weniger große Abweichungen in den Messungen. So könnten fünf Stromstärkemessungen z.B. folgende Werte erbringen: 1,34 A / 1,29 A / 1,32 A / 1,39 A / 1,36 A. Die Werte pendeln um einen mittleren Wert von 1,34 A mit einer maximalen Abweichung von ± 0,05 A. Derartige Abweichungen (man bezeichnet sie als *Meßfehler*) stellen nichts Beunruhigendes dar: Es kann sich zum einen um *systematische* Meßfehler handeln, die bei einem Meßinstrument z.B. baubedingt sind. Diese systematischen Fehler lassen sich durch eine hohe Zahl von Messungen und der Bildung eines Mittelwertes aus den einzelnen Meßwerten in engen Grenzen halten. Zum anderen können aber auch *zufällige* Meßfehler auftreten (z.B. wenn die Kontakte der Prüfstrecke nicht an allen Stellen für gleich gute Leitfähigkeit sorgen). Zufällige Meßfehler heben sich bei einer großen Anzahl von Messungen selbst auf (s. dazu Kerlinger 1979b, S. 684).

(3) In dem von uns herangezogenen Experiment bedingt die Variation der Länge des Leiters eine entsprechende Stromstärkeänderung. Dieser Sachverhalt ist empirisch bestens bestätigt; wir dürfen also annehmen, daß das Experiment tatsächlich das mißt, was es zu messen vorgibt. Lassen sich in empirischen Untersuchungen solche *eindeutigen* Zusammenhänge zwischen unabhängiger und abhängiger Variable nachweisen, dann genügen sie dem Kriterium der *Validität* (Im folgenden werden wir zwischen interner und externer Validität unterscheiden müssen).

Während sich in physikalischen Experimenten – zumindest in solch einfachen wie dem oben beschriebenen – Validität relativ leicht herstellen läßt, ist dies bei experimentellen Untersuchungen, die sich auf *menschliches* Erleben, Denken oder Handeln beziehen, weitaus schwieriger. Wenn wir etwa messen wollen, ob und in welchem Grad eine bestimmte Unterrichtsmethode Einfluß auf die Verstehensleistung von Schülern hat, dann werden wir „Verständnis" nicht – oder nicht nur – über die Kenntnis von Fakten nachweisen können. Wir müßten komplexere Sachverhalte als Indikatoren heranziehen. Je komplexer diese Sachverhalte sind (z.B. „richtige" Textwiedergabe, Erkennen von Zusammenhängen, Folgerungen ziehen usw.), desto größer kann die Wahrscheinlichkeit werden, daß sich keine *direkten* Zusammenhänge nachweisen lassen.

(4) Empirische Untersuchungen – so hatten wir bereits im ersten Kapitel betont – sollten nicht nur den Wissensdrang des Forschers stillen, sondern auch für das Handeln in der Praxis relevant sein. Um diese Forderung erfüllen zu können, müssen ihre Ergebnisse *generalisierbar* sein. Man bezeichnet dieses Kriterium der *Generalisierbarkeit* auch als *externe Validität** und in Abgrenzung dazu die im dritten Kriterium erläuterte Validität als *interne Validität* (s. Kerlinger 1979a, S. 485f.). Tabellarisch läßt sich das für die vier Kriterien Gesagte folgendermaßen zusammenfassen:

Kriterium	**zielt auf**	**bedeutet im Idealfall**
Objektivität	das Verhältnis zwischen empirischer Erkenntnis und *erkennender Person* (z.B. Versuchsleiter)	Unabhängigkeit des Ergebnisses vom erkennenden Subjekt
Reliabilität	das Verhältnis zwischen den jeweiligen Meßwerten (bei beliebig vielen Messungen)	Reproduzierbarkeit exakter Meßwerte (bzw. Reproduzierbarkeit von Meßwerten mit möglichst geringen Toleranzen)
Validität (= innere Validität)	das Verhältnis zwischen unabhängiger und abhängiger Variable	*Eine bestimmte* Variable determiniert *eine andere bestimmte* Variable.
Generalisierbarkeit (= externe Validität)	das Verhältnis zwischen empirischer Erkenntnis und der Menge der Elemente, für die die Ergebnisse Gültigkeit besitzen sollen	Gültigkeit für alle/möglichst viele Elemente einer Menge

Die eben erläuterten vier Gütekriterien empirischer Forschung werden in der Literatur durch weitere Unterscheidungen präzisiert (man unterscheidet bei dem Kriterium der Validität z.B. inhaltliche Validität, Übereinstimmungsvalidität, Voraussagevalidität und Konstruktvaliditä; s. dazu Kerlinger 1979b, S. 706ff.) oder durch Angabe anderer Kriterien ergänzt (etwa durch Kriterien wie Normierung, Vergleichbarkeit, Ökonomie; s. z.B. Ruprecht 1974, S. 107ff.). Wir beschränken uns hier auf die vier wichtigsten, wollen sie zur Übung auf ein weiteres Experiment anwenden und dann abschließend die Kriterien *interne* und *externe* Validität etwas eingehender betrachten.

Lesen Sie bitte zunächst den folgenden Text aufmerksam durch. Analysieren Sie dann das darin beschriebene „Sherifsche Experiment". Die nachstehende Tabelle verweist auf einige Fragen, die dabei keinesfalls übergangen werden sollten.

Fragen zum Experiment von M. Sherif	**Antworten**
1. Was ist in diesem Experiment die unabhängige, was die abhängige Variable?	
2. Wie lautet die Nullhypothese (H_0), wie die Alternativhypothese (H_1)?	
3. Wie sind die Variablen operationalisiert?	
4. Sind die vier Gütekritierien (Objektivität, Reliabilität, Validität und Generalisierbarkeit) erfüllt bzw. erfüllbar?	

Eine sehr hübsche Versuchsanordnung, mit deren Hilfe sich das Entstehen eines Miteinander (gemeint ist: die Bildung von Gruppennormen; W.P.) verfolgen läßt, ist dem ... Psychologen M. Sherif zu danken.

Er verwendet das schon seit langer Zeit bekannte sog. autokinetische Phänomen, bei dem in einem völlig verdunkelten Raum ein sehr kleiner und intensitätsschwacher Lichtpunkt für kurze Zeit dargeboten wird. Da auch bei fester Fixation unsere Augenachsen niemals ganz ruhig bleiben (Nystagmus), scheint sich der Lichtpunkt, der objektiv fest steht, zu bewegen. Die Vpn (= Versuchspersonen) besitzen in diesem Fall auch nicht die Möglichkeit, den subjektiven Charakter dieser Bewegungserscheinung zu erkennen, da es dazu eines festen Bezugssystems bedürfte. Ist außerdem die Entfernung des Lichtpunktes unbekannt (der Projektor befindet sich hinter einem Schirm, der erst nach der Verdunkelung weggezogen wird), so fällt die Schätzung der scheinbaren Bewegungsweite des Punktes überaus schwer.

Abb. 4 zeigt die von 3 Vpn in einem eigenen Experiment des Verfassers gelieferten Schätzungen. Zunächst wurden mit jeder Vp vier Einzelversuche ($A_1 - A_4$) durchgeführt, sodann drei Gruppenversuche ($Z_1 - Z_3$), in denen jede Vp ihre Schätzung ausrief, und schließlich abermals vier Einzelversuche ($A_5 - A_8$). Die Ordinate gibt die Schätzungsbeträge in Zentimetern. Die zu einer Gruppe zusammengefaßten Vpn wurden im Hinblick auf einen möglichst großen Unterschied zwischen ihren Alleinschätzungen ($A_1 - A_4$) ausgewählt. Zwischen der ersten Gruppe der Alleinschätzungen, den drei Zusammenschätzungen und der zweiten Gruppe der Alleinschätzungen lag jeweils eine Spanne von 30 Minuten, während deren die Vpn im Sinne einer Konkurrenz dreistellige Zahlen miteinander multiplizierten. Dies hatte einmal den Zweck, eine Diskussion zu verhindern, zum anderen sollten dadurch die geschätzten Zahlenwerte nach Möglichkeit verwischt werden.

In Übereinstimmung mit den Befunden Sherifs zeigt sich in diesem Experiment eine deutliche Konvergenz der Schätzungen während der drei Gemeinschaftssitzungen ($Z_1 - Z_3$).

(Zitiert nach: Peter R. Hofstätter, Gruppendynamik. Kritik der Massenpsychologie, Hamburg 1968, 10. Aufl., S. 53ff., ; mit leichten Änderungen)

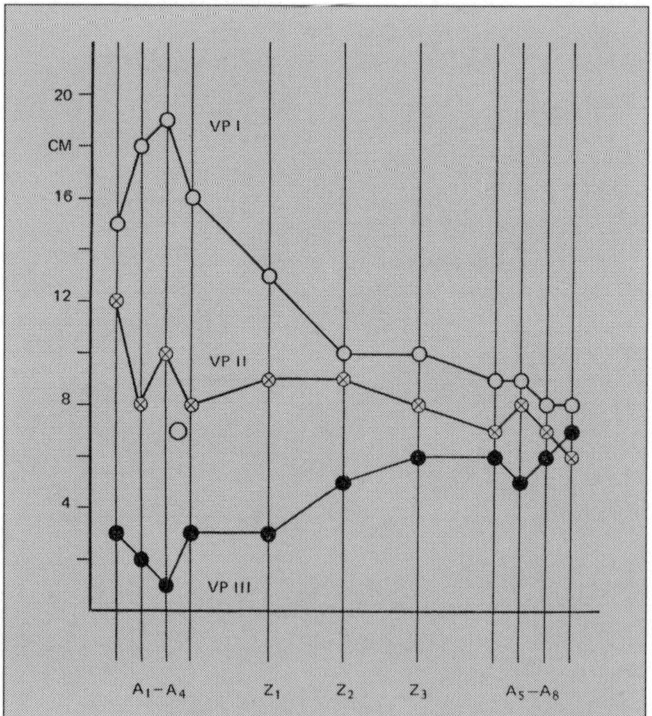

Abbildung 4:
Die Konvergenz der Schätzungen beim autokinetischen Phänomen

Hier nun einige Antworten auf die zu diesem Experiment zu bearbeitenden Fragen:

zu 1) Sherif geht es in diesem Experiment um die Entstehung von Gruppennormen. Die unabhängige Variable ist in dem Moment wirksam, in dem die Gruppenmitglieder ihre Schätzungen laut äußern und die anderen sie zur Kenntnis nehmen. Die abhängige Variable ist die im dritten Teil des Experiments abgegebene Alleinschätzung.

zu 2) *Nullhypothese* (H_0): In der Gruppe geltende Normen haben keinen Einfluß auf das individuelle Verhalten der Gruppenmitglieder (außerhalb der Gruppe).

Alternativhypothese (H_1): In der Gruppe geltende Normen haben einen Einfluß auf das individuelle Verhalten der Gruppenmitglieder (außerhalb der Gruppe).

zu 3) Operationalisierung der unabhängigen Variable: Mitteilung der Werte der geschätzten Strecken der Lichtbewegung innerhalb der einzelnen Gruppen (2. Teil des Experiments)

Operationalisierung der abhängigen Variable: Alleinschätzung der Lichtbewegungen (3. Teil des Experiments) im Vergleich zu den Schätzungen in Phase 1 (Alleinschätzungen) und Phase 2 (Gruppenschätzung)

zu 4) *Objektivität*: Die Schilderung des Experiments berechtigt zu der Annahme, daß verschiedene Versuchsleiter unter den beschriebenen Bedingungen zu sehr ähnlichen Ergebnissen gelangen werden.

Reliabilität: Setzen wir hier hypothetisch voraus, daß weitere Versuche ähnliche Werte liefern würden, die Meßfehler also sehr gering ausfielen.

Validität (= innere Validität): Bei dem von Sherif entworfenen und von Hofstätter nachgestellten Experiment handelt es sich um ein *Laborexperiment*. Zwei wichtige Kennzeichen von Laborexperimenten sind: (1) die Reduktion des komplexen Bedingungsgefüges und (2) die Isolierung einer Variablen (s. dazu z.B. Holzkamp 1972, S. 20ff.):

(1) Die Reduktion des komplexen Bedingungsgefüges

Sherif hätte seine Studien auch in der Alltagswelt durchführen können. (Derartige Studien nennt man *Feldstudien* oder *Feldexperimente*) Dabei könnten allerdings viele Faktoren die Bildung von Gruppennormen beeinflussen, also fördern oder hemmen. Solche *weiteren* hemmenden oder fördernden Bedingungen nennt man Störvariablen.* (Sie „stören", weil der erzielte Effekt nicht eindeutig auf eine bestimmte Ursache – die unabhängige Variable – zurückgeführt werden kann.) In seinem Laborexperiment versuchte Sherif, der *Reduktion des komplexen Bedingungsgefüges* durch Eliminierung von Störvariablen gerecht zu werden, indem er z.B. die räumlichen Orientierungsmöglichkeiten für die Schätzungen ausschaltete oder in der Zeit zwischen den Phasen des Experiments für Ablenkung sorgte, um die im zweiten Teil wirksame Einflußnahme nicht zu schmälern.

(2) Isolierung einer Variablen

Wir hatten im dritten Kapitel ein (echtes) Experiment dadurch bestimmt, daß in ihm alle potentiell wirksamen Variablen außer einer konstant gehalten werden. Nur so wird gewährleistet, daß die unabhängige Variable allein – *isoliert* – wirkt. Sherifs Versuchsanordnung realisiert diese ideale Situation angemessen. Insgesamt gesehen, dürfen wir also behaupten, daß die innere Validität dieses Experiments gegeben ist.

Generalisierbarkeit (= externe Validität)

Wie steht es nun um die Generalisierbarkeit der in diesem Versuch erzielten Ergebnisse? Die Beantwortung dieser Frage ist recht einfach, wenn wir uns zuvor klar gemacht haben, daß es einen *prinzipiellen* – d.h. nicht zu umgehenden – Zusammenhang zwischen interner und externer Validität gibt, der aus den eben genannten Charakteristika von Laborexperimenten (aus der Reduktion des komplexen Bedingungsgefüges und aus der damit gekoppelten Isolierung der unabhängigen Variable) resultiert. Die interne Validität erreicht im Experiment ihr Maximum, wenn nur *eine* unabhängige Variable wirksam ist (Wir lassen hier die Frage außer acht, ob man das überhaupt feststellen kann.). Im Vergleich dazu wächst die externe Validität, wenn im Experiment möglichst *viele* derjenigen Bedingungen wirksam sind, die auch das menschliche Erleben, Denken und Handeln in entsprechenden alltäglichen Situationen beeinflussen. Im Falle des Maximums der externen Validität wäre deshalb eine Strukturgleichheit der Situationen (Experiment und Alltag) hinsichtlich der wirksamen Bedingungen gegeben. Prinzipiell gilt also für das Verhältnis von interner und externer Validität: *Je größer die interne Validität, desto geringer die externe Validität und umgekehrt*. Für das Expe-

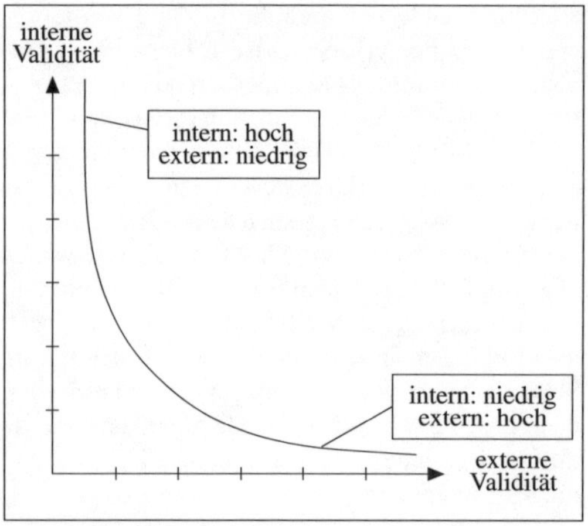

Abbildung 5:
Zusammenhang von interner und externer Validität

riment von Sherif dürfen wir eine hohe interne und eine niedrige externe Validität feststellen.

Die Einsicht in das Verhältnis zwischen interner und externer Validität zeigt uns neben den bereits früher erkannten Grenzen empirischer Forschung (1. Experimentelle Situationen sind nicht beliebig herstellbar und reproduzierbar. 2. Die Konstruktion solcher Situationen bedarf der ethischen Rechtfertigung.) also eine weitere Grenze auf.

Diese prinzipielle Grenze zeigt sich z.B. in schulpädagogischer Hinsicht, wenn man an Tieren erfolgte Lernforschung und deren Ergebnisse auf den schulischen Alltag übertragen will. Klaus Holzkamp geht in seinem Buch „Kritische Psychologie" besonders hart mit dieser Art von Lernforschung ins Gericht:

„Die psychologische Lernforschung ist eines der Renommierstücke der experimentellen Psychologie. Ihre Befunde sind häufig mit besonders exakten Methoden gewonnen worden, wobei teilweise ein imponierendes Netz wechselseitiger Bestätigungen von Resultaten vorliegt. Andererseits aber wird niemand leugnen können, daß die Resultate der psychologischen Lernforschung etwa zur Verbesserung der Unterrichtsmethodik in der Schule, in der es schließlich auch um ‚Lernen' geht, kaum etwas Wesentliches beigetragen haben.

Ein Grund für diesen Umstand liegt darin, daß der Begriff des ‚Lernens' in der Psychologie durch methodische Notwendigkeiten allmählich so stark operational reduziert wurde, daß er mit dem alltagsnahen Konzept des ‚Lernens', wie es etwa der Lehrer benutzen muß, kaum mehr etwas gemein hat, so daß mithin auch die Befunde im allgemeinen nur dann überzeugend sind, wenn das ‚Lernen' an isolierten, möglichst gleichgewichtigen Einzelelementen geschieht. Solche Elemente liegen in der Schulsituation indessen selbst dann nicht vor, wenn es etwa um das mechanische Auswendiglernen von Gedichten geht. Schließlich führen die in der Lernforschung hergestellten experimentellen Bedingungen häufig nur dann zu befriedigenden Effekten, wenn die Stimulussituation, etwa durch kurzzeitige Darbietung, durch Herstellung von Zufallsreihen, durch Entscheidungserschwerungen etc., entsprechend labilisiert worden ist. Solche labilen Stimulus-Situationen finden sich indessen in der Unterrichtspraxis nicht wieder." (Holzkamp 1972, S. 23f.).

Kontrollfragen:

1. Welche vier Kriterien lassen sich als Gütemaßstäbe für empirische Forschung ansetzen?
2. Was versteht man unter Reliabilität?
3. Was versteht man unter (interner) Validität?
4. Wodurch unterscheiden sich interne und externe Validität, und in welcher Relation stehen sie zueinander?
5. Was konnte Sherif in seinem Experiment zeigen, und wie lautet die Alternativhypothese?
6. Welche wichtigen Merkmale kennzeichnen ein Laborexperiment?
7. Welche Bedeutung haben Störvariablen in einem Experiment?

5. Kapitel

Theorie und Empirie

Überblick:

In diesem Kapitel werden Aussagen über das Verhältnis von Theorie und Empirie gemacht. Dabei steht ein wahrnehmungspsychologischer Aspekt im Vordergrund: der Sachverhalt der Selektivität der Wahrnehmung.

Dieser Sachverhalt meint, daß menschliche Wahrnehmung (also auch die des Forschers) lediglich auf spezifische Aspekte gerichtet ist und dabei dazu neigt, Besonderes unter die Perspektive eines Allgemeinen zu subsumieren, aus dem heraus das Besondere dann seine spezifische Bedeutung erhält.

Anhand des Kübel- und des Scheinwerfermodells von Karl Raimund Popper wird dessen Auffassung von menschlicher Erkenntnis erläutert. Das Scheinwerfermodell verdeutlicht, daß auch wissenschaftliche Erkenntnis nur als selektive Leistung zu verstehen ist.

Das Phänomen der Selektivität wird schließlich auf das Verhältnis von Theorie und Empirie angewandt und durch zwei lernpsychologische Experimente B.F. Skinners veranschaulicht.

In der empirischen Wissenschaftstheorie spielt der Zusammenhang von Theorie und Empirie eine entscheidende Rolle. Wir werden später ausführlich darauf eingehen, wie dieses Verhältnis von bekannten Wissenschaftstheoretikern (Popper, Lakatos, Kuhn und Stegmüller) unterschiedlich thematisiert wird. Unsere bisherigen Überlegungen haben das Verhältnis von Theorie und Empirie eher beiläufig behandelt. So wurde bei der Darstellung der Forschungen von Semmelweis etwa deutlich, daß experimentelle Befunde zu einer Theorie führen (können). Die aus einer so gewonnenen Theorie unter Zuhilfenahme von Antecedensbedingungen abgeleiteten Prognosen verweisen ebenfalls auf den Zusammenhang von Theorie und Experiment, denn wenn die gestellten Prognosen nicht oder selten eintreffen (obwohl die Antecedensbedingungen gegeben waren), wird man Rückschlüsse auf den „Wahrheitsgehalt" der Theorie ziehen. Auf diese Weise in Mißkredit geratene Theorien werden andererseits wiederum durch weitere empirische Ergebnisse zu stützen versucht.

Wenn wir im folgenden Aussagen über das *Verhältnis von Theorie und Empirie* machen, dann soll ein besonderer Aspekt im Vordergrund stehen: Es geht um den *wahrnehmungspsychologischen* Sachverhalt, daß menschliche Wahrnehmung immer *selektive Wahrnehmung* ist: Aus der reichen, potentiell unbegrenzten Menge an visuellen, akustischen oder taktilen Reizen nimmt der Mensch lediglich einen vergleichsweise kleinen Ausschnitt bewußt wahr. Wimmer/Perner veranschaulichen das an einem alltäglichen Beispiel:

> „Man stelle sich vor, Teilnehmer an einer Cocktailparty zu sein und inmitten eines Raumes zu stehen, der voll ist mit sprechenden Menschen. Mehrere Gespräche bieten sich zum Zuhören an. Sobald man jedoch eines der Gespräche verfolgt, versteht man die anderen nicht mehr, obwohl sie akustisch durchaus zugänglich wären. Dies ist das klassische Lehrbuchbeispiel für die Beschränktheit der Wahrnehmung. Es ist jedoch nur eines von vielen: Das unangenehme Drücken des zu kleinen Schuhs, das den Weg in's Stadion erschwerte, ist verschwunden, wenn wir gespannt dem Fußballspiel folgen. Der Vortrag des Dozenten wird zum sinnlosen Gemurmel, wenn wir, aus dem Fenster blickend, den Streit zweier Autofahrer verfolgen.
>
> Das allgemeine Phänomen, mit dem wir es hier zu tun haben, besteht jeweils darin, daß aus einem reichen, von den Sinnesorganen aufgenommenen Informationsangebot nur ein Teil bewußt wahrgenommen wird."
>
> (Aus: Wimmer/Perner: Kognitionspsychologie, 1979, S. 152)

Für unsere wissenschaftstheoretischen Überlegungen ist neben diesem grundsätzlichen Phänomen der Selektivität von Wahrnehmung noch ein weiterer Aspekt wichtig: Wenn sich menschliche Aufmerksamkeit auf etwas richtet, dann tendiert sie dazu, Besonderes (z.B. empirische Fakten) immer unter die Perspektive eines Allgemeinen (z.B. unter eine Theorie, unter eine Ansicht, unter ein Vorurteil) zu subsumieren, aus dem dann das Besondere seine spezifische Bedeutung erhält. Uns begegnet dieser Sachverhalt etwa in der Rede von den beiden Kneipenbesuchern, deren Gläser physikalisch gesehen gleich gefüllt sind, von denen der eine (optimistisch urteilende) aber behauptet, sein Glas sei noch halb voll, und der andere (pessimistisch urteilende), sein Glas sei leider schon halb leer. Man sieht: Die beiden Personen nehmen „Wirklichkeit" nicht passiv wahr, sondern verarbeiten die aufgenommenen Informationen aktiv nach ihren eigenen Selektionsmustern, fügen also etwas für sie subjektiv Bedeutsamens *hinzu* und sind davon überzeugt, ein unverfälschtes, objektives Bild von der Wirklichkeit zu haben.

In der empirischen Wissenschaftstheorie ist dieser wahrnehmungspsychologische Hintergrund von Karl Raimund Popper (1902-1994) – einem Hauptvertreter des sogenannten Kritischen Rationalismus, mit dem wir uns noch eingehender befassen werden – thematisiert worden. Zur Begründung seiner Auffassung von Erkenntnis spielt er zwei Modelle – das „Kübelmodell" und das „Scheinwerfermodell" – gegeneinander aus (s. Popper 1973; hier zitiert als 1974[2], S. 369-390). Im Sinne des Kübelmodells entsteht menschliche Erkenntnis dadurch, daß Gegenstände der Außenwelt über die Sinnesorgane in unseren Erkenntnisapparat eindringen und dort wie in einem Behälter – einem „Kübel" – angehäuft werden. Im Laufe der Zeit sammelt sich dann ein umfangreiches empirisches Wissen über die Wirklichkeit an. Betrachten wir das einfache Beispiel der beiden Kneipengänger im Lichte dieser Kübeltheorie, dann lassen sich die unterschiedlichen Urteile damit nicht erklären, denn beide hätten doch die gleiche sinnliche Wahrnehmung (Flüssigkeitsstand im Glas) gemacht, verfügten also diesbezüglich über das gleiche Wissen.

Folgt man dagegen dem Scheinwerfermodell der Erkenntnis (siehe Abb. 6), dann kann man für die unterschiedlichen Standpunkte eine sinnvolle Erklärung bieten. Diesem Modell liegt die Annahme zugrunde, daß menschliche Wahrnehmung ein *aktiver* Prozeß ist. Das gilt vor allem für die wissenschaftliche Beobachtung, die eine sehr bewußte Form der Wahrnehmung darstellt:

> „In der Beobachtung haben wir es mit einer Wahrnehmung zu tun, die planmäßig vorbereitet ist, die wir nicht ‚haben' [wie eine Sinneswahrnehmung], sondern

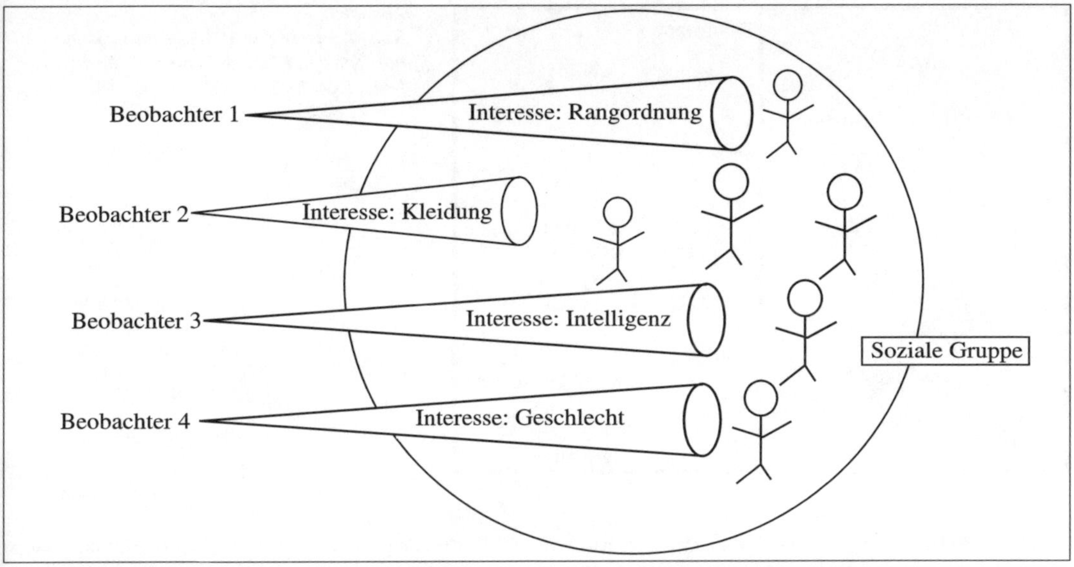

Abbildung 6: Menschliche Wahrnehmung im Sinne des „Scheinwerfermodells" nach K.R. Popper

‚machen', wie die deutsche Sprache ganz richtig sagt. Der Beobachtung geht ein Interesse voraus, eine Frage, ein Problem – kurz, etwas Theoretisches; können wir doch jede Frage in Form einer Hypothese formulieren, mit dem Zusatz: ‚Ist es so? Ja oder nein?' In diesem Sinne können wir geradezu behaupten, daß der Beobachtung die Frage, die Hypothese, oder wie wir es nennen mögen, aber jedenfalls ein Interesse, also etwas Theoretisches (oder Spekulatives), vorausgeht. Beobachtungen sind immer selektiv, setzen also etwas wie ein Selektionsprinzip voraus." (Ebd., S. 371)

Dieses Selektionsprinzip gleicht der Funktion eines Scheinwerfers, der selektiv je nach gewählter Blende nur das ins rechte Licht setzt, worauf sein Bediener ihn ausgerichtet hat. So wird es erklärlich, daß Menschen in derselben Situation Verschiedenes wahrnehmen, weil ihre Aufmerksamkeit Unterschiedliches selektiert. Die beiden Kneipengänger aktivieren demnach ihr individuelles Selektionsmuster – wenn auch weitaus weniger bewußt, als dies Wissenschaftler tun – und interpretieren den beobachteten Sachverhalt aus unterschiedlicher Perspektive, die z.B. von ihrer momentanen „Einstellung zur Welt" abhängt: Der Optimist sieht das halb volle, der Pessimist das halb leere Glas.

Dieses Beispiel kann uns natürlich nur annäherungsweise in die wahrnehmungspsychologische Problematik des Zusammenhangs von Theorie und Empirie einführen. Wir werden deshalb zur Präzisierung und Vertiefung ein ausführlicheres Beispiel aus der Wissenschaft anführen, denn für Popper hat ja gerade hier – und nicht nur in der alltäglichen Wahrnehmung – das Scheinwerfermodell große Bedeutung, wenn er im Hinblick auf die Prüfung einer Theorie behauptet: „Es führt kein Weg mit Notwendigkeit von irgendwelchen Tatsachen zu irgendwelchen Gesetzen. Was wir ‚Gesetze' nennen, sind Hypothesen, die eingebaut sind in Systeme von Theorie [ja einen ganzen Erwartungshorizont] und die niemals völlig isoliert geprüft werden können." (Ebd., S. 389)

Die beiden folgenden Textauszüge schildern zwei Experimente, die der bekannte Lernpsychologe B.F. Skinner selbst so (oder so ähnlich) durchgeführt hat und die z.T. auch schon Aufschluß über die von ihm vertretene Lerntheorie des *Operanten Konditionierens* geben. Sie sind entnommen aus dem von James G. Holland und B.F. Skinner gemeinsam verfaßten Buch „Analyse des Verhaltens", das eine programmierte Einführung in die Theorie des Operanten Konditionierens darstellt.

Text 1:

„Dies ist eine hungrige Taube in einem Standard-Experimentierraum, einer geschlossenen rechteckigen Kammer oder Box. Stimuli, die Reflexverhalten auslösen, sollen im folgenden außer acht gelassen werden. Die Taube pickt gelegentlich gegen eine kleine runde Scheibe. Das Futtermagazin arbeitet automatisch; es macht unmittelbar im Anschluß an ein Picken gegen die Scheibe (die *Reaktion*) Futter zugänglich. Wir stellen fest, daß die Taube, wenn sie

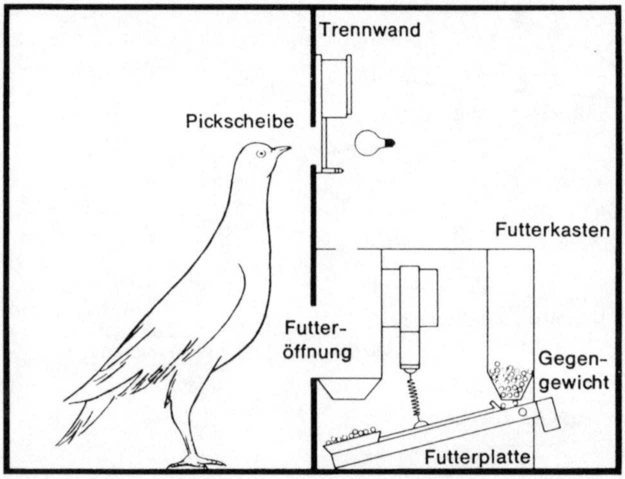

Abbildung 7:
Konditionierung einer Taube nach Skinner; aus: Schuler, F./von der Dunk, K.: Verhaltenslehre, Donauwörth 1980

gegen die Scheibe gepickt und Futter erhalten hat, bald wieder pickt (und Futter erhält und wieder pickt usw.), das heißt, die *Rate* oder *Frequenz* des Pickens hat sich erhöht. Da die Rate sich erhöht, wenn Futter auf die Reaktion folgt, sagt man, daß das Futter die Reaktion verstärkt. Das Futter wird als *Verstärker* bezeichnet und das Ereignis als *Verstärkung*. Da die Reaktion nicht durch einen auslösenden Stimulus erzeugt wird, sagt man, daß sie *emittiert* wird. Solch eine Art des Verhaltens, das auf die Umwelt einwirkt, bezeichnet man als *operantes* Verhalten.

Wenn die Taube, nachdem der Operant (Picken gegen die Scheibe) *konditioniert* worden ist, kein Futter mehr für das Picken erhält, dann nimmt die Rate, mit der die Reaktionen emittiert werden, ab, bis sie schließlich der niedrigen Rate entspricht, die vor der Konditionierung bestand. Diesen Prozeß bezeichnet man als *Löschung*." (Holland/ Skinner 1971, S. 43)

Text 2:

Wie man einen Hund dressiert, einen Türknopf mit der Schnauze zu berühren

„Sie brauchen einen Verstärker, der sehr schnell dargeboten werden kann, wenn das Verhalten emittiert wird. Ein *konditionierter* Verstärker ist hierzu am geeignetsten, z.B. ein hörbarer Stimulus, wie das Klicken eines „Blechfrosches". Konditionieren Sie den Hund, indem Sie, unmittelbar bevor Sie einen kleinen Bissen Futter in eine Schüssel fallen lassen, ein Klickgeräusch mit dem Blechfrosch produzieren. Wiederholen Sie dies so lange, bis der Hund sich zur Schüssel bewegt, sobald er den Blechfrosch hört.

Sie können die gewünschte Reaktion auch konditionieren, indem Sie warten, bis der Hund einmal den Türgriff mit der Schnauze berührt, und indem Sie ihn dann sofort verstärken; aber Sie werden möglicherweise lange Zeit warten müssen. Um dies zu vermeiden, können Sie das Verhalten *ausformen* (oder *differenzieren*). Verstärken Sie zuerst jede Reaktion, die der Endform entfernt verwandt ist. Es kann sich zum Beispiel ergeben, daß der Hund stillsitzt: und solange er dies tut, wird er niemals den Türgriff berühren. Verstärken Sie darum *jede kleine Bewegung* durch das Geräusch des Blechfrosches, sobald der Hund sich bewegt, und lassen Sie gleichzeitig einen kleinen Bissen Futter in die Schüssel fallen. (Der Vorteil eines hörbaren konditionierten Verstärkers besteht darin, daß er den Hund sofort erreicht, gleichgültig wohin der Hund gerade schaut.) Wenn der Hund sich hin- und herbewegt, dann verstärken Sie alle Bewegungen, die in die Richtung der Türe weisen; und geben Sie keine Verstärkung für Bewegungen, die in irgendeine andere Richtung erfolgen (*differentielle Ver*stärkung). Formen Sie allmählich das Verhalten des Sich-der-Türe-Näherns und danach das Verhalten des Sich-an-den-Türgriff-Heranbewegens aus. Verstärken Sie dann das Annähern des Kopfes an den Griff. Und geben Sie schließlich nur dann eine Verstärkung, wenn der Hund den Griff mit der Schnauze berührt. Diese allmähliche Verschiebung des Kriteriums für die differentielle Verstärkung bezeichnet man als *sukzessive Annäherung*. Der gesamte Vorgang sollte nur wenige Minuten in Anspruch nehmen.

Obwohl das Ziel darin besteht, daß der Hund den Türgriff mit seiner Schnauze berührt, wird ein weites Spektrum von Verhaltensweisen durch Verstärkung bekräftigt. Der Hund muß sich der Türe nähern, muß eine bestimmte Haltung einnehmen usw. Die verschiedenen *Elemente* der gesamten Reaktion müssen alle im Verlauf der Verhaltensausformung konditioniert werden.

Wenn wir eine neue Reaktion konditionieren wollen, kann eine erste Reaktion eine Hilfe oder eine Erschwernis sein, je nachdem ob die beiden Reaktionen *gemeinsame* Elemente enthalten oder nicht." (Ebd., S. 97)

Um nun anhand dieser beiden Texte das *Verhältnis von Theorie und Empirie* näher zu beleuchten, versuchen wir in einem ersten Schritt, wichtige Bestimmungsstücke der Skinnerschen Lerntheorie (auch über die beiden Texte hinaus) zu formulieren:

1. Den Kern seiner Theorie des Operanten Konditionierens bildet das Gesetz der *Verstärkung*: Immer wenn auf ein (operantes) Verhalten eine Verstärkung folgt, steigt die Wahrscheinlichkeit für das künftige Auftreten dieses Verhaltens. Dabei sind zwei Arten von Verstärkungen zu unterscheiden:

   „Bei manchen Verstärkungen wird der Situation etwas *hinzugefügt* – zum Beispiel Nahrung, Wasser oder sexueller Kontakt; wir haben es mit einer *Darbietung* oder *Präsentation* von Stimuli zu tun. Diese Verstärkungen bezeichnen wir als *positive* Verstärker. Bei anderen Verstärkungen findet ein *Entzug* statt, wird der Situation etwas entzogen – beispielsweise lauter Lärm, grelles Licht, starke Hitze oder Kälte, ein elektrischer Schock. Diese Verstärkungen bezeichnen wir als *negative* Verstärker." (Skinner 1973, S. 76f.)

2. Ein weiteres wichtiges Lerngesetz ist das der *Bestrafung*: Immer wenn auf ein operantes Verhalten eine Bestrafung erfolgt, *sinkt* die Wahrscheinlichkeit für das künftige Auftreten dieses Verhaltens. Realisiert wird eine Bestrafung, indem ein angenehmer Reiz der Situation entzogen oder ein unangenehm empfundener Reiz (z.B. Schläge, elektrischer Schock) in die Situation eingeführt wird.
3. Komplexes Verhalten (wie etwa das Verhalten des Hundes, mit seiner Schnauze den Türknopf zu berühren) läßt sich durch die allmähliche Verschiebung des Kriteriums für die Verstärkung sukzessiv aufbauen. Diese sukzessive Annäherung nennt Skinner auch *shaping* (= Formung). Die Grundidee des shaping besteht in der *Minimalisierung der Lernschritte unter gleichzeitiger Maximalisierung der Verstärkungen.*
4. Zur Aufrechterhaltung von Verhalten ist es nicht unbedingt notwendig, dieses Verhalten permanent zu verstärken (s. dazu Skinner 1973, S. 100ff.). Hinreichende Effekte sind auch durch *intermittierende* Verstärkung zu erzielen: durch Intervallverstärkung (Verstärkungen erfolgen in regelmäßigen Zeitintervallen) oder durch Quotenverstärkung (Verstärkungen hängen hierbei vom Verhalten des Organismus ab; so kann man z.B. jede fünfzigste Reaktion verstärken).

Diese vier Gesetzmäßigkeiten des Operanten Konditionierens könnte man als den „empirischen Kern" der Skinnerschen Theorie zusammenfassen, weil diese Gesetze prinzipiell empirisch überprüfbar sind und das Fundament seiner Theorie bilden. Sie allein beschreiben aber Skinners Ansatz nicht hinreichend und müssen daher um wichtige Festlegungen und Grundannahmen ergänzt werden. Dabei handelt es sich um *Setzungen**, die man akzeptieren oder verwerfen, aber nicht empirisch *beweisen* oder *widerlegen* kann. Man darf diese Festlegungen und Grundannahmen nicht als theoretische Sätze betrachten, sie sind also – im Gegensatz zu den aufgeführten Gesetzen des Operanten Konditionierens – keine generellen, deskriptiven (beschreibenden) Sätze, sondern normative (wertende). Jede Wissenschaft muß auf derartige Sätze zurückgreifen. Wir werden später für diese Setzungen *und* den empirischen Kern in Anlehnung an Thomas Kuhn den Klammerbegriff „Paradigma" einführen.

Hier nun einige wichtige Festlegungen, die Skinner aus seinem Wissenschaftsverständnis heraus getroffen hat:

- ➪ Zu beobachtende tierische und menschliche Phänomene sind zu einem großen Teil auf den Begriff des Verhaltens zurückzuführen. Nach diesem zentralen Begriff des Verhaltens (engl.: behavior) bezeichnen sich die Vertreter dieser Auffassung als Behavioristen; Behaviorismus ist die wissenschaftliche Lehre vom Verhalten.
- ➪ Aussagen über das Verhalten und seine Ursachen gelten nur dann als wissenschaftlich, wenn sie durch Anwendung naturwissenschaftlicher Methoden zustandegekommen sind (s. Skinner 1973, S. 20ff.).
- ➪ Verhaltensforschung folgt daher im Sinne der im ersten Kapitel explizierten Vorgehensweise des Naturwissenschaftlers und den entsprechenden Gütekriterien (s. Kapitel 4).
- ➪ Die Möglichkeit empirischer Aussagen über Verhalten basiert auf dessen *Quantifizierbarkeit.* Deshalb hat der Begriff der Verhaltenshäufigkeit (synonym: Reaktionswahrscheinlichkeit) einen zentralen Stellenwert:

  „Die alltäglichen Ausdrücke, die der Wahrscheinlichkeit, Tendenz oder Prädisposition entsprechen, beschreiben die Häufigkeit, mit der Teile des Verhaltens auftreten. Wir beobachten nie eine Wahrscheinlichkeit als solche. Wir behaupten von jemandem, er sei vom Bridgespiel ‚begeistert', wenn wir beobachten, daß er häufig Bridge spielt und oft darüber spricht. Sich ‚stark für Musik zu interessieren' bedeutet, daß man häufig Musik spielt oder hört, daß man oft über Musik spricht. Der ‚eingefleischte' Spieler ist jemand, der viel spielt. Der ‚passionierte' Filmer ist jemand, der gern Filme dreht, sie entwickelt und sich häufig eigene und fremde Filme ansieht. Ein ‚stark sexueller' Mensch ist jemand, der oft sexuell verkehrt. Und der Dipsomane trinkt gerne.

  Wenn wir das Verhalten eines Menschen anhand der Verhaltenshäufigkeit charakterisieren, setzen wir gewisse Standardbedingungen voraus: Der Mensch muß fähig sein, eine bestimmte Handlung auszuführen und zu wiederholen, und anderes Verhalten darf diese Handlung nicht nennenswert beeinträchtigen. So können wir zum Beispiel nicht sagen, wie stark sich ein Mensch für Musik interessiert, wenn er sich stets mit anderen Dingen beschäftigt. Wenn wir den Begriff der Reaktionswahrscheinlichkeit präzisieren wollen, um mit ihm auch wissenschaftlich arbeiten zu können, werden wir finden, daß auch hier unsere Daten Häufigkeiten sind, und daß die Bedingungen, unter denen man diese Häufigkeiten erfaßt, spezifiziert werden müssen. Das technische Hauptproblem bei der Entwicklung eines kontrollierten Experiments besteht darin, daß man der Beobachtung und Interpretation von Reaktionshäufigkeiten Rechnung trägt. Wir eliminieren oder halten zumindest jede Bedingung konstant, die Verhalten unterstützt, welches mit dem untersuchten Verhalten im Widerstreit liegt." (Skinner 1973, S. 67)

➪ Quantifizierbarkeit und Verhaltenshäufigkeit sind geeignete Begriffe, um Sachverhalte, die der Laie etwa als „innere Zustände" bezeichnet, wissenschaftlich zu untersuchen. Am Beispiel der „Emotion" argumentiert Skinner:

„Solange wir das Problem der Emotion als ein Problem innerer Zustände ins Auge fassen, werden wir wohl kaum zu einer praktischen Technologie gelangen. Es trägt nicht zur Lösung eines praktischen Problems bei, wenn man gesagt bekommt, ein Verhaltenszug einer Person sei auf eine Frustration oder Angst zurückzuführen; man muß uns auch davon unterrichten, wie die Frustration oder die Angst hervorgerufen worden ist, und wie sie verändert werden kann. Am Ende entdecken wir, daß wir uns mit zwei Vorgängen auseinandersetzen – mit dem emotionalen Verhalten und den manipulierbaren Bedingungen, deren Funktion dieses Verhalten ist –, und diese Vorgänge machen den eigentlichen Gegenstand der Erforschung von Emotionen aus.

Das Verhalten, das während einer Emotion zu beobachten ist, darf nicht verwechselt werden mit Emotionen als einem hypothetischen ‚Zustand', ebensowenig wie Essen mit Hunger verwechselt werden darf. Die zornige Person zeigt, ebenso wie die hungrige, eine Disposition zu bestimmten Handlungsweisen. Zwar mag sie nie genauso handeln, doch können wir nichtsdestoweniger mit der Wahrscheinlichkeit rechnen, daß sie das wird. So, wie wir aus einer Vorgeschichte der Deprivation auf die Tatsache schließen, daß eine Person wahrscheinlich hungrig ist, auch wenn sie unfähig ist zu essen, schließen wir auch auf die Tatsache, daß sie wahrscheinlich zornig ist, indem wir zeigen, daß sie sich bei ähnlichen Anlässen gewöhnlich zornig verhalten hat. Wie wir aus dem Verhalten einer Person gegenüber ausgestellten Nahrungsmitteln den Schluß ziehen, daß sie hungrig ist, schließen wir aus relativ unwichtigen Reaktionen, die in dieser Emotion kovariieren, daß sie zornig ist." (Ebd., S. 160f.).

➪ Ein Behaviorist verzichtet auf Introspektion (lat.: „Hineinsehen"), auf die Methode der Selbstbeobachtung, die in anderen Auffassungen von Psychologie als Wissenschaft durchaus zulässig erscheint und mit deren Hilfe man durch Beobachtung der eigenen seelischen Vorgänge psychologische (Selbst-)Erkenntnis anstrebt. Zwar leugnet der Behaviorist innere Zustände wie Zahnschmerz, Kummer, Freude nicht, hält diese aber nicht für intersubjektiv überprüfbar (sondern bestenfalls mitteilbar). Das Innere des psychischen Apparates wird deshalb als „black box", als schwarze Schachtel bezeichnet, auf die von außen Reize (Stimuli) einwirken (Input) und aus der Reaktionen emittiert werden (Output) (siehe Abb. 8). Über den verarbeitenden Mechanismus (die black box) könne man bestenfalls Spekulationen anstellen. Behavioristische Lerntheorien werden danach auch als S-R-Theorien bezeichnet, weil Lernen als die intendierte Verbindung bestimmter Stimuli (S) mit bestimmten Reaktionen (R) aufgefaßt wird.

➪ Reliabilität und innere Validität empirischer Untersuchungen setzen voraus, daß Verhaltenskomplexe in quantifizierbare Größen (operationalisierte Variablen) zerlegt werden können. Diese *Parzellierung* von Verhalten wird besonders deutlich beim Vorgang der oben (in Text 2) beschriebenen sukzessiven Annäherung (beim

Abbildung 8: Das black-box-Modell des Behavioristen

shaping); nicht das gewünschte Endverhalten (Der Hund soll den Türknopf mit der Schnauze berühren) wird zu Beginn der Dressur verstärkt, sondern kleinste Verhaltenselemente (Blick zur Tür, Bewegungen in Richtung Tür usw.) bilden das Verstärkungskriterium.

➪ Die Parzellierung des Verhaltens beruht auf der Grundannahme, daß operantes Verhalten als zusammengesetztes Verhalten aufgefaßt werden muß: Kleinste Verhaltenselemente („Atome") werden durch Verstärkungsprozesse zu komplexeren Verhaltensweisen (zu „Molekülen") zusammengefügt.

➪ Im Hinblick auf die Gesetze des Operanten Konditionierens besteht kein grundsätzlicher Unterschied zwischen tierischem und menschlichem Verhalten. Die – insbesondere an Tauben und Ratten – gefundenen und vielfach bestätigten Versuchsergebnisse treffen auch auf menschliches Verhalten (Lernprozesse) zu.

Kehren wir nun zu unserer Ausgangsfrage zurück: Wie hängen Theorie und Empirie – wahrnehmungspsychologisch gesehen – miteinander zusammen? Wenn Skinner im einzelnen beschreibt, wie man die Taube oder den Hund dazu bringt, bestimmte Verhaltensweisen in Zukunft häufiger zu vollziehen, dann handelt es sich *nicht* um eine *theorielose* Beschreibung. Fordern wir nämlich eine Begründung für das Ergebnis (Warum ist dieser Dressurakt möglich?) und zudem auch Begründungen für den Aufbau dieser Experimente, dann würde Skinner auf die eben aufgeführten Gesetze des Operanten Konditionierens und die Setzungen des Behaviorismus verweisen müssen. Sie bilden den „Scheinwerfer" – um noch einmal mit Popper zu sprechen –, mit dem der Behaviorist seine Welt und damit auch die „Welt seiner Experimente" sieht: Er kennt keine Emotion als inneren Zustand, sondern lediglich beobachtbare, operationalisierbare Verhaltensweisen, die man in Summe so definieren könnte. Er interpretiert das dem Schüler gespendete Lob als positiven und den Entzug von Taschengeld als negativen Verstärker. Kurz: Alles beobachtbare Verhalten ist nichts anderes als das Ergebnis von Verstärkung bzw. Bestrafung. So bestätigt der Blick in die Wirklichkeit die Theorie, wie umgekehrt die Beobachtung der Realität durch Theorie gestützt

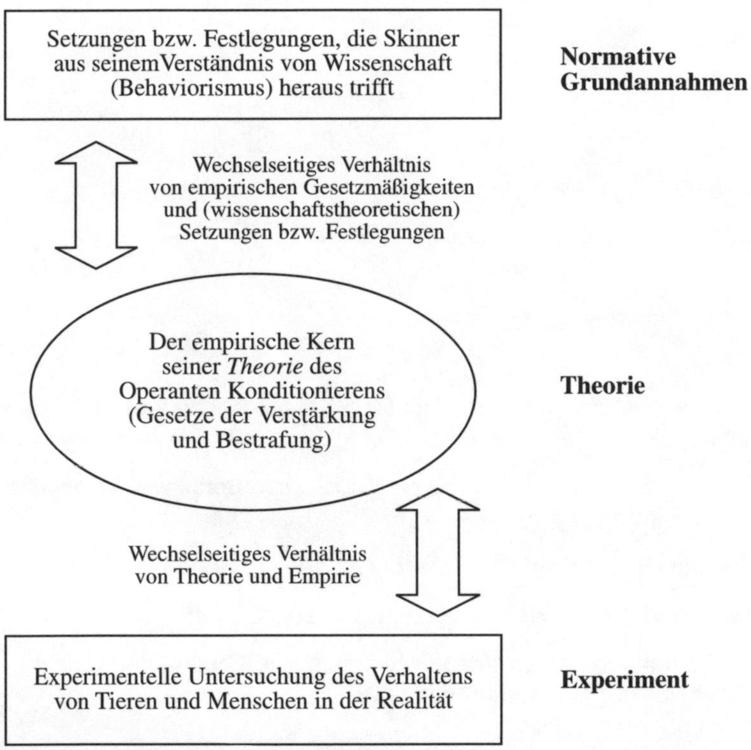

wird. Es scheint sich also ein *Zirkelschluß* anzubahnen, in dem das noch zu Beweisende offensichtlich schon im Vorausgesetzten enthalten ist.

Wir werden diesen Verdacht noch einmal thematisieren, wenn wir uns näher mit Poppers Auffassung von Wissenschaft beschäftigen und diese kritisch reflektieren. Denn Popper kennt diesen Sachverhalt sehr wohl und bringt ihn zum Ausdruck, wenn er sagt, menschliche Erfahrung sei „theoriegetränkt" (Popper 1974², S. 85). An dieser Stelle mag es zunächst reichen, wenn wir abschließend zur Kenntnis nehmen, daß Skinner selbst den Zusammenhang von Allgemeinem und Besonderem, von Theorie und Fakten (z.B. experimentellen Daten) wohl gesehen hat, ihn aber keineswegs als Zirkelschluß akzeptieren wollte:

> „Setzen wir uns im Alltag, in der Klinik und im Labor mit unseren Mitmenschen auseinander, so sollten wir vielleicht wissen, wie genau verstärkend ein spezifischer Vorgang ist. Wir beginnen oft damit, daß wir bemerken, in welchem Ausmaß unser eigenes Verhalten durch denselben Vorgang verstärkt wird. Diese Praxis schlägt häufig fehl; trotzdem wird gewöhnlich angenommen, Verstärker könnten unabhängig von ihrem Effekt auf einen bestimmten Organismus erkannt werden. So wie wir den Begriff hier benutzen, besteht jedoch das einzige definierende Merkmal eines verstärkenden Stimulus darin, daß er verstärkt.
>
> Die einzige Möglichkeit, um herauszufinden, ob ein gegebener Vorgang einen gegebenen Organismus unter gegebenen Bedingungen verstärkt oder nicht, ist die des direkten Tests. Wir beobachten die Häufigkeit einer ausgewählten Reaktion, lassen einen Vorgang auf sie einwirken und verfolgen dann jede Veränderung der Häufigkeit. Tritt eine solche Veränderung ein, so klassifizieren wir den Vorgang seinem Effekt nach und unter den gegebenen Bedingungen als verstärkend für den Organismus. Die Klassifikation von Vorgängen durch ihre Wirkungen führt keineswegs zum Kreisschluß; das Kriterium ist sowohl empirisch als auch objektiv. Im Kreis herum würde sie allerdings führen, wenn wir nun behaupteten, ein gegebener Vorgang unterstütze einen Operant, *weil* er verstärkend wirke." (1973, S. 76)

Kontrollfragen:

1. Welcher grundlegende Sachverhalt ist für die menschliche Wahrnehmung kennzeichnend?
2. Wie läßt sich anhand des Popperschen Kübel- bzw. Scheinwerfermodells menschliche Erkenntnis erklären?
3. Wie lauten die Grundgesetze der Skinnerschen Lerntheorie?
4. Was unterscheidet eine Setzung von einer Tatsache?
5. Erläutern Sie anhand der Lerntheorie Skinners, wie Theorie und Empirie wahrnehmungspsychologisch zusammenhängen?

6. Kapitel

Empirische Forschung und ihr (implizites) Menschenbild

Überblick:

In diesem Kapitel werden am Beispiel des Behaviorismus zwei weitere Aspekte klassischer empirischer Forschung verdeutlicht: die kausale Determiniertheit menschlichen Verhaltens und das darin eingeschlossene Menschenbild.

Anhand eines Textausschnittes aus Skinners „Futurum Zwei“ wird das Menschenbild des Behavioristen veranschaulicht.

Zu Beginn dieser Einführung haben wir zunächst die naturwissenschaftliche Forschungsweise skizziert und dann gesehen, daß man diese Vorgehensweise auch in solchen Wissenschaften einsetzt, die es nicht mit Dingen, sondern mit dem Menschen zu tun haben. Diese Übertragung impliziert eine bestimmte Sicht auf den Menschen: So wie der Physiker die betreffenden Gegenstände (Amperemeter, Prüfstrecke, Spannungsquelle) als Objekte benutzt, um diese technisch für sich verfügbar zu machen, so behandelt auch der Sozialwissenschaftler seine menschlichen Versuchsobjekte quasi als Dinge.

Bei der Darstellung der Skinnerschen Theorie des Operanten Konditionierens haben wir bereits gesehen, daß der Mensch im Hinblick auf Lernen als Objekt von Verstärkungs- oder Bestrafungsaktionen gesehen wird. Im folgenden wollen wir nun die Aufmerksamkeit weniger auf diese explizit formulierten lerntheoretischen Gesetzmäßigkeiten lenken, sondern auf die Festlegungen und Setzungen, die das Skinnersche Verständnis von Behaviorismus ausmachen. Wir interessieren uns also für die *grundsätzliche* Auffassung von Empirie und fragen, welches Menschenbild darin – implizit – eingeschlossen ist. Dazu sehen wir uns einige ausführlichere Passagen aus Skinners utopischer Erzählung „Walden Two", zu deutsch „Futurum Zwei" (1972) an:

„Ich streite ab, daß es so etwas wie Freiheit überhaupt gibt. Ich muß es abstreiten, oder mein ganzes Programm ist sinnlos. Man kann nicht eine Wissenschaft von einem Objekt betreiben, das launisch hin und her hüpft. Vielleicht können wir niemals beweisen, daß der Mensch nicht frei ist – es ist dies nur eine Vermutung. Aber der wachsende Erfolg der Verhaltensforschung macht sie immer einleuchtender ... Nun, wo wir wissen, daß positive Verstärkung funktioniert (...), können wir zielbewußter und darum auch nachhaltiger in unserem Kultur-Plan vorgehen. Wir können eine Art Aufsicht ausüben, unter der die Beaufsichtigten sich frei fühlen, obgleich sie einem Kodex gehorchen, der viel genauer ist, als es je zuvor in dem alten System der Fall war. Dennoch fühlen sie sich frei. Sie tun, was sie zu tun wünschen, nicht, was ihnen zu tun auferlegt wird. Das ist die Wurzel der ungeheuren Kraft, die in der positiven Verstärkung liegt – hier gibt es kein Sträuben und keine Revolte. Durch eine sorgsam ausgearbeitete Kulturaufsicht überwachen und lenken wir nicht das definitive Verhalten, sondern die Voraussetzungen dazu – die Motive, Wünsche, Neigungen ...

Die Frage ist: können Menschen in Freiheit und Frieden leben? Die Antwort lautet: Ja, sofern wir eine soziale Struktur herstellen, die die Bedürfnisse aller erfüllt und in der jeder von sich aus den Wunsch hat, die Gesetze zu befolgen. Bis zum heutigen Tag ist dies nur in Futurum Zwei erreicht worden. Entgegen Ihren scharfen Anschuldigungen ... ist dies der freieste Ort auf der ganzen Welt. Und zwar deshalb, weil hier von keinerlei Gewalt oder Gewaltanwendung Gebrauch gemacht wird. Jeder Teil unserer Forschung, von der Kinderpflege bis zur psychologischen Behandlung der Erwachsenen dient diesem Ziel: jede Alternative zur Gewaltherrschaft abzubauen. Durch geschickte Planung und kluge Anwendung der Methoden erhöhen wir das Freiheitsgefühl.

Dies ist keine Planung, die die Freiheit beschneidet, wie jene, die Gewalt anwendet. Der Sinn für Freiheit war im Nazi-Deutschland praktisch unbekannt, weil die Planenden einen grausigen Gebrauch von Gewalt und Gewaltandrohung machten. Nein, ... wenn es einmal zu einer Verhaltensforschung gekommen ist, gibt es keine Alternative zu einer geplanten Gesellschaft mehr. Wir dürfen die Menschheit nicht einer zufälligen oder parteiischen Herrschaft überlassen ...

Alles, was geschieht, ist in einem Urplan enthalten, und dennoch scheint das Individuum in jedem Stadium frei Entscheidungen zu treffen und Ergebnisse zu bestimmen. Das gleiche gilt von Futurum Zwei. Unsere Mitglieder tun praktisch immer das, was sie tun wollen, was sie sich ‚wählen' zu tun; aber wir sorgen dafür, daß sie genau das tun wollen, was für sie und die Gemeinschaft das beste ist. Ihr Verhalten ist vorgeschrieben und dennoch sind sie frei. Diktatur und Freiheit – Vorbestimmung und Willensfreiheit – das sind doch alles nur Scheinfragen sprachlicher Natur – oder? Wenn wir die Frage stellen, was der Mensch aus dem Menschen machen kann, so meinen wir mit dem Menschen nicht in beiden Fällen dasselbe. Wir meinen damit: Was können wenige Menschen aus der Menschheit machen? Das ist die alles überschattende, alles umfassende Frage des zwanzigsten Jahrhunderts. Welche Art von Welt können wir errichten? Wir – das heißt diejenigen unter uns, die die Verhaltenslehre beherrschen?

(Aus: Skinner 1972, S. 232, 237, 238, 266f.)

Diese knappen Textauszüge spiegeln das der behavioristischen Auffassung von Wissenschaft zugrundeliegende *dualistische Menschenbild* wieder, da mit ihm zwei menschliche Grundcharaktere postuliert werden: Der eine ist der „Herr der Lage“, ausgestattet mit kluger Voraussicht und Reflexionspotential. Er durchschaut die Absichten der anderen, weiß um ihre Wünsche und vor allem um Möglichkeiten, diese durch entsprechende Verstärkungen hervorzurufen. Der andere Charakter verfügt über diese Eigenschaften und Fähigkeiten nicht; er bemerkt angeblich nicht, daß seine Wünsche und Handlungen manipulativ herbeigeführt werden, sondern erliegt der Trugvorstellung, sie seien Resultate seiner freien Entscheidung. Somit zerfällt die Skinnersche Gesellschaft in zwei Teile, in einige wenige, die herrschen, und in die „breite Masse“, die beherrscht wird, in Konditionierende und Konditionierte.

Dieses widersprüchliche Menschenbild darf man nicht als „Zufallsprodukt“ auffassen, sondern muß es aus der prinzipiellen Entscheidung des Behavioristen heraus verstehen. Wer nämlich postuliert, daß menschliches Verhalten *determiniert*, also durch äußere Ursachen kausal bestimmt ist (Wenn auf ein Verhalten x ein Verstärker y folgt, dann ...), kann sich selbst eben nicht als Ausnahme dieser deterministischen Annahme begreifen (s. Strauss 1956, S. 13). Skinner leugnet ein Subjekt, das Stellung zu sich selbst, zu anderen und der Welt beziehen, das Welt entwerfen, konstruieren, handelnd in sie eingreifen oder ästhetisch darstellen kann. Negativ formuliert, kann man ein solches Subjekt mit Mertens/Fuchs durch die Axiome der Newtonschen Physik, dem *Trägheitsgesetz* und dem *Grundsatz der Bewegungsgleichheit*, beschreiben:

„Nach dem Trägheitsgesetz tut ein Körper von sich aus zur Änderung seines Zustandes gar nichts. Er verharrt vielmehr im Zustand der Ruhe oder der gleichförmigen (einmal auf ihn von außen übertragenen) Bewegung so lange, bis durch eine von außen (!) wirkende Kraft eine Änderung seines Zustandes verursacht wird. Nach dem Grundsatz der Bewegungsgleichheit ... erfolgt die Zustandsänderung proportional zur einwirkenden Kraft. Die Intensität der Reaktion kann also durch die Größe der einwirkenden Kraft bestimmt werden. Auf den Menschen übertragen, besagt diese Doktrin der Passivität: Der Organismus besitzt keine Eigendynamik bzw. Spontanaktivität, er ist zu keinen Teilen aus eigener Kraft die gestaltende, ordnende und organisierende Ursache seiner selbst, seines Verhaltens, seiner Umwelt.“ (Mertens/Fuchs 1978, S. 49)

Mit diesem gerade herausgestellten Sachverhalt (empirischer Forschung liegt ein implizites Menschenbild zugrunde) haben wir also ein weiteres Problem kennengelernt. Zur Erinnerung seien noch einmal die anderen bereits thematisierten Probleme genannt:

1. Experimentelle Situationen sind *nicht beliebig produzierbar*, sondern oft genug durch eine Konstellation von Faktoren bestimmt, die bereits zu bestimmten, nicht oder kaum noch rückgängig zu machenden Wirkungen geführt haben (s. ex-post-facto-Studien).
2. Die in empirischen Untersuchungen arrangierten Situationen bedürfen der *ethischen Rechtfertigung*.
3. Gerade dann, wenn die *interne Validität* besonders groß, die *externe* also sehr gering ist (im Laborexperiment), gelangt man zu Erkenntnissen, die nur eingeschränkt auf den alltäglichen Bereich übertragbar sind.
4. Neben den *empirischen Gesetzen* einer Theorie hat jeder Forscher auch eine Reihe von *Festlegungen und Setzungen* zu treffen, insbesondere diejenigen, die sein Verständnis von Wissenschaft zum Ausdruck bringen. Man könnte diese Setzungen als das „Glaubensbekenntnis“ des Wissenschaftlers bezeichnen.
5. Empirische Erkenntnisse sind keine „reinen Fakten“, keine „nackten“ Tatsachen, sondern *theoriegetränkt*. Der Wissenschaftler konstruiert mit seiner Theorie die Welt und nimmt mit ihr, der Theorie, diese Welt entsprechend wahr. Durch diese konstruktive Arbeit werden einige Sachverhalte besonders prägnant zur Sprache gebracht, andere dagegen (für andere Wissenschaftler vielleicht sehr wichtige Aspekte) ausgeblendet.

Wenn Sie im folgenden Kapitel selbst eine kleine empirische Untersuchung planen sollen, dann sollten Sie sich dabei dieser Probleme bewußt sein.

Kontrollfragen:

1. Welche Rolle teilt ein Behaviorist seinen menschlichen Versuchsobjekten zu?
2. Welches Menschenbild impliziert die behavioristische Auffassung von Wissenschaft?
3. In diesem Kapitel haben wir das implizite Menschenbild empirischer Forschung als wissenschaftstheoretisches Problem behandelt. Erinnern Sie sich an weitere wissenschaftstheoretische Probleme, mit denen wir uns in den vorausgegangenen Kapiteln beschäftigt haben?

7. Kapitel

Planung einer empirischen Untersuchung

Zur Rolle des Vorverständnisses in der empirischen Forschung

Überblick:

In diesem Kapitel sollen Sie selbst eine kleine empirische Untersuchung anhand einer vorgegebenen Fragestellung planen.

Dabei werden Sie sehr schnell auf entsprechende Schwierigkeiten stoßen, die sich insbesondere bei der Operationalisierung der Variablen einstellen.

Anschließend können Sie Ihre Planungsergebnisse mit einer aus der Literatur bekannten Studie mit identischer Fragestellung vergleichen.

Am Beispiel dieser Studie wird gezeigt, daß jede empirische Untersuchung von sogenannten hermeneutischen (= verstehenden) Prozessen mitbestimmt wird.

Die bisher dargestellten Aspekte empirischer Forschung und die eingeflochtenen Übungsphasen dürften uns in die Lage versetzen, nun selbst eine kleinere empirische Untersuchung zu planen. Um uns dabei nicht zu sehr in komplexe Fragestellungen zu verwickeln, wollen wir uns auf ein Thema beschränken, das uns vom eigenen Alltag her vertraut genug erscheint und uns daher hinreichendes Hintergrundwissen garantiert.

Jeder von uns hat eine bestimmte Vorstellung von seiner Begabung; er weiß, was er sich an Leistung zutrauen kann und was nicht. Zu den vielen möglichen Faktoren, die Einfluß auf die wahrgenommene eigene Begabung haben, dürfen wir z.B. direkte und indirekte Fremdeinschätzungen ebenso rechnen wie den Vergleich eigener Leistungen mit denen anderer Personen. Als direkte Fremdeinschätzungen sind insbesondere Lob und Tadel zu nennen – also Sanktionen positiver bzw. negativer Art, die wohl sehr häufig im Unterrichtsalltag auftreten. Auf diese zwei Möglichkeiten richten wir unser Augenmerk und fragen: *Welche Wirkungen haben Lob und Tadel auf die eigene wahrgenommene Begabung?*

Versuchen Sie bitte, eine kleine, möglichst einfach zu realisierende Untersuchung zu entwerfen, die eine Antwort auf diese Frage geben kann. Notieren Sie dabei auch bitte die auftretenden Schwierigkeiten!

Auf den folgenden Seiten finden Sie eine professionelle Untersuchung von Psychologen, die Sie mit Ihren Ideen und Vorschlägen abgleichen können. Planen Sie aber zunächst selbständig; formulieren Sie vorab Fragen, auf die das zu entwerfende experimentelle Design entsprechende Antworten gibt.

Planung einer empirischen Untersuchung zur Frage:
Welche Wirkungen haben Lob und Tadel auf die eigene wahrgenommene Begabung?

1. Was ist die unabhängige, was die abhängige Variable?

2.

3.

4.

5.

Beim Entwurf Ihrer Untersuchung haben Sie sicherlich die Erfahrung gemacht, wie schwierig es sein kann, die Größe „eigene wahrgenommene Begabung“ zu operationalisieren, eindeutige Beziehungen zwischen den Variablen herzustellen oder eine Balance zwischen interner und externer Validität zu finden. Wir wollen uns im folgenden weniger damit befassen, wie man derartige Schwierigkeiten meistern kann, sondern eine besondere Frage in den Vordergrund stellen, deren Beantwortung uns ein Stück wissenschaftstheoretisches Neuland erschließen soll, nämlich die Frage, wie wir eigentlich zu den entsprechenden Operationalisierungen „Lob“, „Tadel“ und „wahrgenommene eigene Begabung“ gelangen. Man entscheidet bei den Operationalisierungsprozessen ja laufend, ob entsprechende Äußerungen (noch) als Lob gelten können oder nicht; ähnliches gilt für die Handlung des Tadelns und den Begriff „Begabung“.

Um uns nun die Voraussetzungen dieser Entscheidungsprozesse klarer vor Augen zu führen, ziehen wir ein in der Selbstkonzeptforschung bekanntes Versuchsdesign heran, das die Psychologen Wulf-Uwe Meyer und Fritz-Otto Plöger (1979) entworfen haben.

Bei der Durchführung ihres „Experiments“, wie die Autoren es nennen, gingen Meyer und Plöger davon aus, daß Sanktionen (Lob und Tadel) nicht immer, sondern nur unter bestimmten Bedingungen eine Person veranlassen, ihr Selbstkonzept (dazu gehört auch die eigene wahrgenommene Begabung) zu ändern. „Eine dieser Bedingungen ist sicherlich, daß die sanktionierende Person als jemand wahrgenommen wird, der bereits Annahmen über die Begabung oder Fähigkeit der sanktionierten Person hat entwickeln können“ (Meyer/Plöger 1979, S. 229).

Diese These steht mit unseren alltäglichen Erfahrungen im Einklang. Bei einem Schüler, der gerade seinen neuen Mathematiklehrer kennengelernt hat und von diesem wegen der Lösung einer Aufgabe gelobt wird, wird sich daraufhin in aller Regel nicht das Selbstkonzept ändern. Hätte es sich hierbei um einen Lehrer gehandelt, der ihn bereits einige Jahre kennt, läge der Fall anders, weil der Schüler weiß, daß dieser Lehrer über das Begabungspotential des Schülers relativ gut informiert ist.

Die Berücksichtigung dieser Überlegungen ziehen Meyer und Plöger beim Aufbau ihres „Experiments“ in Betracht, indem sie im Fragebogen eine Schulsituation vorstellen, „wobei in einer Versuchsbedingung mitgeteilt wird, daß die Schüler bei ihrem Lehrer ‚schon seit langer Zeit Unterricht haben‘ (Begabungs-Annahmen vorhanden), in einer anderen Versuchsbedingung, daß ‚ein neuer Lehrer gerade an die Schule gekommen sei‘, der die Schüler in einem bestimmten Fach unterrichten werde und nun ‚zum ersten Mal die Klasse betritt‘ (Begabungs-Annahmen nicht vorhanden)“ (Meyer/Plöger 1979, S. 229).

Der weitere Versuchsplan sieht im einzelnen folgendermaßen aus: „Die Versuchsperson hat sich jeweils vorzustellen, sie selbst werde von dem entsprechenden Lehrer unterrichtet. In beiden Bedingungen wird weiter mitgeteilt, der Lehrer habe eine Anzahl von Aufgaben-Serien unterschiedlicher Schwierigkeit mit in den Unterricht gebracht. Zunächst gibt er allen Schülern zehn sehr leichte Aufgaben zum Bearbeiten. Nach Ablauf der zur Lösung verfügbaren Zeit schaut sich der Lehrer das von der Versuchsperson bearbeitete Blatt und das eines weiteren Schülers an; er stellt fest, daß beide ‚bei 9 von den 10 Aufgaben die richtige Antwort angekreuzt haben‘. Der Hälfte der Versuchspersonen in beiden Versuchsbedingungen (vertrauter Lehrer vs bislang unbekannter Lehrer) wurde mitgeteilt, daß der Lehrer den Mitschüler für dieses Resultat kritisiert (‚Dieser eine Fehler war doch nicht nötig!‘) und die Versuchsperson lobt (‚Das war ganz ausgezeichnet!‘); der anderen Hälfte wird mitgeteilt, daß der Mitschüler gelobt, die Versuchsperson kritisiert wird … Als Indikatoren der Begabungseinschätzung wurden Erfolgsvoraussagen für nachfolgend zu bearbeitende Aufgaben herangezogen: Die Versuchspersonen hatten sich vorzustellen, nach Bearbeiten der sehr leichten Aufgaben-Serie weiterhin eine leichte, mittelschwere, schwere und sehr schwere Serie zu lösen, von denen jede 10 Aufgaben umfaßt.“ (Meyer/Plöger 1979, S. 229f.)

Die Ergebnisse dieses „Experiments“ sind auf den ersten Blick überraschend. Die Versuchspersonen, die vom „vertrauten“ Lehrer gelobt wurden, erwarten, im zweiten Durchgang weniger Aufgaben zu lösen als im ersten; dagegen erwarten die Versuchspersonen, die kritisiert wurden, während ihr Mitschüler gelobt wurde, mehr Aufgaben zu lösen als im ersten Durchgang. Aufgrund unserer alltäglichen Erfahrungen hätte man doch wohl das umgekehrte Ergebnis erwartet: Lob des Lehrers bestärkt das Selbstkonzept eines Schülers und macht ihn für die Bewältigung kommender Aufgaben optimistisch. Kritik an seinen Leistungen kann ihn dagegen ängstlich machen, bei künftigen Aufgaben zu versagen. In ähnlicher Weise zeigen sich auch die Experimentatoren überrascht: „Solche möglichen Verhaltensauswirkungen von Lob und Tadel erscheinen auf den ersten Blick vielleicht paradox (insbesondere daß Lob Verhalten beeinträchtigen kann), widersprechen sie doch einer weithin geteilten Alltags-Theorie über die Wirksamkeit von Sanktionen, aber auch klassisch-lerntheoretischen Annahmen über Wirkungen von Lob und Tadel als Bekräftiger." (Meyer/Plöger 1979, S. 234).

Wie läßt sich dieser scheinbar paradoxe Zusammenhang von Sanktionen und Wahrnehmung der eigenen Begabung erklären? Bei näherer Betrachtung des Versuchsplans ist festzustellen, daß das Verteilen von Sanktionen (Lob und Kritik) der Anlaß für die von den Versuchspersonen gegebenen Antworten ist. Die *Art* dieser Sanktionen und die *Art* ihrer Formulierung bedürfen daher genauerer Prüfung. Das geschieht am besten, indem man versucht, sich in die Lage der Versuchsperson zu versetzen: Sobald ich die ersten Zeilen der Versuchsanordnung gelesen habe, weiß ich, daß es sich bei der Bearbeitung der ersten zehn Aufgaben um sehr leichte handelt. Was „sehr leicht" ist, kann ich dabei nur auf meine *eigenen* Fähigkeiten beziehen. Ich nehme also an: „Für mich selbst gibt es keine Schwierigkeiten, diese Aufgaben zu lösen." Nach der Lösung dieser Aufgaben und der Korrektur durch den Lehrer sagt dieser zu mir: „Dieser eine Fehler war doch nicht nötig!" Wie fasse ich diese Äußerung auf? Welchen Sinn unterstelle ich ihr? Handelt es sich bei dieser Äußerung um ein Lob, eine neutrale Aussage oder um eine negative Kritik, also um einen Tadel?

Nun ist der Sinn einer Äußerung immer kontextgebunden. Welchen Kontext hätte man in diesem Falle zu berücksichtigen? – Zum einen steht die Lehreräußerung in direktem Zusammenhang mit der Tatsache, daß ich neun von zehn Aufgaben richtig gelöst habe. Zum anderen ist aber vor allem zu berücksichtigen, daß es sich um „sehr leichte" Aufgaben gehandelt hat. Der Lehrer stellt nun fest, daß neun der zehn Aufgaben richtig gelöst sind. Daraufhin sagt er, der Schüler habe einen Fehler gemacht. Dieser hätte vermieden werden können, da die Aufgaben doch sehr leicht gewesen seien. Da der Lehrer mich, die Versuchsperson, gut kennen soll (das war eine wichtige Versuchsbedingung), will er wahrscheinlich ausdrücken, daß mir solch ein Fehler eigentlich nicht hätte unterlaufen dürfen, da meine Begabung für die Lösung dieser sehr leichten Aufgaben hoch genug sei.

Und hier ist der entscheidende Punkt zu sehen: Von mir, der Versuchsperson, wird die Äußerung des Lehrers nicht als negative Kritik verstanden. Was sollte mir denn dazu Anlaß gegeben haben? Doch nicht die Tatsache, einen Fehler gemacht zu haben? Schließlich hat mir der Lehrer durch seine Äußerung eine indirekte Bestätigung meiner im Vergleich zur Aufgabenstellung hohen Begabung gegeben. Der Sinn seiner Äußerung ist also keineswegs als negative Kritik, als Tadel aufzufassen. Man wird eher zu der Annahme neigen: „Es ist halt ein Flüchtigkeitsfehler gewesen, der jedem unterlaufen kann." Geht man also davon aus, daß der Lehrer Begabungsannahmen über mich, die Versuchsperson, bereits entwickelt hat, und berücksichtigt, daß die Aufgaben sehr leicht waren, dann besteht für mich kein Grund, die Äußerung des Lehrers als Kritik aufzufassen. Äußerungen von anderen, die als Kritik für von mir als sehr leicht empfundene Aufgaben gedacht sein könnten oder gedacht sind, verstehe ich in der Regel nicht als Kritik.

Ähnliche Überlegungen kann man auch für die Äußerung „Das war ganz ausgezeichnet!" anstellen. Der Schüler faßt die Lehreräußerung mit aller Wahrscheinlichkeit nicht als Lob, eher als neutrale Aussage auf. Warum sollte er für die Lösung von Aufgaben, die er selbst als sehr leicht empfindet, auch gelobt werden? Man könnte neben einer neutralen Aussage eventuell auch noch eine indirekte Bestätigung der niedrigen Begabung des Schülers in dieser Aussage vermuten. Der Schüler sagt sich demnach: „Der Lehrer möchte mir durch seine Aussage Mut machen, da er weiß, daß ich bereits bei Aufgaben mit einem nur etwas höheren Schwierigkeitsgrad völlig versage, er weiß also um meine relativ geringe Begabung auf diesem Gebiet."

Auf dem Hintergrund dieser Überlegungen dürfen wir zweierlei festhalten:

- ➪ Die von Meyer und Plöger verwendeten Begriffe „Lob" und „Tadel" sind nicht (völlig) kompatibel zu unserer Alltagserfahrung; was ein *echtes* Lob oder was ein *echter* Tadel ist, kann keinesfalls nur der Sanktionierende festlegen, sondern ist in hohem Maße – vielleicht sogar ausschließlich – von dem Selbstkonzept (Leistungsfähigkeit; angenommene Begabung) des Sanktionierten abhängig.
- ➪ Wenn diese Annahme zutrifft, dann kann man – wie Otto und Plöger es tun – keine „scheinbar paradoxen" Wirkungen von Lob und Tadel auf die wahrgenommene eigene Begabung" annehmen; die Äußerungen des Lehrers („Dieser eine Fehler war doch nicht nötig!" – „Das war ganz ausgezeichnet!") bewirken vielmehr, daß sich der betreffende Schüler mehr bzw. weniger an

Leistung zutraut. Es handelt sich also offensichtlich um einen Wirkungszusammenhang, der uns aus unseren alltäglichen Erfahrungen vertraut ist, keinesfalls aber als Paradoxie empfunden werden kann.

Lösen wir uns nun von diesem konkreten Versuchsdesign und dem darin exemplarisch sichtbar gewordenen Problem, dann läßt sich ein allgemeiner Sachverhalt formulieren, der auf alle empirischen Untersuchungen zutrifft: Die in Hypothesen verwendeten Begrifflichkeiten (die operationalisierten Begriffe) und die in ihnen, den Hypothesen, behaupteten Zusammenhänge verweisen auf unsere Alltagserfahrung. Sie bildet das unhintergehbare Fundament für unsere Begriffsbildungen; wir müssen sozusagen schon immer verstanden haben, was Lob, was Begabung ist, was unter „Schule als Institution" zu verstehen ist, bevor wir uns daran machen, eine entsprechende Untersuchung zu planen. In der Phase der Operationalisierung muß es also darum gehen, das alltägliche Vorverständnis ins Bewußtsein zu heben und uns Klarheit über das betreffende Phänomen zu verschaffen. Das ist natürlich nicht immer so einfach wie bei den eben thematisierten Begriffen, obwohl der Begabungsbegriff allein schon viele Fragen aufwirft. Wer Einblick in die lern- und entwicklungspsychologische Literatur nimmt, wird nämlich schnell auf kontroverse Diskussionen stoßen. Dabei wird sich z.B. zeigen, daß diese Diskussionen ihre „Geschichte" haben, die jeweiligen Auffassungen von Begabungen also auf entsprechende Vorläufer verweisen. Umfangreiche historisch-systematische Überlegungen müssen dann angestellt werden, um das Phänomen in seinen Grundstrukturen zu bestimmen.

Bezeichnet man diese Aufgabe, ein Phänomen (wie Lob oder Tadel) zu *verstehen* und dabei gleichzeitig auf den Begriff zu bringen, als eine hermeneutische (Hermeneutik ist die Lehre des Verstehens, des Auslegens, Interpretierens), dann erkennen wir hier, daß das methodische Vorgehen in der empirischen Forschung der Ergänzung durch eine genuin geistes-, also nicht naturwissenschaftliche Methode bedarf, nämlich der Ergänzung durch Auslegung, Interpretation unseres Vorverständnisses.

Im Rahmen dieser Einführung können wir lediglich auf diese Methode des Verstehens hinweisen, aber natürlich nicht entwickeln, wie sie anzuwenden ist und auf welchen wissenschaftstheoretischen Prämissen sie beruht. (Im Anschluß an diesen Teil finden Sie einen Exkurs, der in knapper und verständlicher Form einige wichtige Regeln des Verstehens auflistet. Diese Regeln sind hier zwar auf die Interpretation von *Texten* spezifiziert, gelten aber auch sinnadäquat für andere „Objekte" des Verstehens, wie Kunstwerke, Institutionen und Organisationen, Gefühlsäußerungen etc.)
Halten wir also fest:

➪ *Vor* Durchführung einer empirischen Untersuchung, nämlich bei der Operationalisierung der Variablen, ist hermeneutische Arbeit notwendig. Diese Notwendigkeit zeigt sich aber auch noch an zwei weiteren Stationen der Untersuchung:

➪ *Während* einer Untersuchung – das trifft auf erziehungswissenschaftliche, auf psychologische und auch soziologische zu – können Daten (Fakten) nur über vorausgehende Verstehens-/Interpretationsleistungen erhoben werden. Wer etwa wissen will, welche Sanktionen von Lehrern im Unterricht besonders häufig eingesetzt werden, und dies mit einer simplen Strichlistenführung dokumentieren will, muß die jeweiligen Äußerungen des Lehrers z.B. als Lob oder als Tadel identifizieren, *verstehen*.
Dazu ist das Verständnis des jeweils vorliegenden Kontextes notwendig. Noch komplizierter liegt der Fall, wenn es sich nicht um ein echtes Experiment, sondern um ein Gedankenexperiment wie im gerade analysierten Beispiel handelt. Im Versuchsdesign zeigt sich nämlich nicht nur die vorausgegangene hermeneutische Arbeit von Meyer/Plöger; auch die Probanden müssen zunächst die Situation, in die sie sich fiktiv versetzen müssen (Der Lehrer hat Begabunsannahmen über mich. Was ist eine leichte bzw. schwere Aufgabe? usw.), *verstanden* haben.

➪ Verstehensleistungen sind nicht nur für die *Hypothesenbildung* (Operationalisierung) und die *Datenerhebung*, sondern auch für die *abschließende* Interpretation von Fakten erforderlich. Meyer/Plöger hegen z.B. den Verdacht, daß Sanktionsvorgänge wahrscheinlich nicht in einer so einfachen Weise ablaufen und wirken, wie man das im Sinne der Skinnerschen Lerntheorie annehmen könnte. Danach wäre ein häufiges Aussprechen von Lob eine Garantie, für die Erhöhung der Auftretenswahrscheinlichkeit des Verhaltens. Der input sorgt über die Verarbeitung in der black box angeblich für den erwarteten output. Die Realität, so haben wir am Beispiel der Untersuchung von Meyer/Plöger gesehen, stellt sich aber (etwas) anders dar. Man erkennt hier am Vergleich von derartigen Ergebnissen

Phasen der empirischen Forschung →	erfordern hermeneutische Arbeit.
1. Vor der Durchführung einer empirischen Untersuchung →	ist das Vor-Verständnis der Sache, das sich in der Operationalisierung der Variablen ausdrückt, zu klären.
2. Während einer empirischen Untersuchung →	muß das beobachtete Handeln bzw. Verhalten im Sinne der definierten Variablen gedeutet werden (d.h. als zutreffend/vorliegend oder nicht zutreffend/nicht vorliegend im gegebenen Kontext identifiziert werden).
3. Die abschließende Auswertung empirischer Fakten und Zusammenhänge →	erfordert eine Interpretation der Daten im Sinne des leitenden Vor-Verständnisses, das die Fragestellung (Hypothese) bestimmt.

mit der vom betreffenden Forscher bezogenen Grundposition (z.B. Festlegungen und Setzungen Skinners im Sinne des black-box-Modells), daß die Ergebnisse nicht nur zu einer Verbesserung oder Verwerfung von zuvor aufgestellten Hypothesen führen, sondern in besonderen Fällen sogar eine Grundsatzdiskussion auslösen können, die die Auffassung von wissenschaftlicher Forschung insgesamt in Frage stellt.

Wenn wir abschließend noch einmal einen Blick auf die Untersuchung von R. Spitz werfen, dann zeigt sich auch in dieser ex-post-facto-Studie die Notwendigkeit der nachgängigen Interpretation von Fakten: Die einzelnen Daten zur Entwicklung der Motorik und des Sprachvermögens müssen in Beziehung gesetzt werden zu der übergreifenden Hypothese; sie werden *gedeutet*, *verstanden* als Beleg für die unterschiedlichen Qualitäten in den Beziehungen zwischen Mutter und Kind bzw. zwischen Kinderschwester und Kind.

Regeln zur Interpretation (am Beispiel pädagogischer Texte)

1. Textinterpretation erfolgt immer unter bestimmten Fragestellungen, und in der Fragestellung drückt sich ein bestimmtes Vorverständnis des zu untersuchenden Zusammenhanges aus. Der Interpret verfährt unreflektiert, wenn er sich das in seiner Fragestellung steckende Vorverständnis nicht bewußt macht. Dieses Vorverständnis ist jedoch nicht etwa ein bedauerlicher Störfaktor für das Auslegungsverfahren, so als wäre das voraussetzungslose Herangehen an einen Text die anzustrebende Idealform; vielmehr ist die Fragestellung und das darin eingeschlossene Vorverständnis die Voraussetzung dafür, daß ein Text überhaupt interpretiert werden kann. Damit die Aussagen des Interpreten aber von anderen überprüft werden können, muß der Interpret seine Fragestellung und sein Vorverständnis formulieren!
2. Die vorgängige Fragestellung und das darin sich ausdrückende Vorverständnis müssen am Text bzw. an den Texten selbst immer wieder überprüft und ggf. geändert werden.
3. Eine der wichtigsten Voraussetzungen für eine wissenschaftliche Auseinandersetzung mit Texten ist die Quellen- bzw. Textkritik.
4. Ein notwendiges Moment der Interpretation ist die Frage nach der *Bedeutung* einzelner Worte oder Formen eines Textes. Mit dem Fachterminus ausgedrückt: es handelt sich um den semantischen Aspekt, d.h. also den auf die Wortbedeutungen gerichteten Aspekt der Interpretation.
5. Pädagogische Texte entstehen häufig als Stellungnahmen im Zusammenhang mit Kontroversen, sie ergreifen Partei, sind Ausdruck eines praktischen Engagements, nicht eines rein theoretischen Erkenntnisstrebens; folglich können sie nur verstanden werden, wenn auch die jeweiligen Gegenspieler in die Interpretation mit einbezogen werden.
6. Zur Interpretation eines einzelnen Textes ist es häufig notwendig, über den immanenten Zusammenhang hinauszugehen und weitere Quellen hinzuzuziehen. Da umgekehrt aber auch die textimmanenten Informationen zur Klärung textübergreifender Zusammenhänge beitragen können, kann man prinzipiell von einem Verhältnis wechselseitiger Erklärung textimmanenter und textübergreifender Zusammenhänge sprechen.
7. Für die Ermittlung des Argumentationszusammenhanges eines Textes haben die syntaktischen Mittel, die Sätze oder Satzteile miteinander verbinden, große Bedeutung. Wissenschaftliche Interpretation muß folglich diesem Aspekt der Syntax eines Textes besondere Aufmerksamkeit schenken.
8. Was die Ermittlung der syntaktischen Beziehungen zwischen Sätzen und Satzgliedern im kleinen zu leisten vermag, muß vom Interpreten auch für den gesamten Text systematisch geleistet werden. Die gedankliche Gliederung muß übersichtlich herausgearbeitet werden: Hauptthesen, Begründungen, Erläuterungen, Beispiele, Nebengedanken, Exkurse usf. sind durch Interpretation voneinander abzuheben und nach Möglichkeit in einem differenzierten Gliederungsschema zusammenzufassen. Diese Aufgabe ist dann besonders dringlich, wenn ein Autor seinen Text nicht selbst ausdrücklich und detailliert gegliedert hat und sofern er seine Gliederung nicht selbst kommentiert.
9. Soweit es sich bei zu interpretierenden Texten um Argumentationszusammenhänge handelt, ist der Gesichtspunkt der inneren Widerspruchsfreiheit, der logischen Stringenz ein entscheidender Auslegungsaspekt. Der Interpret muß die Begründungen, Folgerungen, Herleitungen des Autors nicht nur mitvollziehen, sondern kritisch überprüfen. Er muß prinzipiell unterstellen, daß dem Autor logische Fehler unterlaufen sein können.
10. Interpretation bewegt sich ständig im sogenannten ‚hermeneutischen Zirkel': Die einzelne Aussage und ihre sprachlichen Elemente werden im Gang der Interpretation immer wieder im Zusammenhang größerer Aussagenzusammenhänge ausgelegt; das einzelne Wort wird erst im Zusammenhang eines Satzes, der Satz erst im Kontext größerer Satzzusammenhänge verständlich usf.; später in einem Text auftretende Aussagen wirken ergänzend und verändernd auf das Verständnis des früher Gesagten zurück. Zugleich gilt aber auch: der jeweils umfassendere Zusammenhang kann nicht ohne seine einzelnen Elemente verstanden werden.

11. Es ist grundsätzlich immer möglich, daß die Auffassungen, Zielsetzungen, Thesen, Argumentationen, die in einem Text bzw. in einigen Texten von einem Autor geäußert werden, entscheidend durch die gesellschaftliche Situation oder Position, in der sich dieser Autor befindet, bestimmt sind, m.a.W.: durch seine gesellschaftlichen Interessen, ohne daß sich der Autor dieses Zusammenhanges überhaupt oder in vollem Umfang bewußt ist. Daher muß eine konsequente Textinterpretation, die der heute erreichten methodologischen Erkenntnis entspricht, immer auch die ideologiekritische Frage stellen, d.h. die Frage nach dem Zusammenhang zwischen gesellschaftlicher Lage und Bewußtsein.
    Dieser erste Aspekt der ideologiekritischen Frage bei der Textinterpretation muß durch einen zweiten ergänzt werden, sobald nach der Wirkung eines Textes, seiner Aufnahme, Umdeutung oder Ablehnung durch bestimmte Lesergruppen gefragt wird oder nach dem Auftreten von Nachfolge- oder Gegenschriften. Positive oder negative Reaktionen auf einen Text können selbst wiederum ideologisch, d.h.: durch undurchschaute gesellschaftliche Interessen der Menschen oder Menschengruppen, die Stellung nehmen, bestimmt sein.

(Aus: Klafki, W.: Hermeneutische Fragen in der Erziehungswissenschaft. In: Funk-Kolleg Erziehungswissenschaft. Erziehungswissenschaft 3. Eine Einführung. Frankfurt a.M., Weinheim 1979, S. 126-153)

Kontrollfragen:

1. Von welchen Voraussetzungen gehen Meyer und Plöger aus?
2. Was erscheint am Ergebnis des „Experiments" paradox?
3. Welche problematischen Aspekte zeigte die Analyse der Untersuchung von Meyer und Plöger?
4. Welche verallgemeinerbare Erkenntnis läßt sich aus den aufgezeigten problematischen Aspekten herleiten?
5. Inwiefern bedarf die empirische Methode der Ergänzung durch die hermeneutische?

8. Kapitel

Qualitative Forschung

Überblick:

In diesem Kapitel soll verdeutlicht werden, daß man im sozialwissenschaftlichen Bereich nicht nur mit quantitativen Methoden arbeitet, sondern sich gegebenenfalls auch qualitativer Verfahren bedienen muß.

Die qualitative Forschung setzt interpretative Verfahrensweisen ein. Diese Verfahrensweisen werden in diesem Kapitel exemplarisch anhand einer Studie zur qualitativen Schulforschung erläutert.

Diese Einführung verfolgt im wesentlichen die beiden Ziele, einen Einblick in die empirische Forschung zu geben und zugleich auf wichtige problematische Aspekte aufmerksam zu machen. Dabei kommt es uns – wann immer möglich – auf eine *Parallelisierung von natur- und sozialwissenschaftlichem Vorgehen* an, ohne dabei deren grundsätzlichen Unterschiede aus dem Auge zu verlieren. Mit dieser vorgängigen Orientierung an dem „klassischen" Beispiel „Naturwissenschaft" wird man *zum einen* der Geschichte der empirisch ausgerichteten sozialwissenschaftlichen Forschung gerecht: Unter dem Druck der Errungenschaften naturwissenschaftlicher Forschung versuchten Sozialwissenschaftler, ihre Fragestellungen mit dem methodischen Instrumentarium der Naturwissenschaft zu bearbeiten. *Zum anderen* werden wir in den folgenden Kapiteln noch sehen, daß die bekanntesten Vertreter der empirischen Wissenschaftstheorie sich bis heute in ihren Argumentationen auf diese „klassische" Forschung beziehen und an ihnen wichtige Problembereiche (z.B. die Wahrheitsfrage, die Frage des wissenschaftlichen Fortschrittes) diskutieren.

„Klassische Forschung" ist dabei immer *quantitative** Forschung, denn sie fragt nach mehr oder weniger eindeutigen kausalen Beziehungen zwischen Variablen und führt dafür *quantitative** Meßergebnisse an. Man bezeichnet diese Art der Forschung zuweilen auch als „harte" Forschung, weil sie mit Zahlenmaterial arbeitet, das intersubjektiver Überprüfung standhalten soll. Im Gegensatz dazu werden interpretative Verfahren (z.B. die Analyse einer Lebensgeschichte in der therapeutischen Sitzung) als „weiche" oder *qualitative* Verfahren bezeichnet. Die dabei vorgenommenen Interpretationen lassen sich nicht quantitativ absichern, sollen aber die Stimmigkeit der „Fakten" zu einem Gesamtbild nachweisen.

Beim Einsatz qualitativer Verfahren stellen sich demnach auch ganz andere methodische Fragen und Probleme als in der quantitativen Forschung. Es kann bei der Analyse individueller Fälle z.B. nicht um eine Verallgemeinerbarkeit (externe Validität) der Ergebnisse gehen; man wird auch das Gütekriterium „Objektivität" in einer anderen Art und Weise formulieren müssen, denn die Daten werden dem Forscher aufgrund der subjektiven Mitteilung des Probanden geliefert. Man kann dann zwar auf deren Glaubwürdigkeit hoffen, ob sie aber wahr sind, ist in der Regel nicht überprüfbar.

Man bewegt sich also bei der Anwendung qualitativer Verfahren (Interview, Interpretation von Fällen, Unterrichtsszenen, Lebensläufen usw.) in ganz anderen Horizonten als bei der klassischen quantitativen Forschung. Nun müssen wir uns in dieser Einführung auf die naturwissenschaftlich orientierte Methodik beschränken. Damit beim Leser aber nicht der Eindruck erzeugt wird, daß die qualitativen Verfahren keine wissenschaftlich ernst zu nehmenden wären oder daß sie in den sozialwissenschaftlichen Disziplinen keine bedeutende Rolle spielten, soll in diesem Kapitel – quasi als Exkurs – ein Ausschnitt einer Studie vorgestellt werden, an deren Durchführung der Autor beteiligt war und in der neben quantitativen Methoden auch qualitative Verfahren eingesetzt wurden.

Ein Beispiel qualitativer Schulforschung

Im *Zentrum* des hier darzustellenden Beispiels qualitativer Schulforschung steht eine Unterrichtsszene, ein „Fall", dessen Deutung im wechselseitigen Bezug von empirischen Daten und etablierten wissenschaftlichen Theorien erfolgt. Dieser Fall ist dem Kontext eines Forschungsprojektes entlehnt, dessen Leitung dem Münsteraner Kollegen Wittenbruch oblag und dessen Planung, Ausführung und Auswertung von dem Kollegen Werres und mir mitgetragen wurde. Die Ergebnisse dieses Projektes sind in einem Sammelband unter dem Titel „Innenansichten von Grundschulen" publiziert worden.

1. Intention und Verlauf des Forschungsprojektes

Das Projekt ist zu verstehen als Teilevaluation der Arbeit mit den 1985 in Kraft getretenen Richtlinien für Grundschulen des Landes Nordrhein-Westfalen. Wir wollten wissen, wie die Lehrerschaft diese Richtlinien aufgenommen hat und wie sie die in diesen administrativen Vorgaben ausdrücklich gewährte „pädagogische Freiheit" zur Gestaltung von Schulleben und Unterricht eigenverantwortlich nutzt.

Aufschluß über den ersten Aspekt – Aufnahme der Richtlinien durch Lehrerinnen und Lehrer – sollte vor allem ein Fragebogen erbringen, der 120 Schulleiterinnen und Schulleitern vorgelegt wurde. In Nordrhein-Westfalen gibt es ca. 3300 Grundschulen; die Zahl der Befragten darf daher, statistisch gesehen, als repräsentativ betrachtet werden. Hinsichtlich des zweiten Aspektes – Nutzung des pädagogischen Freiraumes – entschieden wir uns für die Erstellung von Schulportraits, durch die die besondere pädagogische Gestalt einzelner Schulen in den Blick kommen sollte. Aus diesem Grunde bezeichneten wir diese Art, Schulen zu erforschen, auch als „ideographische Schulforschung". Der Begriff „ideographisch" wird hier im Sinne des Neukantianers Windelband verstanden. Er unterschied ideographische Wissenschaften von nomothetischen. Erstere zielen auf das Besondere, das Eigentümliche (= idios im Griech.), letztere auf das Allgemeine, auf gesetzmäßige Aussagen über einen Gegenstand (s. dazu die Ausführungen im ersten Kapitel).

Ideographische Schulforschung zielt also nicht, wie es weitgehend die Regel ist und auch auf den 1. Aspekt unserer Untersuchung zutrifft, auf die Erhebung von Datenmengen zum Zwecke der *Verallgemeinerung* der Untersuchungsergebnisse. Sie soll vielmehr, durch eine besondere Nähe zur Schulpraxis, d.h. gemeinsam mit Lehrerinnen und Lehrern „vor Ort", eine Zustandsbeschreibung einzelner Schulen erbringen. Es wird daher bewußt auf eine Verallgemeinerbarkeit der Ergebnisse verzichtet zugunsten der Herausstellung der individuellen pädagogischen Gestalt und Qualität von Einzelschulen.

Der Verlauf eines derartigen Vorhabens und die Qualität der Daten hängen zweifelsohne mit der Art und Weise zusammen, in der die Schulen zur Mitarbeit bewegt werden können. Wir haben darauf verzichtet, Schulen über administrative Zuweisungsverfahren zugeteilt zu bekommen, und daher versucht, Lehrerkollegien zu einer freiwilligen Mitarbeit zu gewinnen. Zu diesem Zweck wurden mehrere Kollegien von uns besucht und ausführlich über Intention und geplanten Verlauf des Projektes informiert. Während einige Kollegien sich nicht auf das Unterfangen einließen, haben schließlich drei Schulen eine entsprechende Kooperation und Unterstützung zugesagt.

Die Sammlung der Daten erfolgte über ein weit gefächertes methodisches Instrumentarium. Hierzu gehörten:

1. Erhebungen zum schulischen Umfeld (Lage der Schule, regionale, d.h. geographische Besonderheiten, wirtschaftliche Struktur des Gebietes, Verbindung zu anderen Institutionen usw.),
2. die Zusammenstellung statistischer Angaben (Schulträger, Schülerzahlen, Lehrerstellen, finanzielle Möglichkeiten),
3. die Aufnahme der architektonischen Gestaltung und räumlichen Gegebenheiten (Grundriß der Schule, Anzahl von Klassen- und Fachräumen, Gestaltung der Klassenräume, Ausstellungsmöglichkeiten usw.),
4. die Dokumentation des Schulprogramms (pädagogische Intentionen, lernbereichsspezifische Schwerpunkte, Geselligkeiten und Feste, Projekte, Verbindung von Schule und Leben als übergreifender Gesichtspunkt usw.),
5. Gespräche mit dem Kollegium und mit Eltern (Möglichkeiten und Schwierigkeiten der Realisierung pädagogischer Leitvorstellungen, Kooperation mit Eltern, Beteiligung der Eltern an der pädagogischen Arbeit usw.),
6. ein Fragebogen zu ausgewählten Bestimmungsstücken der Richtlinien,
7. narrative Interviews mit Schülern (gefragt wurde hier z.B.: Wie gefällt es dir in der Schule? – Welche Fächer magst du besonders gerne? – Was würdest du an der Schule ändern, wenn du es dürftest/könntest?),
8. die „Protokollierung" von Unterrichtsstunden mittels Zeitleisten, Episoden und Zeichensystemen (letztere geben Aufschluß über die Art und Weise der quantitativen Verteilung von Handlungen) und
9. Gespräche mit Lehrerinnen und Lehrern vor und nach den Unterrichtshospitationen.

Diese Instrumente setzten wir an den drei Schulen jeweils an drei aufeinanderfolgenden Tagen ein. Auf diese Weise wurden pro Schule 18 Unterrichtsstunden, insgesamt also über 50, erfaßt.

An die Hospitationsphasen schloß sich dann die Phase der Auswertung an. Nach etwa einem Jahr – zu diesem Zeitpunkt lagen freilich nur *Teil*ergebnisse vor – luden wir die Kollegien nacheinander ein, um ihnen erste Ergebnisse vorzustellen und mit ihnen darüber ins Gespräch zu kommen. Es handelte sich also um eine Form interner Lehrerfortbildung, die in den Räumen der Universität Münster stattfand.

Die Auswertungsergebnisse sind natürlich nicht als wertfreie Analyse von Schulwirklichkeit zu verstehen. Vielmehr fließen in sie schul-, lehrplan- und lehr-/lerntheoretische Prämissen, also Vorstellungen von einer „guten" Schule und einem „guten" Unterricht ein. Eine dieser schulpädagogischen Prämissen lautete: „Grundschule ist organisierte Hilfestellung für Kinder" (s. Wittenbruch 1989[2], S. 162 ff.). Wir bezeichneten diesen Leitsatz – in Anlehnung an einen terminologischen Vorschlag von du Bois-Reymond/Schonig (1980) – als „großes Integral". Dieses große Integral wurde vor allem durch die Erstellung eines Schulportraits dokumentiert. In einem zweiten Schritt haben wir uns dann auf bestimmte Beobachtungs- und Auswertungsgesichtspunkte eingeschränkt: Raumgestaltung, Medien des Unterrichts, Regeln und Rituale, Sozialformen, Leistungserziehung und die Didaktik des Helfens. Diese Aspekte stellen sozusagen die sechs kleinen Integrale dar.

Die Reaktionen der Kollegien auf die Auswertungsergebnisse waren recht unterschiedlich. Sie reichten von zufriedenstellender Bestätigung ihrer pädagogischen Leitvorstellungen und Arbeit bis hin zu kritischen Fragen nach der Stichhaltigkeit des Datenmaterials. Letzteres zeigte sich beispielsweise in der Verwunderung eines Kollegiums über den dokumentierten Medieneinsatz. Daraus war nämlich ersichtlich, daß ein unerwartet hoher Prozentsatz von Übungsphasen (57,2%) zum Alltag dieser Schule gehörte. Im Gespräch stellte sich dann heraus, daß dieser Übungsanteil durch das in der Freiarbeit eingesetzte Material bedingt war; es handelte sich nämlich weitestgehend um Material, das für mechanisches Üben, kaum aber für die Gewinnung neuer Erkenntnisse geeignet war. Aus dieser Einsicht heraus faßte man den Entschluß, die Übungsphasen zu kürzen, das Material zu sichten und es zumindest teilweise durch anderes, das einen vielseitigeren Umgang ermöglicht, zu ergänzen.

Im Rahmen dieser internen Lehrerfortbildung gab es weitere ähnliche Stellungnahmen der Lehrerinnen und Lehrer derart, daß manche Schul- und Unterrichtsdokumente sie nachdenklich gestimmt hätten. Und in diesem Zusammenhang wurde von einigen dann auch ein Fallbeispiel angesprochen, für das zum damaligen Zeitpunkt keine Auswertung vorlag, das mich aber dann zu einer intensiveren Beschäftigung gereizt hat. Dieses Fallbeispiel scheint mir, auch hochschuldidaktisch, geeignet zu sein, (angehende) Lehrerinnen und Lehrer mit Praxis zu konfrontieren, nachdenklich zu machen und mit ihnen in Lernprozesse einzusteigen, die sich auf mögliche Veränderungen von Praxis beziehen.

2. Der Fall „Patricia“

Im folgenden wird zunächst der „Fall“ vorgestellt. Die Szene stellt einen episodenhaften Ausschnitt einer Doppelstunde (zunächst Sprach-, dann Mathematikunterricht) dar, die in einem 3. Jahrgang aufgezeichnet wurde. Der wiedergegebene Ausschnitt erstreckte sich auf etwa sieben Minuten zu Beginn des Unterrichts.

Patricia darf eine Weihnachtsgeschichte vorlesen, die sie selbst ausgewählt und deren Vortrag sie zuhause geübt hat. Während sich die Lehrerin an den Tisch einer Schülergruppe setzt, beginnt Patricia, die Geschichte zwar recht leise, dafür aber sehr flüssig und artikuliert vorzulesen. Die von Anfang an den Vortrag begleitende, von den Mitschülern verursachte Geräuschkulisse verstärkt sich im Laufe der Zeit. Als die Schüler zunehmend unruhiger werden – Patricia hat etwa vier Minuten vorgelesen – mahnt die Lehrerin: „Patricia, nicht mehr so lange, die anderen möchten auch noch!“ Die Bitte der Schülerin, die gerade angefangene Seite noch zu Ende lesen zu dürfen, wird ihr zunächst gewährt. Sie nutzt dieses Zugeständnis, indem sie nun hastig durch den Text eilt. Doch schon recht bald wird ihr Bemühen um Zeitersparnis von der Lehrerin gehemmt; mit einem „Trotzdem, nicht mehr so lange!“ beendet diese das Vorlesen.
Über die Frage: „Welche Note soll die Patricia denn für ihr Vorlesen bekommen?“ um eine Stellungnahme gebeten, äußern sich die Mitschüler folgendermaßen: „Ich würde ihr eine 1 geben, weil sie flüssig gelesen hat.“ – „Ich würde ihr auch eine 1 geben, weil sie alles gut gemacht hat.“ – „Ich würde ihr eine 2 geben.“ Weitere Schüler schlagen ihre Benotung im Bereich zwischen „sehr gut“ und „gut“ vor und geben zum Teil das für sie ausschlaggebende Kriterium an. Als keine Meldungen mehr vorliegen, fordert die Lehrerin auf: „Hebt mal die Hand! Wer ist dafür, daß Patricia eine 1 bekommt?“ Etwa die Hälfte der Schüler gibt ihr Handzeichen. Daraufhin die Lehrerin: „Und wer ist für eine 2?“ Die übrigen Schüler stimmen nun für diesen Notenvorschlag. Nachdem die Lehrerin die Anzahl der Meldungen auf die jeweilige Frage mit abwägendem Blick registriert hat, fällt sie ihre Entscheidung: „Das ist dann eine 1-Minus.“ Sie trägt diese Zensur in ihren roten Lehrerkalender ein und gibt dann Anlaß zur Fortsetzung: „Wer hat noch eine Weihnachtsgeschichte? Aber bitte laut lesen!“

Bevor wir diesen Fall zu interpretieren versuchen, ist ein kurzer Blick auf die methodische Vorgehensweise der Pädagogischen Kasuistik notwendig. In der entsprechenden Literatur lassen sich – grob verkürzt gesagt – zwei unterschiedliche Ansätze finden. Den einen könnte man als monovalentes, den anderen als polyvalentes Interpretieren bezeichnen. Während eine monovalente Interpretation eine *ein*-deutige Auslegung eines Falles anstrebt, hält sich eine polyvalente bewußt *offen* für andere, neue Sichtweisen. Für erstere ist also *Geschlossenheit,* für die zweite *Offenheit* das entscheidende Kennzeichen.

Der wohl bekannteste Vertreter des ersten Ansatzes ist Karl Binneberg. Unter Pädagogischer Kasuistik versteht Binneberg „die methodische Kunst, eine Fallbeobachtung in eine Falldarstellung zu überführen und sie mit einer Fallanalyse zu verbinden." (Binneberg 1985, S. 775) Das Zusammenwirken der drei Größen „Fallbeobachtung", „Falldarstellung" und „Fallanalyse" mache daher das Ganze einer pädagogischen Fallstudie aus. Wichtig sind dabei die Kriterien, die Binneberg für eine gelungene Fall*darstellung* angibt. Er fordert,

- ➪ daß es bei einer Falldarstellung „nicht einfach um das Einsammeln möglichst vieler wahrer Sätze über ein pädagogisches Ereignis" gehe (S. 777), „sondern um eine dramaturgische *Auswahl* solcher Sätze" (ebd.),
- ➪ daß es also nicht darauf ankomme, „ein Maximum, sondern ein Optimum an Information" zu liefern (ebd.) und
- ➪ daß die „Vermehrung der Information für die Fragestellung, um die es in der ganzen Fallstudie geht, von Bedeutung" (ebd.) sein müsse.

Diese Kriterien machen deutlich, daß die Falldarstellung die Fallanalyse voll stützen muß, daß also das beschriebene Besondere im Allgemeinen (in der theoretischen Deutung) glatt aufgehen muß. Deshalb ist schon die Beobachtung von Erziehungswirklichkeit so zu gestalten, daß eben nur ein Optimum, aber kein Maximum an Informationen gesammelt wird. Denn „überflüssige" Informationen, die aber der Realität entsprochen haben, verhindern die Kongruenz von Allgemeinem und Besonderem. Diese äußerst knappe Darstellung des Binnebergschen Ansatzes mag genügen, um sie gegenüber Versuchen, die auf eine polyvalente Interpretation von Fällen abheben und die wir im folgenden praktizieren möchten, abzugrenzen und ihren Stellenwert einzuschätzen.

Zunächst einmal muß zugestanden werden, daß derartige monovalente Interpretationen eine nicht zu unterschätzende *Verständigungsfunktion* besitzen. Insbesondere zu Beginn des Studiums darf man die Kommunikationssituation zwischen Lehrendem und Lernendem verallgemeinernd als theoretische Kompetenzdifferenz beschreiben: Der Lehrende verfügt über eine beträchtliche Anzahl untereinander erheblich konkurrierender theoretischer Deutungsmuster. Das Wissen um die gegebenen Inkongruenzen samt ihrer erkenntnistheoretischen Prämissen und Folgen und die Duldung dieser wissenschaftlichen Pluralität machen u.a. die wissenschaftliche Kompetenz des Lehrenden aus. Demgegenüber erschöpft sich der Sachverstand der Studentinnen und Studenten zu Beginn des Studiums weitgehend in ihrem alltagstheoretischen Wissensvorrat. In dieser Situation kommt es nun darauf an, sie schrittweise mit solchen theoretischen Konzepten vertraut zu machen, von denen man sich eine detailliertere und widerspruchslosere Deutung von Erziehungswirklichkeit verspricht, als sie mit Hilfe von Alltagstheorien zu leisten wäre. Zu diesem Zweck ist der Rückgriff auf dokumentierte Erziehungswirklichkeit außerordentlich hilfreich, weil die alltagssprachliche Formulierung von Falldarstellungen eine gemeinsame begriffliche Basis gewährleistet, von der aus dann spezifische theoretische Termini eingeführt werden können.

Die Einbindung entsprechender Falldarstellungen in die Hochschulausbildung darf jedoch nicht darüber hinwegtäuschen, daß es sich hierbei im wesentlichen um ein *methodisches* Moment handelt und daß von daher sehr leicht die damit verbundenen *inhaltlichen* und *hermeneutischen* Probleme übersehen werden können. Diese Probleme sind um so gewichtiger, je pointierter die verwendeten Falldarstellungen sind, je eher sie also, um mit Binneberg zu sprechen, das Optimum an Informationen gewährleisten. Zur Verdeutlichung dieser These seien drei Aspekte näher ausgeführt:

1. Wenn „Fälle" als Gesprächsbasis und als Veranschaulichung für Theorien dienen, dann kann sich daraus für Studierende der folgenschwere Irrtum ergeben, als entsprächen Theorie und Wirklichkeit einander direkt, als sei Theorie also ein Abbild der Wirklichkeit. Die mit dieser irrigen Annahme verbundene Verkennung des konstruktivistischen Charakters aller Theorie würde die Entwicklung der erkenntnistheoretischen Vernunft angehender Lehrer und Erzieher verhindern.
2. Die Illustration von Theorien anhand von Falldarstellungen verdeckt allzu leicht den Sachverhalt, daß es sich dabei um eine Suggestion vollständiger Kongruenz von Allgemeinem und Besonderem handelt. „Ein konkretes Etwas", so sagt J. Henningsen, „wird ohne Rücksicht auf das, was ‚sonst noch' an ihm hängen könnte, als Fall eines vorgegebenen festgelegten Sachverhaltes verrechnet; es wird subsumiert als ‚casus in terminis', wenn es die Bedingungen erfüllt, die der Begriff oder die Regel vorschreiben. In der Theorie ist allgemein der Maßstab vorgegeben, an dem ein Fall gemessen wird. Der Begriff legt fest, was von ihm be-griffen wird und was nicht." (Henningsen 1982, S. 215) In diesem Sinne erfolgt eine monovalente Interpretation immer nach dem von Bollnow so benannten „Prinzip des Nichts-anderes-als" (Bollnow 1975, S. 97). Die Deutung vorliegender Materialien geht glatt in vertrauten, bekannten Interpretationsmustern auf, denn „der Blick hat keine Zeit,

sich auf Konkretes einzulassen, weil er mit Wiederfinden und Identifizieren voll beschäftigt ist. Er stanzt aus, und zwar immer wieder dieselbe Form". (Henningsen 1982, S. 215)

3. Man kann den zuvor angesprochenen Sachverhalt auch umgekehrt formulieren: Wer nach dem „Prinzip des Nichts-anderes-als" verfährt, verschließt sich dem *Neuen,* denn die ein-deutige, monovalente Interpretation verläuft in starren Denkbahnen. Verhindert wird dadurch die Sensibilisierung für die „komplexe, spannungsreiche, veränderliche ..., ‚schmuddelige' Wirklichkeit, der man ungestraft keine Meinung aufzwingt, keine Gewißheiten, keine festen Einteilungen, keine Ordnungen, keine Begriffe, keine Theorien, die nicht in dauernder mühseliger Zwiesprache mit den flüchtigen, störrischen Erscheinungen stehen". (von Hentig 1976, S. 199)

Versuchen wir nun, die zitierte Unterrichtsszene unter *verschiedenen* Aspekten zu betrachten, die Interpretation also möglichst *offen* zu halten. Richtet man seine Aufmerksamkeit zunächst einmal auf den letzten Teil der Schilderung, so könnte man meinen, es handle sich hier um einen „Fall von rigider Leistungserziehung". In diesem Sinne wäre die abschließende Zensierung der Lehrerin als der entscheidende Akt dieser Szene anzusehen; das Lesen vor anderen, die Vorgabe eines bestimmten Zeitkontingentes, das nicht überschritten werden darf, die sich anschließende Beurteilung des Lesens durch die Mitschüler: das alles sind Einzelmomente, die auf eine endgültige Benotung durch die Lehrerin hinauslaufen. Beeindruckend wirkt dabei insbesondere die Treffsicherheit, mit der sie die voneinander abweichenden Schülerurteile zu mitteln versucht. Für die Schüler muß dieses Procedere im Laufe der Grundschulzeit den Eindruck erwecken, als gäbe es so etwas wie eine objektive Leistungsmessung, ein zuverlässiges Instrument, das die Kondensierung erbrachter Leistung auf ein exaktes, zahlenmäßig bis auf eine Dezimalstelle hinter dem Komma feststellbares Ergebnis ermöglicht. Neben dem Vorgang der Beurteilung selbst muß auf die Schüler auch die Ruhe und Gelassenheit der Lehrerin entsprechend wirken. Hier scheint eine pädagogische Fachfrau am Werke zu sein, die sich aufgrund ihrer akademischen Ausbildung auf exakte Leistungsmessung versteht.

Darüber hinaus zeigen derartige Unterrichtsszenen dem Schüler aber auch noch die Kehrseite vermeintlich objektiver Leistungsbeurteilung: Die Mühe, die sich die Schülerin bei der Textauswahl gemacht, oder die Zeit, die sie in das Üben investiert hat, degradieren zu Belanglosigkeiten. Sie werden als subjektive Begleitumstände eingestuft, mit denen der einzelne privat fertig werden muß. Insofern lernen diese Schüler aus solchen Szenen noch etwas: Anstrengungen und fleißiges Üben, das immer auch ein Stück Selbstüberwindung kostet, sind keine besonders ernst zu nehmenden Komponenten schulischer Leistungsmessung. Es kommt vielmehr auf das Ergebnis an; gleichen Ergebnissen werden gleiche Zensuren trotz unterschiedlicher Anstrengung und verschiedenen Ergebnissen werden verschiedene Zensuren trotz gleicher Anstrengung zugeordnet.

Widerspruch erhält dieser erste Deutungsversuch der Unterrichtsszene als „Fall von rigider Leistungserziehung", wenn man ihn im Zusammenhang mit entsprechenden Aussagen dieser Lehrerin und ihrer Kolleginnen und Kollegen zum Thema „Leistungserziehung in der Grundschule" sieht. Diese Aussagen ergaben sich aus einem Gespräch mit dem Kollegium über dessen Selbstverständnis von Erziehen und Unterrichten in der Grundschule. Eine schriftliche Zusammenfassung des Gespräches wurde vom Kollegium bestätigt. Aufgrund dieser „kommunikativen Validierung" (Terhart) darf man das im folgenden skizzierte Leistungsverständnis als unverfälschte Wiedergabe kollegialer Übereinstimmung ansehen. Das Kollegium, dem diese Lehrerin angehörte, vertritt einstimmig die Ansicht, die Erziehung zur Leistung sei eine besonders wichtige Aufgabe der Grundschule. Dabei komme es auf eine behutsame Heranführung an entsprechende Lernaufgaben an, auf die individuelle Betreuung von Kindern, auf Maßnahmen der inneren Differenzierung, auf eine an der Sache orientierte Kritik usw. Im Vordergrund müsse die Freude am Lernen und der Spaß an der Sache stehen; zu vermeiden sei dementsprechend die Angst vor Mißerfolg und ein Druck, wie er insbesondere in den weiterführenden Schulen über Noten auf Schüler ausgeübt werde. Für die Arbeit in dieser Grundschule solle vielmehr im Sinne P. Petersens der Grundsatz gelten: „Leistungskultur statt Leistungskult".

Das sich in solchen Aussagen niederschlagende Verständnis von Leistungserziehung drängt geradezu auf eine entsprechende Erweiterung der eben versuchten Interpretation. Man könnte die Unterrichtsszene mit Hilfe der entsprechenden Hintergrundinformationen als einen „Fall" betrachten, in dem sich zeigt, wie Anspruch und Wirklichkeit pädagogischer Praxis auseinanderklaffen. Denn die Lehrerin praktiziert hier offensichtlich eine Form der Notengebung, die sie den weiterführenden Schulen anlastet und die sie in ihrer eigenen Tätigkeit gerade vermeiden möchte. Das Lesen wird in ihrem Unterricht – so hat es doch zumindest den Anschein – betrieben, um Ziffernnoten zu sammeln, mit weiteren Noten aus anderen Leistungsüberprüfungen (z.B. aus Aufsätzen, Diktaten, Gedichtvorträgen usw.) zu kombinieren und daraus schließlich eine Zeugnisnote zu ermitteln. Kommt dabei nicht der Spaß an der Sache und die Freude am Lesen, kommt also dabei nicht genau das zu kurz, was dem eigenen Anspruch der Lehrerin nach doch besonders gefördert werden sollte? Die Szene verrät zumindest soviel: Lesen erfolgt hier nicht unter inhaltlichen Aspekten, weil weder der Inhalt der Weihnachtsgeschichte noch die Wirkungen, die sie möglicherweise bei den zuhörenden Schülern hervorgerufen hat, zur Sprache kommen. Darüber hinaus bleibt auch der Beweggrund Patricias, gerade diese und nicht eine andere Geschichte vorgelesen zu haben, unbekannt. Geht man davon aus, daß das Lesen vor anderen, zumal das Lesen eines ausgewählten Textes, auch immer ein Stück Selbstmitteilung bedeutet, so hätte man der Schülerin dazu entsprechende Gelegenheit geben können. Das Ausblenden des Inhaltes und der subjektiven Bedeutsamkeit des Vorgelesenen auf der einen Seite und die Mediatisierung des Vorlesens zum Zwecke der Leistungsbeurteilung auf der anderen Seite dürften, auf Dauer gesehen, das literarische Interesse der Kinder erheblich verringern.

Legt man die Unterrichtsszene, wie gerade geschehen, als einen „Fall" aus, der das Auseinanderklaffen von pädagogischem Anspruch und Wirklichkeit zeigt, so stellt sich die Frage, wie es zu solch einer Diskrepanz eigentlich kommen kann. Denn den Erwartungen zufolge, die man aufgrund des Konsenses im Lehrerkollegium hinsichtlich der Leistungserziehung hegen darf, würde man eher mit einer Situation rechnen, in deren Mittelpunkt die Freude am Lesen und nicht das Beurteilungs- und Benotungsverfahren steht.

Eine mögliche Antwort auf die Frage nach dem Zustandekommen dieser Diskrepanz von Anspruch und Wirklichkeit ließe sich aus sozialpsychologischer Sicht geben, aus der man die Unterrichtsszene als Schnittpunkt von gesellschaftlichem System und Individualisierung begreift. Aufschlußreich könnte dabei etwa die These F. Wellendorfs sein, „daß eine ungebrochene Darstellung der persönlichen Identität im szenischen Arrangement der Schule nicht oder nur unzulänglich möglich ist". (Wellendorf 1973, S. 49) Die Tragfähigkeit dieser These hat Wellendorf insbesondere über die Praxis und Sinngebung schulischer Rituale exemplifiziert. Solche Rituale, zu denen er u.a. auch Klassenarbeiten und Prüfungen als typische Formen der Leistungskontrolle zählt, seien durch vier Merkmale charakterisierbar: Sie stellen (1) „den Zusammenhang zwischen den einzelnen Aktivitäten im Alltag und dem System als ganzem symbolisch-repräsentativ" dar, wobei (2) diese Aktivitäten „eine über die Situation hinausweisende Bedeutung" bekämen, „indem sie auf eine ‚Macht' jenseits der Situation ... bezogen werden". Ritualen lägen (3) „relativ starre, für bestimmte Situationen charakteristische Handlungsmuster zugrunde; als symbolisch vermittelte Szenen integrieren sie eine Reihe von Einzelhandlungen und Interaktionen zu einem strukturierten ‚sozialen Drama'." Mit diesem Merkmal hänge (4) der Sachverhalt zusammen, „daß die relevanten Werte und der Systemzusammenhang nicht begrifflich bewußt mit den rituellen Handlungen verknüpft werden". (Wellendorf 1973, S. 68-70)

Auf dieser theoretischen Folie könnte man nun versuchen, die Unterrichtsszene als Vollzug eines Rituals zu deuten, denn die bei Wellendorf genannten Merkmale lassen sich auch in dieser Szene ausmachen. Die hier ablaufende Leistungsdarbietung und -beurteilung verlaufen nach einem starren Handlungsmuster (3. Merkmal): Vorlesen – Kritik anhand bestimmter Kriterien – Notenfindung. Durch die rituelle Handlung hindurch zeigt sich der symbolisch dargestellte Wert (4. Merkmal), nämlich der Wert der Leistung: Die Schüler „demonstrieren im Ritual ... symbolisch, daß sie als Mitglieder der Schule die ihnen zugeschriebene homogene Motivation, sich am Leistungsprinzip zu orientieren, als ihre eigene akzeptieren". (Wellendorf, ebd., S. 115) Insofern steht diese Szene nicht für sich, sie hat eine die Situation transzendierende Bedeutung (2. Merkmal) und stellt damit im Sinne des 1. Merkmals zugleich den Zusammenhang zwischen den einzelnen Aktivitäten, die Schüler und Lehrerin vollziehen, und dem System im ganzen her. Entscheidend ist nun folgendes: Weder der durch die Szene hindurchscheinende Wert der Leistung, noch die einzelnen Aktivitäten werden von den Akteuren reflektiert. Es herrscht stillschweigende Übereinkunft unter den Beteiligten, so daß man mit Wellendorf sagen darf, sie hätten sich eine soziale Identität zugeschrieben und gleichzeitig die Chance genommen, ihre persönliche Identität in solche Szenen einfließen zu lassen (S. 103 ff.). Die über das Ritual verhinderte Ausbildung persönlicher Identität geht einher mit einer entsprechenden Einschränkung von Selbstbestimmung. Das zeigt sich in zweifacher Weise: Zum einen hält Patricia den Versuchen der Lehrerin, das Vorlesen abzubrechen, nicht lange Stand; nach einem zaghaften Versuch des Einspruches fügt sie sich dem Fortgang des Rituals. Zum anderen scheint auch die Selbstbestimmungsfähigkeit der Lehrerin durch die Macht des Rituals ausgeblendet zu sein; was sie sich in Abstimmung mit anderen Kolleginnen und Kollegen bewußt zur Leitlinie unterrichtlichen Handelns gesetzt hat (Leistungskultur statt Leistungskult), gerät in der rituellen Handlung in Vergessenheit und wird sogar in sein Gegenteil verkehrt. So gesehen, geben Lehrerin und Schülerin – zusammen mit den anderen Schülern – ihre persönliche Identität zugunsten „institutioneller Solidarität“ (ebd., S. 105) auf.

Die Frage nach dem Auseinanderklaffen von pädagogischem Anspruch und Wirklichkeit, die im vorangegangenen aus sozialpsychologischer Sicht zu beantworten versucht wurde, kann man sicherlich auch mit anthropologischen Kategorien, wie sie beispielsweise von A. Gehlen entwickelt worden sind, angehen. Ausgehend von dem Vergleich „Mensch – Tier“ kennzeichnet er den Menschen als instinktreduziertes Wesen. Instinktreduktion meint „die spezifisch menschliche Entbindung oder Abschaltung auch elementarer biologischer Bedürfnisse von der psychischen Motorik ..., die kaum mehr über erblich festgelegte, angeboren zweckmäßige Verlaufsformen – eben instinktive – verfügt und deswegen ‚menschlich‘ ist, d.h. unendlich variabel und reizoffen“. (Gehlen 1964^2, S. 21) Diese unendliche Variabilität und Offenheit ist es aber, die den Menschen unter permanenten Handlungs- und Zeitdruck stellt. Die Chance, sich in künftigen Situationen wieder von neuem und anders als in ähnlichen vergangenen Situationen entscheiden zu können, kann letztlich immer nur in bescheidenem Maße genutzt werden. Oft genug bleibt nur die Möglichkeit, sich auf bereits früher praktizierte Verhaltens- und Handlungsmuster, also auf „Gewohnheiten“ (1964^2, S. 19 ff.), zu beschränken. Eine so zustandegekommene „Habitualisierung des Verhaltens“ entlastet von der Not permanenter Reflexion, Entscheidung und Improvisation und kann sogar produktiv sein, „da sie die Entlastungschance für höhere, kombinatonsreiche Motivationen herstellt und diese damit geradezu ermöglicht“. (S. 43)

Die von Gehlen so beschriebene Gewohnheitsbildung, die durch sie erzeugte Stabilität im alltäglichen Handeln und die damit einhergehende Gefahr der „Vereinseitigung“ (S. 20) darf man durchaus auch als konstitutive Momente unterrichtlichen Handelns ansehen. Lehrerinnen und Lehrer sind einem enormen Zeit- und Handlungsdruck ausgesetzt, und zwar nicht nur weil sie eine viel zu hohe Anzahl von Stunden unterrichten, sondern auch weil sie in diesen Stunden laufend Entscheidungen didaktischer, methodischer oder kommunikativer Art fällen müssen. Vor diesem Hintergrund ließe sich die Unterrichtsszene auch unter dem Gesichtspunkt der Gewohnheitsbildung deuten: Gerade weil Lehrerinnen und Lehrer immer wieder in neuen Situationen stehen, von denen keine wie die andere ist, dient die Ausbildung gewohnheitsmäßiger Formen unterrichtlichen Handelns der alltäglichen Entlastung. Das Vorlesen und die anschließende Prozedur der Beurteilung – eine nach den eigenen Aussagen der Lehrerin des öfteren praktizierte Form von Unterricht – sind zur Gewohnheit geworden. Die sprichwörtliche „Macht der Gewohnheit“ zeigt sich in dieser Szene darin, daß das pädagogische Motiv der Leistungskultur (statt des Leistungskultes) in Vergessenheit gerät. Leistungserziehung schlägt sich hier in einer Art und Weise nieder, die auf die Lehrerin an sich belastend wirken müßte, weil die von ihr gepflegte Gewohnheit ihren eigenen Anspruch unterläuft. Die Entlastungsfunktion solcher Szenen scheint aber so groß zu sein, daß das Vernehmen dieses Anspruches in den Hintergrund rückt.

Die Interpretation der Unterrichtsszene soll hier abgebrochen werden, wenngleich sie zu weiteren Deutungsversuchen herausfordert. So könnte man etwa fragen, inwiefern der Verlauf der Szene durch die zeitliche Begrenzung geprägt wird. Sie würde sich dann eventuell als ein „Fall von Zeitdruck“ auslegen lassen, der durch die institutionellen Rahmenbedingungen gegeben ist. Lohnend wären zweifelsohne auch weitere Überlegungen zu dem Sachverhalt, daß die Maßstäbe zur Beurteilung der Leseleistung von den Schülern selbst genannt werden. So gesehen dürfte man die Szene auch als einen „Fall“ deuten, in dem Schüler in den Prozeß der Leistungsbeurteilung mit einbezogen werden. Auf diese Weise bleibt die Notengebung kein Vorgang völlig undurchschaubarer Machtausübung der Lehrerin; vielmehr lernen Schüler, sich über entsprechende Maßstäbe zu verständigen und diese dann auch künftig als verbindliche Richtwerte der eigenen Leistung zu akzeptieren. Man könnte die Unterrichtsszene aber auch als Anlaß zur Spekulation über Folgen erzieherischen Handelns nehmen und fragen: Wirkt sich eine derart praktizierte Form des Vorlesens, der dabei herrschende Zeitdruck und die sich anschließende Beurteilung auf Dauer gesehen auf die Motivation der Schüler aus, Texte aus-

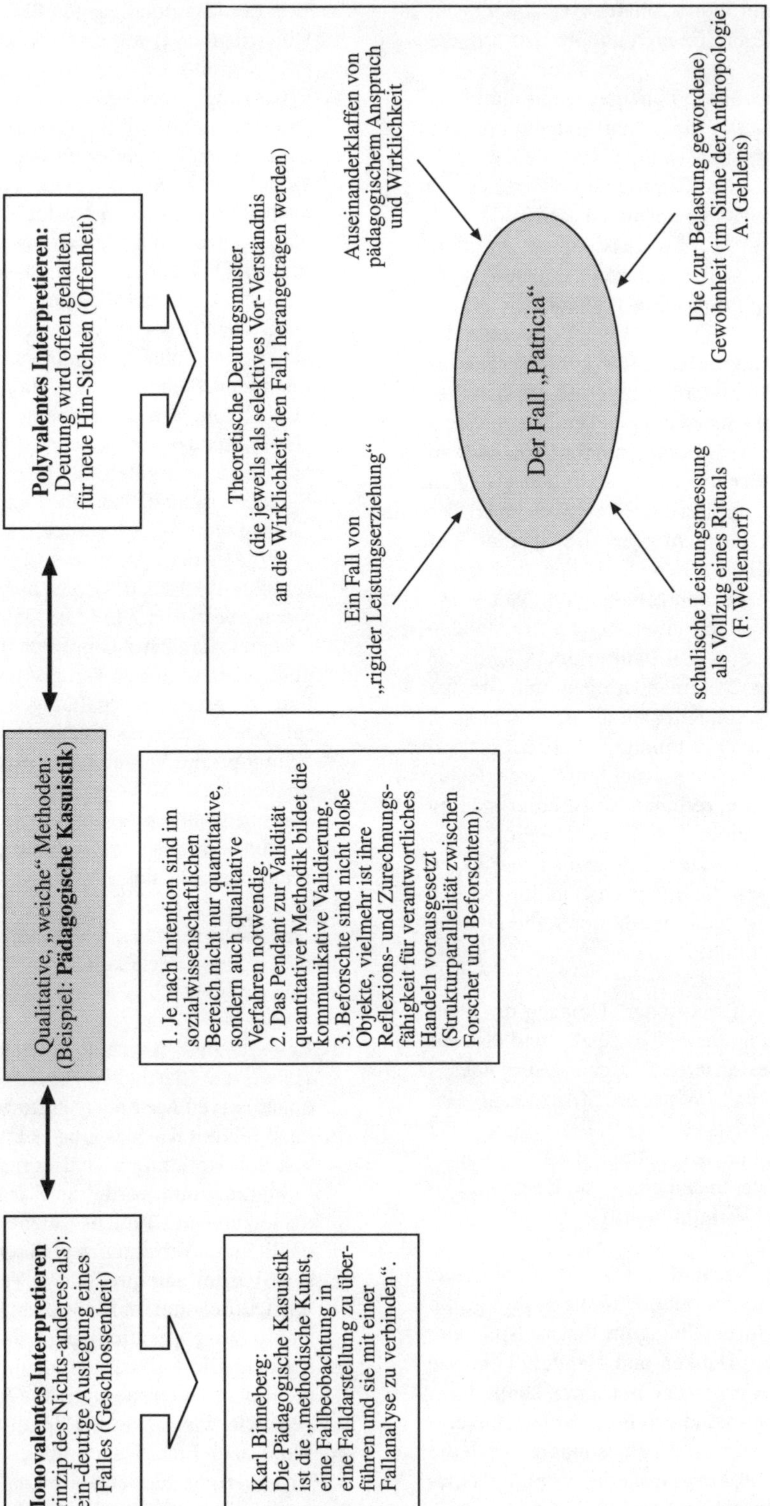
Monovalentes Interpretieren
(Prinzip des Nichts-anderes-als):
ein-deutige Auslegung eines
Falles (Geschlossenheit)
Karl Binneberg:
Die Pädagogische Kasuistik
ist die „methodische Kunst,
eine Fallbeobachtung in
eine Falldarstellung zu überführen und sie mit einer
Fallanalyse zu verbinden“.
Qualitative, „weiche“ Methoden:
(Beispiel: Pädagogische Kasuistik)
1. Je nach Intention sind im
sozialwissenschaftlichen
Bereich nicht nur quantitative,
sondern auch qualitative
Verfahren notwendig.
2. Das Pendant zur Validität
quantitativer Methodik bildet die
kommunikative Validierung.
3. Beforschte sind nicht bloße
Objekte, vielmehr ist ihre
Reflexions- und Zurechnungsfähigkeit für verantwortliches
Handeln vorausgesetzt
(Strukturparallelität zwischen
Forscher und Beforschtem).
Polyvalentes Interpretieren:
Deutung wird offen gehalten
für neue Hin-Sichten (Offenheit)
Theoretische Deutungsmuster
(die jeweils als selektives Vor-Verständnis
an die Wirklichkeit, den Fall, herangetragen werden)
Ein Fall von
„rigider Leistungserziehung“
Auseinanderklaffen von
pädagogischem Anspruch
und Wirklichkeit
Der Fall „Patricia“
schulische Leistungsmessung
als Vollzug eines Rituals
(F. Wellendorf)
Die (zur Belastung gewordene)
Gewohnheit (im Sinne der Anthropologie
A. Gehlens)

zusuchen, sich mit ihrem Inhalt auseinanderzusetzen oder gar zu identifizieren und den Vortrag der Texte einzuüben?

Die hier nur angesprochenen Interpretationsmöglichkeiten verweisen – zusammen mit den zuvor unternommenen Deutungsversuchen – auf etwas Entscheidendes: Erzieherische Wirklichkeit ist zu sperrig, zu widerspenstig, zu „schmuddelig", wie von Hentig (1976) sagt, als daß sie unter ein einzelnes theoretisches Konzept subsumierbar wäre und darin aufginge. Sobald man sich auf ein bestimmtes Deutungsmuster festlegt, werden dadurch zwar bestimmte Einzelheiten prägnant zur Sprache gebracht, andere dagegen fügen sich diesem Muster nicht ein und bleiben dementsprechend unthematisiert. Um es noch einmal beispielhaft zu verdeutlichen: Wer die Szene lediglich als „Fall von rigider Leistungserziehung" verstanden wissen will, läßt außer Betracht, daß die Schüler hier durchaus ein Mitspracherecht haben und dabei sachliche Maßstäbe anlegen können. Wer diese Szene nur als „Vollzug eines Rituals" verstanden und gewertet wissen will, würde übersehen, daß auch schulisches Miteinanderleben und -lernen ohne den Vollzug von Ritualen nicht denkbar sind. Und wer solche Szenen einzig und allein als typischen „Fall von Gewohnheitsbildung" auslegt, verkennt, daß auch Lehrerinnen und Lehrer ständig auf dem Wege sind, sich ihres pädagogischen Selbstverständnisses zu vergewissern und es zu ändern, auch wenn der situative Handlungsdruck häufig so stark ist, daß man hinter seine eigenen Ansprüche zurückfällt.

Was kann ein solcher „offener" Umgang mit „Fällen" der Erziehung leisten? Er setzt – und das war letztlich das Ziel unseres Forschungsprojektes – „reflexives Lernen" (Wittenbruch) in Gang. Dadurch gewinnen bzw. verstärken Lehrerinnen und Lehrer das, was man als „pädagogische Vernunft" bezeichnen könnte. In Anlehnung an Kant und Jaspers meint dieser Vernunftbegriff:

- Pädagogische Vernunft ist keine angeborene Gabe, sondern eine intellektuelle Haltung, die man durch tägliche Übung im Wechselspiel von pädagogischem Denken und Handeln (Theorie und Praxis) erwerben und bewahren kann.
- Sie zeigt sich im ständigen Bemühen um ein einheitliches Konzept, das insbesondere durch die Verbindung und Ausgewogenheit der verschiedenen pädagogischen Aspekte (Leistungserziehung, innere Differenzierung, Lehren als Hilfe zum Lernen, grundlegende Bildung, erziehender Unterricht usw.) gekennzeichnet ist.
- Pädagogische Vernunft weiß um die prinzipielle Ergänzungs- und Korrekturbedürftigkeit des pädagogischen Selbstverständnisses und mahnt daher zu intellektueller Bescheidenheit.
- Sie erkennt an, daß einem das „Ganze" (das wäre nach Jaspers die totale pädagogische Wahrheit) nie gegeben, wohl aber aufgegeben ist.
- Sie verpflichtet den einzelnen darauf, sein (vorläufiges) Konzept (und damit sich selbst) immer wieder neu zu wagen, also auch „Gewohnheiten" aufzugeben, ohne daß man dabei hinter den erreichten Erkenntnisstand zurückfällt. Sie lebt also davon, daß der einzelne bereit ist, etwas Neues hinzuzulernen, aber auch klug genug ist, auf vielfach Bewährtes nicht zu verzichten.
- Sie bildet sich nur über eine Gesprächskultur aus, die getragen ist von Zurückhaltung und Fairneß gegenüber dem Andersdenkenden, von Aufgeschlossenheit für dessen Standpunkt und Argumente, von Toleranz (d.h. Duldung und unterscheidet sich daher vom Begriff der Akzeptanz) gegenüber seinen pädagogischen Vorstellungen und von der Bereitschaft, eigene Irrtümer – sich selbst und anderen – einzugestehen.
- Pädagogische Vernunft darf nicht als eine Form intellektueller Selbsterbauung und -befriedigung betrieben werden, sondern ist auf eine zu verantwortende humanere Gestaltung erzieherischer Praxis ausgerichtet.

Fassen wir zusammen, was dieser kurze „Ausflug" in den Bereich der qualitativen Forschung zeigen sollte?

- Er sollte zunächst verdeutlichen, daß wir im sozialwissenschaftlichen Bereich nicht allein mit quantitativen Methoden auskommen, sondern je nach Intention – hier ging es um das Ingangsetzen von Reflexions- und Lernprozessen in der Lehreraus- und -fortbildung über die Auseinandersetzung mit Fällen – nicht auf den Einsatz qualitativer Verfahren verzichten können.
- Zur Beurteilung qualitativer Verfahren sind offensichtlich andere Maßstäbe zu wählen als zur Beurteilung quantitativer. Um im Beispiel zu bleiben: Die Falldarstellung und -analyse kann nicht dem Gütekriterium der Objektivität genügen, wie wir es im 4. Kapitel definiert haben. Wohl aber bedarf auch dieses Verfahren einer Absicherung, hier also der Zustimmung der betreffenden Kolleginnen und Kollegen. Als Pendant zur Validität der quantitativen Methodik

(s. S. 30ff.) bezeichnet man diese Form der Absicherung als kommunikative Validierung.

⇨ Qualitative Forschung betrachtet die Beforschten nicht als bloße Objekte, sondern setzt deren Reflexions- und Zurechnungsfähigkeit für verantwortliches Handeln voraus. Im Gegensatz zu der dualistischen Anthropologie Skinners geht man hier also von einer Strukturparallelität der Eigenschaften von Forscher und Beforschten aus.

Kontrollfragen:

1. Was macht das Spezifische der quantitativen, was das Typische der qualitativen Forschung aus?
2. Warum genügen qualitative Verfahren anderen Maßstäben als quantitative Vorgehensweisen?
3. Wie ist das Verhältnis von Forscher und „Beforschtem“ aus der Sicht klassischer empirischer Forschung und wie aus der Sicht qualitativer Forschung zu bestimmen?

9. Kapitel

Das Problem der Werturteilsfreiheit

Überblick:

Das in den vorherigen Kapiteln erworbene Wissen soll im folgenden als Basis dienen, um uns nun mit unterschiedlichen Positionen von Klassikern der Wissenschaftstheorie vertraut zu machen.

Zunächst wird die vom Soziologen und Nationalökonomen Max Weber aufgestellte These der Werturteilsfreiheit vorgestellt und diskutiert.

Es werden wichtige und geläufige Begriffe der Wissenschaftstheorie eingeführt (normative Sätze, deskriptive Sätze, Praxis, Theorie und Metatheorie), die bei der Analyse und Beurteilung der Weberschen These der Werturteilsfreiheit sehr hilfreich sind.

Anhand von Beispielsätzen wird der Gebrauch dieser neu eingeführten Begriffe geübt.

Das mit der These der Werturteilsfreiheit zusammenhängende Problem der Verantwortung des Wissenschaftlers für die Verwendung seiner Erkenntnisse wird abschließend an zwei Beispielen verdeutlicht.

Wenn wir auf die bisher behandelten Aspekte empirischer Forschung zurückblicken, dann darf man behaupten, daß wir uns der Sache in einer eher *intuitiven* Art und Weise genähert haben: Ausgehend von Beispielen, wurde jeweils versucht, wichtige Begriffe und Zusammenhänge einzuführen und zugleich auf die sich dabei stellenden Probleme empirischer Forschung hinzuweisen. Das so erworbene Wissen dient uns nun als Basis, *systematischer* in die Materie einzudringen. Deshalb werden wir uns in den folgenden Kapiteln mit bekannten Positionen, mit „Klassikern" der empirischen Wissenschaftstheorie auseinandersetzen. Dabei können wir vor allem den in der Einleitung gegebenen Hinweis, daß es nicht *die* empirische Wissenschaftstheorie gebe, explizieren, denn die behandelten Positionen sind aufgrund der jeweils vertretenen Auffassung von „guter" Empirie alles andere als homogen.

Im Rahmen einer Einführung muß man sich selbstverständlich auf einige wenige Positionen beschränken. Deshalb werden wir uns vornehmlich mit denjenigen Autoren auseinandersetzen, die maßgeblichen Einfluß auf die Diskussion genommen haben und z.T. noch nehmen und deren eingebrachte Argumente – ob nun akzeptiert oder durch bessere abgelöst – den heutigen Stand empirischer Wissenschaftstheorie entscheidend geprägt haben. Zum Kreis dieser einflußreichen Wissenschaftstheoretiker darf man Max Weber, Hans Albert, Karl R. Popper, Imre Lakatos, Thomas Kuhn, John Sneed und Wolfgang Stegmüller zählen.

In diesem Kapitel werden wir uns mit einer von Max Weber (1864-1920) bezogenen Position auseinandersetzen. Weber war Soziologe und Nationalökonom, verfaßte u.a. grundlegende Schriften zur Soziologie der Religion, zur Wirtschaft und zur Musik und hat sich insbesondere auch mit methodologischen Problemen befaßt. Wenn wir uns im folgenden mit seiner *These der Werturteilsfreiheit* der Wissenschaft beschäftigen, dann muß man sich also darüber im klaren sein, daß wir damit nur einen sehr begrenzten Problemkreis aus seinen komplexen wissenschaftstheoretischen Überlegungen herausgreifen.

Als Weber – zusammen mit Werner Sombart und Edgar Jaffé – im Jahre 1904 die Herausgeberschaft für das „Archiv für Sozialwissenschaft und Sozialpolitik" übernahm, fühlte er sich verpflichtet, nicht nur dem Fachmann, sondern auch dem interessierten Laien die „Eigenart" der von den Herausgebern vertretenen Auffassung von Sozialwissenschaft darzulegen. Diese Auffassung explizierte er in dem Aufsatz „Die ‚Objektivität' sozialwissenschaftlicher und sozialpolitischer Erkenntnis" (erschienen 1904; hier zitiert als Weber 1968[3], S. 146-161). In den einleitenden Passagen lehnt Weber zunächst die nicht selten von anderen Wissenschaftlern seiner Zeit vertretene Ansicht ab, wonach es Aufgabe der Nationalökonomie sei, Werturteile zu „produzieren" (S. 147), und stellt dem die Auffassung der Herausgeber des Archivs gegenüber, die als These der Werturteilsfreiheit bekannt geworden ist:

> „Unsere Zeitschrift als Vertreterin einer empirischen Fachdisziplin muß, wie wir gleich vorweg feststellen wollen, diese Ansicht *grundsätzlich ablehnen*, denn wir sind der Meinung, daß es niemals Aufgabe einer Erfahrungswissenschaft sein kann, bindende Normen und Ideale zu vermitteln, um daraus für die Praxis Rezepte ableiten zu können." (S. 147)

Die Auseinandersetzung mit dieser These kann einige Verwirrung stiften, wenn man in der Terminologie Webers bleibt, denn für den darin behaupteten Sachverhalt benutzt er gleich drei Begriffe – Werturteil, Norm, Ideal –, die er auch im weiteren Verlauf seiner Ausführungen nicht näher definiert. Man darf deshalb davon ausgehen, daß er diese Begriffe im Zusammenhang mit seiner These der Werturteilsfreiheit synonym benutzt. Um weiteren Mißverständnissen vorzubeugen, werden wir einige in der heutigen Wissenschaftstheorie geläufige Begriffe einführen, die bei der Analyse und Beurteilung der Weberschen These sehr hilfreich sind.

Wir werden zunächst *deskriptive* und *normative Sätze* unterscheiden und dann zusätzlich auf drei Ebenen verweisen, die im wissenschaftlichen Diskurs sorgfältig auseinanderzuhalten sind, nämlich auf die Ebene der *Praxis,* der *Theorie* und der *Metatheorie.*

Deskriptive Sätze *beschreiben* einen Sachverhalt (describere, lat.: beschreiben); sie beziehen sich auf einen *Ist*-Zustand.

Beispiele: Der Umschlag des Buches ist rot. Hans fühlt sich nicht wohl. Der Lehrer tadelt den Schüler. Gabi behauptet, daß Udo gelogen hat.

Normative Sätze *werten* einen Sachverhalt oder stellen eine Handlungsanweisung dar (norma, lat.: Regel, Vorschrift); sie beziehen sich auf einen *Soll*-Zustand.

Beispiele: Was du nicht willst, daß man dir tu das füg' auch keinem andern zu! Dieser Buchumschlag ist zu rot. Die Gesamtschule ist eine Schulform, die dem dreigliedrigen Schulsystem nicht überlegen ist. Das hast du gut gemacht!

Normative Sätze sind aufgrund der jeweiligen Formulierung nicht immer leicht als solche zu identifizieren. Viele Identifikationsschwierigkeiten lassen sich beheben, wenn man darauf achtet, ob in der betreffenden Aussage eine Norm eingefordert, ein Maßstab vorausgesetzt, ein Werturteil gefällt oder ein Ideal hochgehalten wird. Im Einzelfall kann die Entscheidung, ob es sich um einen deskriptiven oder normativen Satz handelt, nur unter Einbeziehung des Kontextes, in dem die Aussage steht, gefällt werden.

Über diese beiden Begriffe hinaus, wollen wir zusätzlich definieren, was wir hier unter Praxis, Theorie (synonym auch: Objekttheorie) und Metatheorie verstehen wollen.

Praxis ist die Summe aller lebensweltlichen Vollzüge, ist das, was unsere Wirklichkeit ausmacht. Zur menschlichen Praxis gehören die Ausführung eines Handwerkes, das Unterrichten in der Schule, das Verkaufsgespräch beim Autohändler ebenso wie die alltäglichen Streitereien um Belanglosigkeiten. Man muß zwar zugestehen, daß diese Definition nicht sonderlich scharf ist, ja angesichts der Frage, wie „wirklich" unsere Wirklichkeit ist (man denke an das im 5. Kapitel herangezogene Beispiel der beiden Kneipengänger), sogar überaus problematisch erscheint. Dennoch können wir uns mit der gegebenen Erklärung zufriedengeben, weil die von uns zu behandelnden wissenschaftstheoretischen Aspekte vorwiegend auf der theoretischen und metatheoretischen Ebene zu verorten sind. Darüber hinaus haben wir ja bereits gesehen, daß Theorie und Faktum in einem engen Zusammenhang stehen, durch den die Praxis mit Hilfe theoretischer Sätze beschrieben wird. Als Praxis erscheint dann das erfaßbar, was die Theorie zu begreifen imstande ist.

Den Begriff der *Theorie* (auch: Objekttheorie) hatten wir im 1. Kapitel sehr formal eingeführt, wenn es dort hieß, eine Theorie sei ein genereller Satz. Wir erweitern diese Festlegung jetzt um ein wichtiges Definitionsmerkmal: Eine Theorie enthält Aussagen (generelle Sätze), die sich auf einen *nichtsprachlichen* Gegenstand, und das heißt, auf die Ebene der Praxis beziehen. Die Gesetze des Operanten Konditionierens sind z.B. Sätze auf theoretischer Ebene, die sich auf das Verhalten von Tauben oder lernenden Schülern in der Praxis beziehen.

Eine *Metatheorie* unterscheidet sich von einer Theorie dadurch, daß sich ihre Aussagen auf sprachliche Gegenstände beziehen. Wenn Skinner beispielsweise Festsetzungen trifft, welche Kriterien eine (auch seine) Lerntheorie zu erfüllen hat, dann beziehen sich diese Festlegungen auf einen sprachlichen Gegenstand (auf die Theorie). Wir können jetzt also die im 5. Kapitel unterschiedenen Aspekte – den empirischen Kern und die getroffenen Festlegungen und Setzungen – präziser als zwei zu unterscheidende Ebenen identifizieren, indem wir den empirischen Kern der Ebene der Theorie und die Setzungen der Ebene der Metatheorie zurechnen.

Kombiniert man die gerade eingeführten Begriffe, dann sind sowohl auf der Ebene der Theorie als auch auf der Ebene der Metatheorie deskriptive und normative Sätze zu unterscheiden.

Beispiele für *deskriptive theoretische* Sätze: Immer wenn es regnet, wird die Erde naß. Immer wenn auf ein Verhalten eine Verstärkung folgt, erhöht sich die Auftretenswahrscheinlichkeit dieses Verhaltens.

Beispiele für *normative theoretische* Sätze: Die gymnasiale Ausbildung ist auf zwölf Jahre zu verkürzen. Jüngere Menschen sollten der älteren Generation mehr Achtung entgegenbringen. Es ist wichtig, aggressives Verhalten unter Kontrolle zu bringen.

Beispiele für *deskriptive metatheoretische* Sätze: Skinner hat seine Theorie des Operanten Lernens durch Tierversuche zu bestätigen versucht. Viele Theorien über Lernen sind aufgrund der unterschiedlich verwendeten terminologischen Bestimmungen nicht miteinander vergleichbar.

Beispiele für *normative metatheoretische* Sätze: Skinners Theorie ist nicht geeignet, menschliches Verhalten zu erklären. Der Begriff x soll im folgenden so und so verstanden werden.

Wenn wir die neuen Begriffe in einer Grafik zusammenfassen, zeigt sich folgendes Bild:

Metatheorie	
deskriptive Metatheorie	normative Metatheorie
Theorie	
deskriptive Theorie	normative Theorie
Praxis	

Wir wollen zunächst den sicheren Gebrauch dieser Begriffe an einigen Beispielsätzen einüben. Kreuzen Sie in der betreffenden Spalte an, um welche Art von Sätzen es sich Ihrer Meinung nach handelt. Ein wichtiger Hinweis: Nicht alle der aufgeführten Sätze haben den Status eines generellen Satzes, z.B. dann nicht, wenn eine bestimmte Theorie beurteilt wird. Es kommt also bei der folgenden Übung in erster Linie darauf an, die beiden Ebenen (Theorie/ Metatheorie) unterscheiden zu lernen.

Beispielsätze	theoretische Ebene		metatheoretische Ebene	
	deskriptiv	normativ	deskriptiv	normativ
1. Immer wenn auf ein bestimmtes Verhalten ein Lob folgt, ist die Wahrscheinlichkeit, daß dieses Verhalten in Zukunft häufiger auftritt, größer.				
2. Theorien über unbewußte Abläufe in der menschlichen Psyche (wie z.B. die Theorie Freuds) sind empirisch nicht überprüfbar.				
3. Theorien sollen empirisch überprüfbar sein.				
4. Der Begriff ‚Erziehung' ist in der Erziehungswissenschaft sehr umstritten.				
5. Unter ‚Verstärkung' soll verstanden werden, daß ...				
6. Skinner hat seine Theorie vorwiegend auf Versuchen mit Tieren aufgebaut.				
7. Es ist nicht sinnvoll, Wissenschaft wertfrei zu betreiben.				
8. Schulsysteme sollten von der Größe her überschaubar gehalten werden.				
9. Alle Menschen sollen vernünftig handeln.				
10. Operationalisieren bedeutet, daß ein Forscher eindeutige Operationen angibt, die zur exakten Messung von Kausalzusammenhängen dienen.				
11. Die Erforschung von verschiedenen Führungsstilen in Gruppen ist K. Lewin gut gelungen.				
12. Im Leseunterricht des ersten Schuljahres soll der Einsatz der Ganzheitsmethode nicht häufiger stattfinden als der der analytischen Methode.				
13. Jeder, der sich nicht mehr an ein Kindheitserlebnis erinnert, hat es nur verdrängt.				

Versuchen wir nun mit Hilfe dieser eingeführten Begriffe Max Webers These von der Werturteilsfreiheit der Wissenschaften wieder in den Blick zu nehmen: „Wissenschaft soll wertfrei betrieben werden!“ Handelt es sich bei dieser These nicht um einen Widerspruch in sich? – Wir können diese These doch als normativen Satz identifizieren, demzufolge es nicht erlaubt ist, normative Sätze zu formulieren. Noch deutlicher wird das, wenn wir den Satz etwas umformen: „Stelle keine normativen Sätze auf!“

Wenn wir auf diesen Satz aber die Unterscheidung der Ebenen der Theorie und der Metatheorie anwenden, dann ist leicht einzusehen, daß hier kein echter Widerspruch vorliegt. Der Satz „Stelle keine normativen Sätze auf!“ ist eine Forderung, die auf metatheoretischer Ebene formuliert wird (also ein normativer metatheoretischer Satz), die aber auf der Ebene der Theoriebildung eingelöst werden soll; das vom Wissenschaftler konzipierte theoretische System (z.B. die Lerntheorie Skinners) soll lediglich deskriptive Aussagen enthalten und keine Normen für die Praxis aufstellen. Diese Forderung impliziert die Konsequenz, daß Forschungsergebnisse als wertfreie „Tatsachen“ erscheinen, über deren Verwendung nicht mehr der Wissenschaftler entscheiden darf. Er hat ein Verwertungswissen produziert, das andere – z.B. Therapeuten, Lehrer oder Politiker – in bestimmten Kontexten, und d.h. in bestimmten Wertkonstellationen, anwenden.

Es kann an dieser Stelle nicht darum gehen, die Position Webers zu verteidigen oder zu kritisieren. Denn für eine halbwegs sachliche Beurteilung müßte man die in seinem Werk vielfach zu findenden Stellen hinzuziehen, in denen es ihm um die Emanzipation der wissenschaftlichen Lehre und vor allem Forschung von den sie einstmals und auch noch zu seiner Zeit beherrschenden Mächte ging: Ursprünglich war universitäres Lehramt *kirchliches* Lehramt, und seit dem 19. Jahrhundert sollte die Universität dem *Staat* die examinierten Staatsdiener liefern. Vor diesem zeitgeschichtlichen Hintergrund wird verständlich, daß Weber es durchaus nicht als eine unwesentliche Aufgabe der Wissenschaft sah, Politiker – gleich welcher ideologischen Richtung – mit („unbequemen“) Tatsachen zu konfrontieren.

Bei aller Zurückhaltung im Urteil über Webers Position verweist die Analyse der These der Werturteilsfreiheit aber auf ein weiteres entscheidendes Problem empirischer Forschung: Wer sich der Auffassung Max Webers anschließt, bezieht Position in der Frage der *Verantwortung*; nicht der Wissenschaftler, also derjenige, der empirisches Wissen produziert, sondern derjenige, der es in der Praxis anwendet, hätte dafür Verantwortung zu tragen. Diese Auffassung ist von Vertretern der „Kritischen Theorie“, insbesondere von Adorno, Marcuse und Habermas als „halbierter Rationalismus“ bezeichnet worden, weil der kritische Verstand (die Ratio) des Wissenschaftlers nur im Bereich der Erzeugung von Wissen und nicht mehr bei dessen Verwendung gefordert ist (s. dazu Th.W. Adorno u.a. 1969, hier zitiert als 1979^2, S. 71f.).

In der fiktionalen Literatur gibt es zahlreiche Beispiele, die uns dieses Problem der Verantwortung vor Augen führen. In lapidarer Kürze finden wir es etwa von Wolfgang Borchert formuliert:

> „Der Mann mit dem weißen Kittel schrieb Zahlen auf das Papier. Er machte ganz kleine zarte Buchstaben dazu.
>
> Dann zog er den weißen Kittel aus und pflegte eine Stunde lang die Blumen auf der Fensterbank. Als er sah, daß eine Blume eingegangen war, wurde er sehr traurig und weinte.
>
> Und auf dem Papier standen Zahlen. Danach konnte man mit einem halben Gramm in zwei Stunden tausend Menschen tot machen.
>
> Die Sonne schien auf die Blumen.
>
> Und auf das Papier.“ (Borchert 1949, S. 377)

Ausführlicher und in einer anderen literarischen Form hat F. Dürrenmatt in seinem berühmten Drama „Die Physiker“ (1962) durch die Person des Möbius die Problematik der physikalischen Forschung prägnant zum Ausdruck gebracht:

„Wir sind in unserer Wissenschaft an die Grenzen des Erkennbaren gestoßen. Wir wissen einige genau erfaßbare Gesetze; einige Grundbeziehungen zwischen unbegreiflichen Erscheinungen, das ist alles, der gewaltige Rest bleibt Geheimnis, dem Verstande unzugänglich. Wir haben das Ende unseres Weges erreicht. Aber die Menschheit ist noch nicht so weit. Wir haben uns vorgekämpft, nun folgt uns niemand nach, wir sind ins Leere gestoßen. Unsere Wissenschaft ist schrecklich geworden, unsere Forschung gefährlich, unsere Erkenntnis tödlich. Es gibt für uns Physiker nur noch die Kapitulation vor der Wirklichkeit. Sie ist uns nicht gewachsen. Sie geht an uns zugrunde. Wir müssen unser Wissen zurücknehmen, und ich habe es zurückgenommen“ (S. 64). Dürrenmatts persönliche Sichtweise deckt sich nicht mit diesem Ausspruch. Der Verlauf der Handlung zeigt das: Möbius hat sich in ein Irrenhaus zurückgezogen, um seine Erkenntnisse nicht in falsche Hände geraten zu lassen; genau das aber geschieht, indem sich die

Anstaltsleiterin, die einzige tatsächliche Irre, wie sich im weiteren herausstellt, der gefährlichen Unterlagen bemächtigt hat und sie für ihre Machtgier ausnutzen will. So demonstriert Dürrenmatt eindrucksvoll die Aporie naturwissenschaftlicher Forschung: „Was einmal gedacht wurde, kann nicht mehr zurückgenommen werden" (S. 72).

Aus: Dürrenmatt, F. 1962: Die Physiker. Eine Komödie in zwei Akten, Zürich.

Wenden wir uns jetzt der Frage zu, wie Weber seine These begründet. Da seine Begründung in engem Zusammenhang mit seinen weiteren begrifflichen Festlegungen und seinem Verständnis von Wissenschaftlichkeit steht, wollen wir uns zunächst ein wenig intensiver mit diesen Vorstellungen auseinandersetzen. Zu diesem Zweck heben wir zwei besonders wichtige Aspekte heraus:

1. Die Wissenschaftlichkeit von Aussagen (gemeint sind im Sinne der These der Werturteilsfreiheit immer deskriptive Aussagen) bemißt sich für Weber an ihrer intersubjektiven Gültigkeit bzw. Nachprüfbarkeit, weil dadurch Objektivität gewährleistet ist. Deshalb formuliert er mit Nachdruck, „daß eine methodisch korrekte wissenschaftliche Beweisführung auf dem Gebiete der Sozialwissenschaften, wenn sie ihren Zweck er-

Begriffliche Festlegungen und Maßstäbe für Wissenschaftlichkeit (Wertbasis)	– Begriff des Handelns (149) (als Zweck-Mittel-Relation) – These der Wertfreiheit (149) sozialwissenschaftlicher Forschung – intersubjektive Gültigkeit/Nachprüfbarkeit als Maßstab für die Wahrheit/Objektivität wissenschaftlicher Aussagen (147/155)
Aufgaben einer Wissenschaft, die der These der Werturteilsfreiheit verpflichtet ist	1. Technische Kritik der Zwecke (149/150) 2. Verstehen der Zwecke (150/151) (als Aufgabe einer *Sozialphilosophie*) 3. „Erkenntnis einfacher kausaler Zusammenhänge von Tatsachen" (151); denkende Ordnung der empirischen Wirklichkeit (156/160)

Abbildung 9: Normative metatheoretische Aussagen M. Webers zu den Aufgaben der Sozialwissenschaft
(in Klammern die Seitenverweise aus 1968[3])

reicht haben will, auch von einem Chinesen als richtig anerkannt werden muß oder – richtiger gesagt – daß sie dieses, vielleicht wegen Materialmangels nicht voll erreichbare, Ziel jedenfalls *erstreben* muß ..." (Weber 1968[3], S. 155). Uns ist dieses Kriterium aus den Überlegungen zu den „Gütekriterien empirischer Forschung" (vgl. Kapitel 4) bereits vertraut.

2. Die allgemeinste Charakterisierung des sozialwissenschaftlichen Forschungsgegenstandes sieht Weber im menschlichen Handeln. Er definiert es als eine Zweck-Mittel-Relation: „Jede denkende Besinnung auf die letzten Elemente sinnvollen menschlichen Handelns ist zunächst gebunden an die Kategorien ‚Zweck' und ‚Mittel'. Wir wollen etwas in concreto entweder ‚um seines eigenen Wertes willen' oder als Mittel im Dienste des in letzter Linie Gewollten." (S. 149) Folgt man dieser terminologischen Bestimmung von Handeln, dann könnte man – und hier treffen wir sogleich wieder auf das Problem der Wertfreiheit – zwei mögliche Schwerpunkte setzen: Wissenschaft könnte sich einerseits auf die Erforschung von Mitteln zur Erreichung *vorgegebener* Zwecke (Ziele) konzentrieren oder andererseits Überlegungen anstellen, welche Ziele die „richtigen" sind und hierfür „Nachweise" erbringen. Webers Standpunkt läßt – wie wir gesehen haben – nur die erste Aufgabe zu.

Entscheidend ist für Webers Argumentation nun, daß man im Hinblick auf deskriptive (empirische) Aussagen zu intersubjektiver Gültigkeit gelangen kann, im Hinblick auf normative dagegen nicht, weil ihre Begründung immer in kulturellen Kontexten erfolgt und deshalb stets von Relativität gekennzeichnet ist: Was in der einen Kultur Wert hat, kann in einer anderen zu weniger bedeutsamen Angelegenheiten gezählt werden. Über Werte läßt sich deshalb nicht im Sinne von intersubjektiver Gültigkeit streiten. Werte zu beurteilen ist also „Sache des Glaubens, daneben vielleicht eine Aufgabe spekulativer Betrachtung und Deutung des Lebens und der Welt auf ihren Sinn hin, sicherlich aber nicht Gegenstand einer Erfahrungswissenschaft". (S. 152)

Die Forderung nach intersubjektiver Geltung darf nach Weber aber nicht zu der voreiligen Folgerung führen, „daß Werturteile deshalb, weil sie in letzter Instanz auf bestimmten Idealen fußen und daher ‚subjektiven' Ursprungs sind, der wissenschaftlichen Diskussion überhaupt *entzogen* seien". (S. 149) Wissenschaftliches Denken kann sich mindestens in dreifacher Weise mit normativen Aussagen befassen:

1. Da Handeln als eine Zweck-Mittel-Relation zu sehen ist, kann Wissenschaft feststellen, (a) „welche Mittel zu einem vorgestellten Zweck zu führen geeignet oder ungeeignet sind" (S. 149), (b) welche Folgen der Einsatz bestimmter Mittel nach sich ziehen kann und (c) inwiefern die nie zu unterbindenden *ungewollten* Folgen der Realisierung der gesetzten Zwecke widerstreben (ebd.). Weber faßt diese drei Teilaufgaben (a – c) unter dem Terminus der „technischen Kritik" zusammen (ebd.).
2. Über die technische Kritik hinaus leistet Wissenschaft einen weiteren Beitrag durch die Aufgabe, Zwecke (Normen, Wertsetzungen) „dem geistigen Verständnis zu erschließen" (S. 150). Wissenschaft soll also helfen, den Sinn von bestimmten Normen zu klären. Im Bereich der Pädagogik wäre z.B. zu erörtern, was Begriffe wie „Selbst- und Mitbestimmungsfähigkeit", „Handlungskompetenz", „Sachkompetenz" oder „Schülerorientierung" meinen, so daß der jeweilige Adressat weiß, was „genau" mit diesen Begriffen gemeint ist.
3. Eine wissenschaftliche Behandlung von Werturteilen kann diese sogar *beurteilen* helfen; damit meint Weber selbstverständlich nicht, die Beurteilung nach Kategorien wie „wertvoll – weniger wertvoll", „berechtigt – nicht berechtigt", „erlaubt – verboten", sondern die „Prüfung der Ideale an dem Postulat der inneren *Widerspruchslosigkeit* des Gewollten" (S. 151).

Im folgenden Kapitel lernen Sie zwei etablierte Theorien aus der Pädagogik kennen, deren wissenschaftstheoretisches Selbstverständnis u.a. auf den Vorstellungen Max Webers fußt.

Kontrollfragen:

1. Was besagt die von Max Weber formulierte These der Werturteilsfreiheit der Wissenschaft?
2. Was zeichnet deskriptive, was normative Sätze aus?
3. Was ist unter den Begriffen Praxis, Theorie (= Objekttheorie) und Metatheorie zu verstehen?
4. Welche Satzkonstellationen lassen sich im Sinne der Aufgaben zwei und drei unterscheiden?
5. Wie läßt sich die scheinbare Paradoxie der Forderung Webers durch die Unterscheidung der beiden Ebenen – Theorie und Metatheorie – auflösen?
6. Welche Konsequenz resultiert aus Webers These für die Anwendung empirischer Ergebnisse?
7. Welcher Art von Aussagen gesteht Weber Wissenschaftlichkeit zu, und woran bemißt er sie?
8. Wie definiert Weber menschliches Handeln, und welche Aufgaben sieht er vor diesem Hintergrund für eine an die These der Werturteilsfreiheit gebundene wissenschaftliche Behandlung von normativen Aussagen vor?

10. Kapitel

Empirische Erziehungswissenschaft und Didaktik

Überblick:

In diesem Kapitel werden zwei pädagogische Positionen vorgestellt, die sich in die Reihe des im vorangegangenen Kapitel entwickelten Verständnisses von empirischer Wissenschaft eingliedern lassen. Zunächst wird das Konzept einer allgemeinen Erziehungswissenschaft von Wolfgang Brezinka vorgestellt, danach das Konzept einer Allgemeinen Didaktik von Felix von Cube.

In diesem Kapitel wollen wir uns mit zwei bekannten pädagogischen Positionen vertraut machen, die in der Spur des zuvor entwickelten Verständnisses von empirischer Wissenschaft stehen. Es handelt sich um das Konzept einer allgemeinen *Erziehungswissenschaft* von Wolfgang Brezinka und einer allgemeinen *Didaktik* von Felix von Cube. Sie werden sehen, daß Sie durch die vorangegangenen Kapitel bereits einen Kenntnisstand erreicht haben, der Ihnen ein reibungsloses Verständnis dieser Konzeptionen ermöglicht.

Erziehungswissenschaft nach W. Brezinka

Brezinka hat seine Auffassung von Erziehungswissenschaft in seinem Buch „Von der Pädagogik zur Erziehungswissenschaft" (1971) formuliert. Ab der 2. Auflage trägt dieses Buch den Titel „Metatheorie der Erziehung". Steht dieser zweite Titel eher für einen systematischen Anspruch, so verweist der ursprüngliche stärker auf eine von Brezinka geforderte Abwendung von der „traditionellen" Pädagogik hin zu einer „modernen" Erziehungswissenschaft. Der traditionellen Pädagogik attestiert Brezinka nämlich lediglich „vage Wissenschaftlichkeit" (1978, S. 26), die aus der Vermengung von „hypothetischen und dogmatischen, deskriptiven und normativen" Aussagen resultiere. Erziehungsrelevantes Wissen sei jedoch nur zu gewinnen, „wenn man klare, spezielle Fragen stellt und zusammengehörige Fragen auch zusammen behandelt". (S. 27) Deshalb schlägt er vor, drei „Klassen des pädagogischen Wissens" zu unterscheiden:

(1) das wissenschaftliche Wissen über Erziehung,
(2) das philosophische Wissen über Erziehung und
(3) das praktische Wissen über Erziehung (ebd.).

Diesen drei Klassen pädagogischen Wissens korrespondieren drei Klassen von Erziehungstheorien:

(1) die Erziehungswissenschaft,
(2) die Philosophie der Erziehung und
(3) die Praktische Pädagogik (s. S. 27, 38).

Für unser Interesse an einer empirischen Pädagogik ist nun die erste Klasse, die Erziehungswissenschaft, näher zu betrachten. Die Formulierung ihrer zentralen Aufgaben steht im Zusammenhang mit den Vorwürfen, die Brezinka gegen die traditionelle Pädagogik erhebt (die Bezeichnung „traditionelle Pädagogik" verwendet er als Sammelbegriff für die unterschiedlichsten Konzeptionen der Vergangenheit, also z.B. für die sogenannte „geisteswissenschaftliche Pädagogik" oder für die frühere empirische Pädagogik im Sinne von Meumann, Lay, Fischer u.a., um so seine eigene Auffassung von Erziehungswissenschaft gegen alle bisherigen Konzeptionen abzusetzen). Diese Vorwürfe lassen sich im wesentlichen auf zwei Aspekte verdichten:

1. Die geisteswissenschaftliche Pädagogik habe sich als eine Kulturwissenschaft verstanden und im wesentlichen „historische Forschungen über die verschiedenen in Erziehungsfeldern anzutreffenden Kulturobjekte wie Schulen, Lehrpläne, Bildungsideale usw. betrieben" (ebd., S. 58). Dabei seien aber „die Probleme gegenwärtiger und zukünftiger Erziehungspraxis weitgehend unbearbeitet geblieben" (ebd.).
2. Die frühere empirische Pädagogik sei in der bloßen Beschreibung von Erziehungsvorgängen steckengeblieben (S. 58) und habe diese faktischen Abläufe *getrennt* von den entsprechenden Zielen (die geisteswissenschaftliche Pädagogik sprach nicht von Zielen, sondern von „Bildungswerten" oder „Bildungsidealen") behandelt.

Aus dieser Kritik heraus folgert Brezinka, daß „nicht die Mittel allein und abgetrennt von den Zwecken, sondern die *Zweck-Mittel-Beziehungen als Ganze* ... als *der zentrale Gegenstand der Erziehungswissenschaft*" (S. 59) angesehen werden müßten: „In dieser Sichtweise besteht der Hauptproblemkreis der Erziehungswissenschaft darin, *die Bedingungen für die Erreichung von Erziehungszielen* zu erforschen. *Die Erziehungswissenschaft ist nicht eine nur Tatsachen beschreibende, sondern eine teleologisch-kausalanalytische Wissenschaft.*" (S. 59f.)

In dieses Verständnis von Erziehungswissenschaft geht Brezinkas Auffassung von „Erziehen" bzw. „Erziehung" ein:
„Beim Erziehen ... ist stets ein bestimmter Zweck gegeben. Gesucht werden die Bedingungen für seine Verwirklichung. Man versucht andere Menschen dahingehend zu beeinflussen, daß sie einen bestimmten Persönlichkeitszustand erreichen. Dieser Zustand ist noch nicht vorhanden, sondern seine Verwirklichung wird als Zweck gesetzt. Zur Erreichung dieses Zwecks kann der Erzieher nur dann etwas beitragen, wenn er die Bedingungen oder die Ursachen für das Eintreten des erwünschten Zustandes kennt und wenn er weiß, welche Handlungen unter den gegebenen Umständen geeignet sind, um sie herzustellen." (S. 60)

Der Erziehungswissenschaft als empirischer Disziplin fällt dann die Aufgabe zu, die „Bedingungen" und „Ursachen für das Eintreten des erwünschten

„Die technologische Fragestellung lautet: ‚Was kann getan werden, um das Ziel x zu erreichen'? Es geht darum, die notwendigen und die hinreichenden Bedingungen für die Verwirklichung eines Zieles zu erkennen. Aus der Gesamtheit dieser Bedingungen kommt es dabei vor allem auf jene an, die durch Handlungen beeinflußbar sind.

Die logische Struktur der Lösung eines technologischen Problems ist ebenso wie die der Voraussage dem idealen Motor der Erklärung ähnlich. Bei der prognostischen Verwendung einer Theorie sind Gesetzesaussagen und singuläre Sätze über Antecedensbedingungen (Ausgangs-, Anfangs- oder Situationsbedingungen) gegeben, während die Konsequenzen aus der bekannten Situation gesucht werden. Bei der technologischen Verwendung einer Theorie sind Gesetzesaussagen und singuläre Sätze über ein Ziel gegeben, d.h. Sätze, in denen ein bestimmter Zustand oder ein bestimmtes Ereignis beschrieben wird, den man verwirklichen bzw. das man herbeiführen will. Gesucht werden die Antecedensbedingungen, die zum Eintreten des gewollten Zustandes führen. Rein logisch ist das Problem gelöst, wenn aus den Gesetzeshypothesen der Theorie und Sätzen über die gesuchten Bedingungen der Satz, der den gewollten Zustand beschreibt, abgeleitet werden kann. Aufgabe des Forschers ist es, die den Gesetzeshypothesen entsprechenden Antecedensbedingungen in der konkreten sozial-kulturellen Wirklichkeit zu entdecken. Falls sie dort nicht aufzufinden sind, ist zu untersuchen, ob und wie sie geschaffen werden können.

Nehmen wir als Beispiel an, es sei das Ziel gesetzt, zwei miteinander verfeindete Kleingruppen Jugendlicher auszusöhnen und zu einer größeren Gruppe zusammenzuschließen. Aus dem Vorrat sozialpsychologischer Theorien wird die empirisch bestätigte Gesetzeshypothese herangezogen, daß die Mitglieder verfeindeter sozialer Gruppen zum Abbau gegenseitiger Feindseligkeit und zu einem gemeinsamen Wir-Erlebnis gelangen, wenn sie in Situationen gemeinsamen Erlebens und Handelns kommen. Insbesondere tritt diese Einstellungsänderung in den Situationen ‚gemeinsamer Gegner', ‚gemeinsame Not', ‚gemeinsamer Vorteil' und ‚gemeinsame Freude' ein. Es ist nun erforderlich, für die an einem bestimmten Ort zu einer bestimmten Zeit unter bestimmten Umständen befindlichen beiden Kleingruppen Bedingungen anzugeben, die der Wenn-Komponente der Gesetzeshypothese entsprechen. Die Situation ‚gemeinsamer Gegner' könnte zum Beispiel durch Teilnahme beider Gruppen an einem sportlichen Wettkampf gegen eine andere außenstehende Gruppe geschaffen werden usw.

Logisch liegt hier also das gleiche Schema vor wie bei der Erklärung und bei der Voraussage. Es besteht aus Gesetzesaussagen und singulären Sätzen über die Antecedensbedingungen als Prämissen, aus denen der Satz, der den gewollten Zustand beschreibt, abgeleitet werden kann:

Gesetzeshypothese:	‚Wenn Mitglieder verfeindeter Gruppen in Situationen gemeinsamen Erlebens und Handelns kommen, dann wird gegenseitige Feindseligkeit abgebaut und es entsteht ein gemeinsames Wir-Erlebnis'.
Singuläre Sätze:	‚Es gibt am Ort O zur Zeit t zwei miteinander verfeindete Kleingruppen A und B'. ‚Die Kleingruppen A und B kommen in die Situation gemeinsamen Erlebens und Handelns $S_1 - S_2$ (Wettkampf gegen gemeinsame Gegner usw.).'
Singulärer Schlußsatz: (Konklusion)	‚Die Mitglieder der verfeindeten Kleingruppen A und B bauen gegenseitige Feindseligkeit ab und bilden ein gemeinsames Wir-Gefühl aus'.

Technologische Fragen beziehen sich auf die Mittel, die geeignet sind, gesetzte Zwecke (gewollte Zustände oder Ereignisse) zu verwirklichen. Ausgegangen wird stets von dem jeweils bezweckten Zustand oder Ereignis. Er wird als eine zu erzeugende Wirklichkeit angesehen, und es wird nach der Gesamtheit der Bedingungen oder nach den Ursachen gefragt, von denen diese Wirkung abhängt. Man möchte wissen, durch welche Kombination von Umständen der bezweckte Zustand herbeigeführt werden kann."

Zustandes" zu erforschen und das dabei gesammelte Wissen dem Praktiker zur Verfügung zu stellen. Ihr zentrales Problem ist also die Frage nach den „Ursachen für Erfolg und Mißerfolg der Erziehung". (S. 62) Bevor die Erziehungswissenschaft aber derartige Aufklärung für die erzieherische Praxis geben kann, müssen entsprechende Theorien konstruiert werden. Stehen solche Theorien zur Verfügung, dann können sie in dreifacher Weise Anwendung finden (s. S. 154-166), nämlich

1. zur Voraussage künftiger Verhaltensweisen,
2. zur Erklärung beobachteter Verhaltensweisen
3. zur Lösung „erziehungstechnologischer Probleme".

Die erste und zweite Art der Anwendung können wir hier übergehen, weil wir schon ausführlicher auf die Struktur von Erklärungen und Prognosen eingegangen sind (s. insbesondere Kapitel 1). Deshalb konzentrieren wir uns auf den dritten Aspekt der Anwendung von Theorien bei der Lösung „erziehungstechnologischer Probleme" und veranschaulichen ihn durch den auf S. 77 wiedergegebenen Textauszug aus Brezinkas „Metatheorie der Erziehung" (S. 162f.).

Die Aufgaben der Didaktik nach Felix v. Cube

Von Cube nennt seine Konzeption „kybernetisch-informationstheoretische Didaktik" und sieht ihre Aufgabe in der Entwicklung und Optimierung von Lehrstrategien (1977, S. 56, 61). Lehrstrategien sind dadurch gekennzeichnet, daß zur Erreichung bestimmter Lehr-/Lernziele spezifische Methoden und Medien eingesetzt werden. Dabei verweist von Cube auf die Notwendigkeit, zwischen den beiden Begriffen „Lehrstrategie" und „Methode" deutlich zu unterscheiden: „Eine Methode entsteht durch die Entwicklung und Fixierung einer Strategie; sie wird sozusagen von ihrem Ziel abgetrennt und kann dann als Instrument zur Erreichung unterschiedlicher Ziele dienen. Dies wird z.B. beim Rollenspiel deutlich: Es kann zur Änderung von Einstellungen eingesetzt werden oder zur Schulung der Argumentation. Umgekehrt wird eine Methode dann zur Strategie, wenn sie zur Erreichung eines ganz bestimmten Zieles eingesetzt wird." (von Cube 1977, S. 35)

Mit der Entwicklung und Optimierung von Lehrstrategien scheint das Aufgabenfeld der Didaktik sehr weit gefaßt zu sein. Genau dieser Eindruck soll aber durch die strikte Trennung der Begriffe „Lehrstrategie" und „Methode" bzw. „Ziel" und „Methode" vermieden werden. Didaktik als Teildisziplin der Erziehungswissenschaft habe nämlich die Aufgabe, Strategien für solche Ziele zu erstellen, die ihr bereits vorgegeben sind (von Cube 1977, S. 24, 30, 35). Es erhebt sich für von Cube also gar nicht das Problem, *welche* Ziele, Themen oder Bildungsinhalte ausgewählt werden sollen; im Vordergrund didaktischer Theoriebildung soll lediglich das Bemühen um *optimale Lehr-/Lernstrategien* (im Hinblick auf bereits *vorgegebene* Lernziele) stehen.

Wie begründet von Cube diese Verengung des Didaktikbegriffes und damit auch die Perspektive, aus der heraus er das kybernetisch-informationstheoretische Modell konstruiert? Die Antwort auf diese Frage ist in seiner Auffassung von „Erziehungswissenschaft" zu suchen. Diese könne nur dann Anspruch auf Wissenschaftlichkeit erheben, wenn sie als eine *wertfreie* Erziehungswissenschaft im Sinne Max Webers betrieben werde (von Cube 1977, S. 41, 73). Deshalb übernimmt von Cube auch die uns bereits bekannten metatheoretischen Regeln dieser wissenschaftstheoretischen Ausrichtung: Erziehungswissenschaft (von Cube spricht auch von logisch-empirischer Wissenschaft; s. 1977, S. 76) sei dem Prinzip der Wertfreiheit verpflichtet und müsse sich deshalb auf deskriptive Aussagen beschränken. Diese deskriptiven Aussagen seien als Hypothesen aufzufassen und so zu formulieren, daß eine empirische Überprüfung möglich sei (1982^4, S. 211, 219). Die dadurch geforderte Falsifizierbarkeit als Abgrenzungskriterium zwischen wissenschaftlichen und nichtwissenschaftlichen Aussagen ermögliche eine permanente Revision von Hypothesen und Theorien. Für die von ihm vertretene kybernetische Erziehungswissenschaft bzw. kybernetische Didaktik behauptet von Cube, sie habe allen Falsifikationsversuchen (Falsifikation = Widerlegung) standhalten können: „So intensiv die gesamte kybernetische Pädagogik auch diskutiert und kritisiert wurde – eine Falsifikation der zentralen Theorien, insbesondere der Redundanztheorie des Lernens und Lehrens, ist mir nicht bekannt geworden. Die fachliche Kritik bezog sich im wesentlichen auf Rechenfehler und Detailergebnisse. Aus dieser Feststellung darf man – mit den Worten Poppers – die Konsequenz ziehen, die aufgestellten Theorien ‚weiterzuverwenden' und weiterzuentwickeln." (von Cube 1982^4, S. 11)

Die Behauptung, daß die Aussagen der kybernetisch-informationstheoretischen Didaktik bisher nicht falsifiziert werden konnten, verleitet von Cube zu einer verengten Kenntnisnahme und Bewertung anderer wissenschaftstheoretischer Ansätze in der Pädagogik:

„Legt man den logisch-empirischen Wissenschaftsbegriff zugrunde, so erweisen sich die Aussagen der geisteswissenschaftlichen, marxistischen und kritisch-emanzipatorischen Pädagogik im wesentlichen als moralische oder politische Programme. Es gehört dabei zur politischen Strategie, diese pseudowissenschaftliche Literatur in großer Menge zu verbreiten … Demgegenüber ist noch kein Dutzend Autoren zu nennen, die den Versuch unternehmen, systematische Erziehungswissenschaft zu treiben. Neben den Vorläufern Lochner, Meister und Willmann sind es vor allem Brezinka, Klauer, Rössner und einige kybernetische Pädagogen wie Frank und Weltner.“ (von Cube 1977, S. 76)

Die Haltung von Cubes gegenüber der „marxistischen“ und „kritisch-emanzipatorischen Pädagogik“ ist zwar insofern verständlich, als sein Entschluß für die logisch-empirische Wissenschaftsauffassung und damit für eine wertfreie Erziehungswissenschaft schlechterdings mit den metatheoretischen Regeln dieser beiden anderen Richtungen unvereinbar ist. Unreflektiert bleibt allerdings – ähnlich wie bei Max Weber – seine Einschätzung, daß es sich bei der Rede und Begründung von normativen Aussagen um „bloße subjektive Aussagen“ (s. von Cube 1977, S. 42; 1982[4], S. 25) handele, die nicht intersubjektiv begründbar seien, sondern lediglich durch metaphysische Instanzen, durch ein persönliches Bekenntnis oder durch bestimmte Verfahren (Mehrheitsbeschlüsse, Wahlverfahren) legitimiert werden könnten. Hier übergeht von Cube zumindest solche Ansätze, durch die der Versuch unternommen wird, Normen intersubjektiv zu begründen. Derartige Versuche (s. z.B. Apel 1973, S. 253 ff.; Habermas 1971; König 1975, S. 164 ff.) mögen mit entsprechenden methodischen Mängeln behaftet sein; sie decken sich aber insoweit mit den normativen Prämissen von Cubes, als man in jenen Versuchen die transzendentalen Bedingungen (das sind die Bedingungen der Möglichkeit) für eine intersubjektiv nachvollziehbare Argumentation aufdeckt und zum Kriterium für eine gerechtfertigte Normenbegründung erhebt. An diesem Entschluß für eine rationale Argumentation dürfte auch von Cube gelegen sein, denn auch er versucht, aufgrund experimenteller Daten, für oder gegen eine Theorie zu argumentieren.

Anlaß zu Bedenken gibt zudem von Cubes Haltung gegenüber der geisteswissenschaftlichen Pädagogik; hier meldet er vor allem Zweifel an ihrem methodischen Vorgehen, also an der Methode des Verstehens bzw. Interpretierens an. Das Verstehen ziele immer auf die Einordnung eines Sachverhaltes in einen größeren Zusammenhang. Problematisch sei die verstehende Methode immer dann, wenn ein Sachverhalt, etwa ein beobachtetes Handeln, nicht eindeutig auf einen Zusammenhang bezogen, sondern in unterschiedliche Zusammenhänge eingebettet werden könne. In diesen Fällen müsse man vom „Interpretieren“ sprechen (von Cube 1982[4], S. 269). Entscheidend für von Cube ist in diesem Zusammenhang, daß interpretative Aussagen keine Objektivität und damit keine Wissenschaftlichkeit beanspruchen können. „Erkennen und Verstehen sind immer subjektive Akte (Ich habe erkannt, daß ...; Ich verstehe ...); sie unterliegen damit nicht den Kategorien ‚wahr‘ oder ‚falsch‘. Diese Kategorien beziehen sich nur auf die jeweiligen Zusammenhänge selbst: Nur Aussagen über Zusammenhänge können wissenschaftlichen Charakter haben – selbstverständlich auch (allgemeine) Aussagen über den Prozeß des Verstehens als solchen.“ (1982[4], S. 269)

Gegen diese Art und Weise der Rekonstruktion des geisteswissenschaftlichen Vorgehens sind zumindest zwei Einwände anzuführen. *Zum einen* ist darauf zu verweisen, daß von seiten der geisteswissenschaftlichen Pädagogik im Hinblick auf interpretative Aussagen keine Ansprüche auf Objektivität im Sinne von absoluter Wahrheit und Allgemeingültigkeit geltend gemacht werden. Man denke hier beispielsweise an die erkenntnistheoretischen Schriften Otto F. Bollnows (1975, 1981[2]), in denen er die Unmöglichkeit letztgültiger Erkenntnis (auch empirischer Erkenntnisse) ausführlich erörtert und als ein wesentliches Kriterium von Wissenschaftlichkeit schließlich das Postulat der „Übersubjektivität“ erhebt; dieses methodische Prinzip (Übersubjektivität) verpflichtet den Forscher darauf, seine interpretativen Erkenntnisse zur Diskussion zu stellen und im Gespräch mit anderen über die prinzipielle Fehlbarkeit und Ergänzungsbedürftigkeit dieser Erkenntnisse zu befinden. Genau das aber sind die kardinalen Forderungen, die auch von Cube für sein Verständnis von Wissenschaft einklagt. *Zum anderen* greift von Cube selbst auf Hypothesen zurück, deren Sinn nur durch verstehende Reflexion auf lebensweltliche Erfahrung, also auf die Erfahrung, auf die die Hermeneutik rekurriert, konstituiert werden kann – ein Sachverhalt, dessen Bedeutung uns bereits im 7. Kapitel dieser Einführung klar wurde. So geht er etwa von der Annahme aus, daß das Vertrauen eines Schülers in seinen Lehrer positive Wirkungen auf die Lernleistungen zeitige (von Cube 1977, S. 132f.). Eine derartige Annahme kann offensichtlich nur aus der eigenen Lebenserfahrung erwachsen sein. Dieser Fundus an Lebenserfahrungen wird in der Hermeneutik* in der Tradition Diltheys auch als „Gemeinsamkeiten" (Dilthey 1958, S. 141) bezeichnet. Diese Gemeinsamkeiten, zu denen auch die gemeinsame Sprache gehört, bilden die Möglichkeit einer intersubjektiven Verständigung und des intersubjektiven Verstehens. Sie bilden, um mit Apel zu sprechen, als Kommunikationsapriori die transzendentale Bedingung der Möglichkeit intersubjektiver Verständigung (s. Apel 1973, S. 220ff.). Von derartigen Gemeinsamkeiten macht von Cube ausgiebigen Gebrauch, indem er für sein Alltagsverständnis dem Leser gegenüber stillschweigend intersubjektives Einverständnis voraussetzt, obwohl ihm dies seine Kritik an der verstehenden Methode geradezu verbietet.

Neben dem Terminus „Didaktik" ist für die kybernetisch-informationstheoretische Didaktik der Begriff „Erziehung" zentral. Die Definition des Erziehungsbegriffes durch von Cube ist in zweifacher Weise durch die übernommenen metatheoretischen Setzungen geprägt: Zum einen könne man wissenschaftliche Aussagen nur über „beobachtbare Aktionen" machen; von Cube spricht deshalb auch

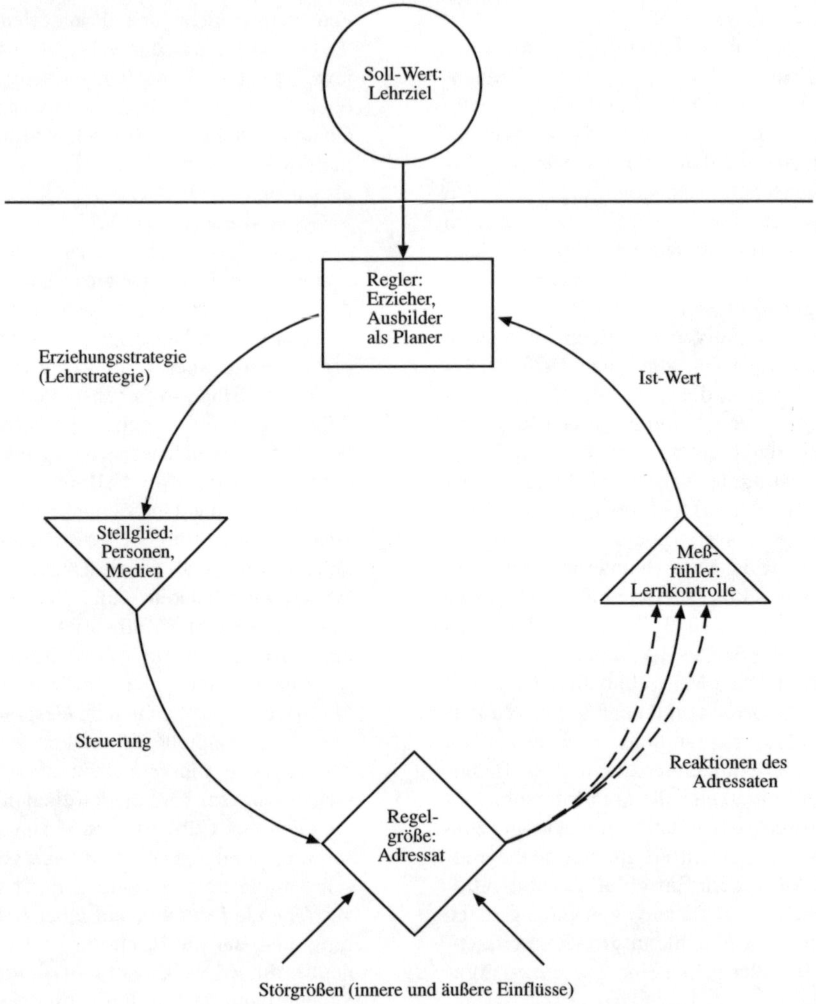

Abbildung 10: Erziehung als Regelkreis (nach F. v. Cube)

vom „Erziehungsverhalten“ oder „Zielverhalten“ (1977, S. 15). Zum anderen müsse der Erziehungsbegriff aufgrund des Wertfreiheitspostulates inhaltsfrei bleiben: „Eine Definition von Erziehung, die intersubjektiv (und international) anerkannt werden kann, muß notwendig formal sein.“ (1977, S. 13)

Auf der Basis dieser beiden Prämissen glaubt von Cube imstande zu sein, die vielseitigen, komplexen und zum Teil auch widersprüchlichen Aussagen über Erziehung und Bildung auf einen Nenner bringen zu können; es zeige sich nämlich „bei aller Unterschiedlichkeit im einzelnen“, daß „die Begriffe Erziehung, Bildung und Ausbildung einen gemeinsamen Kern enthalten: die Steuerung von Menschen zu einem vorgegebenen Zielverhalten“. (von Cube 1977, S. 11) Für eine weitere Präzisierung dieser Definition komme es darauf an, zwischen zwei Arten der Verhaltenssteuerung zu unterscheiden, und zwar zwischen der Lernsteuerung und dem Verhaltensmanagement. In beiden Fällen gehe es um die Änderung menschlichen Verhaltens; während beim Lernen aber der Neuerwerb von Verhaltensweisen bei gleichbleibender Reizsituation intendiert werde, ziele man beim Verhaltensmanagement, etwa bei der Werbung, darauf, durch veränderte Reizkonstellation „ein potentiell schon vorhandenes Verhalten zur Auslösung“ (von Cube 1977, S. 17) zu bringen. „Erziehung“ ist aus der Sicht der kybernetisch-informationstheoretischen Didaktik also identisch mit dem Prozeß der „Lernsteuerung“ (ebd.).

Für von Cube stellt sich nun die Frage, wie „eine einfache, adäquate und exakte Beschreibung des altbekannten Vorganges der Erziehung“ (ebd., S. 11) möglich sei. Er ist der Ansicht, daß die Begriffe der Kybernetik und Informationstheorie besonders geeignet seien, die formale Struktur des Erziehungsvorganges modellhaft zu erfassen. Aus der Sicht der Kybernetik sei Erziehung als *Regelkreis* darstellbar. „Dieses Modell läßt die einzelnen Instanzen der Erziehung bzw. Ausbildung deutlich hervortreten: Lehrziel, Lehrstrategien, Medien, Adressat und Lernkontrolle.“ (1977, S. 11)

Die graphische Darstellung des Regelkreises zeigt den Zusammenhang der einzelnen Elemente: Das Lehrziel ist als Soll-Wert vorgegeben; die Trennungslinie soll symbolisieren, daß der Prozeß der Zielsetzung selbst nicht als Aufgabe des Erziehungswissenschaftlers bzw. Didaktikers anzusehen ist. Im Regelkreis der Erziehung versucht der Erzieher als Regler, das Verhalten des Adressaten, im Unterricht also das Verhalten des Schülers, so zu steuern, daß das durch den Soll-Wert vorgegebene Zielverhalten erreicht wird. Zu diesem Zwecke dient eine entsprechende Strategie. Ob diese Strategie tatsächlich als erfolgreich zu beurteilen ist, geht aus der Lernkontrolle hervor, die den Ist-Wert (Fähigkeiten des Schülers) mißt. Von Cube verdeutlicht das Geschehen im Regelkreis an einem Beispiel:

10jährige Schüler „sollen ein gleichseitiges Dreieck mit Zirkel und Lineal konstruieren und die Konstruktion beschreiben können. Um eine Lehrstrategie zur Erreichung dieses Lehrzieles entwickeln zu können, muß zunächst der Ist-Wert der Schüler ermittelt werden. Hier gehen wir davon aus, daß die Schüler zwar mit Zirkel und Lineal umgehen können ..., aber noch keine Dreieckskonstruktionen durchgeführt haben. Im übrigen soll es sich um normal intelligente und sozial unauffällige Schüler handeln. Eine mögliche Strategie besteht nun darin, daß der Lehrer den geometrischen Ort des Punktes C ... als Schnittpunkt der beiden Kreise A und B mit demselben Radius, nämlich der Seitenlänge des gesuchten Dreiecks, erklärt. Der Lehrer führt dabei die Konstruktion (evtl. mehrmals) an der Tafel aus und läßt sie dann von den Schülern durchführen.“ (von Cube 1977, S. 33) Nach mehrmaliger Wiederholung der Konstruktion und ihrer Beschreibung durch Fachausdrücke erfolgt die Lernkontrolle „über die Konstruktion eines anderen gleichseitigen Dreiecks mit der dazugehörigen Beschreibung der einzelnen Schritte“. (Ebd.)

Von Cube gesteht zwar zu, daß eine solche Lehrstrategie nicht besonders originell sei, sie führe aber ganz sicher zu einem Lernerfolg (ebd.). Insofern werde an diesem Beispiel besonders deutlich, „daß die Aufgabe der Erziehungswissenschaft eben nicht nur in der Erstellung irgendwelcher Strategien besteht – ein Lernerfolg läßt sich fast immer nachweisen –, sondern in der Optimierung von Lehrstrategien und deren Durchführung“. (Ebd.) Für eine mögliche Optimierung seien drei Kriterien zu unterscheiden. Einmal könne die Optimierung einer Strategie in der Minimalisierung des Zeitaufwandes liegen, wenn der Aufwand für die Realisierung (Medien, Lehrperson) konstant sei. Zweitens könne die Optimierung auf die Minimalisierung des Realisierungsaufwandes bei entsprechender konstanter Zeitvorgabe hinauslaufen. Drittens sei ein Kompromiß möglich, wenn die Optimierung die beiden Größen „Zeit“ und „Aufwand“ in ein „angemessenes Verhältnis“ setze (S. 31f.). Denkbar wäre es zudem, daß man neben Zeit und Aufwand auch „subjektive Kriterien“ mit einbeziehe, wie etwa das Wohlbefinden des Adressaten: „Die Strategie soll etwa ein Minimum an Überwindung kosten, sie soll positiv bewertet werden oder ähnliches. Grundsätzlich könnte eine solche Aufgabe durchaus gelöst werden; es tritt dabei eben das bekannte Problem der Messung von Einstellungen oder Gefühlen auf.“ (S. 32)

Als Voraussetzung für die Entwicklung und Optimierung von Lehrstrategien verweist von Cube auf die Notwendigkeit der Operationalisierung von Lernzielen. Sie ergibt sich zwangsläufig aus seinen metatheoretischen Vorentscheidungen. Denn im Sinne logisch-empirischer Erziehungswissenschaft „müssen Lehrziele zwei Bedingungen erfüllen: Sie müssen überprüfbar formuliert und für die betreffenden Adressaten erreichbar sein.“ (1977, S. 27) Die herkömmliche Einteilung von Zielen in Richt-, Grob- und Feinziele sei wenig zweckmäßig, weil der Grad der Exaktheit dadurch nicht eindeutig bestimmbar sei. Von Cube schlägt demgegenüber zwei Kategorien zur Unterscheidung vor, nämlich operationale und nicht-operationale Lernziele: „Lernziele sind dann operational, wenn sie in Form eindeutiger Operationen (des Adressaten) angegeben sind. Trifft dies nicht zu, sind sie also ... ‚vage‘, so bedeutet das, daß (noch) Entscheidungsspielräume vorhanden sind. Unter Operationalisierung versteht man die Ausschöpfung dieses Entscheidungspotentials.“ (von Cube 1982[4], S. 206) Dabei sei es wichtig, die Zweistufigkeit der Operationalisierung zu betonen. Zunächst komme es darauf an, eine Entscheidung für ein bestimmtes Zielverhalten (kognitive, affektive und pragmatische Ziele) zu treffen. Dieser Schritt komme einer politischen Entscheidung gleich (1977, S. 29). Erst auf der zweiten Stufe handele es sich um einen *wissenschaftlichen* Vorgang, mit dem auf die „Messung des inneren Zustandes durch beobachtbare Operationen des Adressaten“ (1977, S. 28) gezielt werde.

Die vorangegangene Analyse und Kritik des Erziehungsbegriffes hat gezeigt, daß von Cube „Erziehung“ als Lernsteuerung auffassen will. Zur Beschreibung der verschiedensten Lernvorgänge greift er auf Grundgedanken der Kybernetik (Regelkreis) zurück. Die Kybernetik allein kann den Vorgang der Lernsteuerung aber nur formal beschreiben. Wie Lernen sich dabei im einzelnen vollzieht, bleibt also zunächst unthematisiert. Von Cube versucht deshalb, die verschiedenen Arten des Lernens mit Hilfe der Informationstheorie zu beschreiben. Wir beschränken uns im folgenden auf einige wichtige Aspekte der Informationstheorie.

Die Bedeutung, die von Cube der informationstheoretischen Beschreibung von Lernvorgängen zumißt, läßt sich an einem einfachen Stufenmodell illustrieren:

Stufe IV	Informationstheorie
Stufe III	Lernpsychologische Theorien
Stufe II	Alltagstheorien
Stufe I	Konkrete Lernvorgänge

Auf der ersten Stufe sind die aus dem Alltag bekannten Lernvorgänge einzuordnen, also etwa das Lernen von englischen Vokabeln oder Städtenamen, das Erlernen des Schwimmens oder die Einsicht in die Funktionsweise einer Luftpumpe. Über derartige Lernvorgänge reflektiert bereits der Nicht-Wissenschaftler mit seinem Alltagsverstand. Die Ergebnisse dieser Reflexion sind als Alltagstheorien zu bezeichnen (Stufe II); sie haben ihren Niederschlag beispielsweise in Sprichwörtern oder Aphorismen gefunden. Lernpsychologen versuchen darüber hinaus (Stufe III), die alltäglichen Erklärungsmuster für entsprechende Lernvoraussetzungen zu überprüfen, zu revidieren, zu systematisieren und zu erweitern. Sie präsentieren ihre Aussagen in Form der bekannten lernpsychologischen Theorien (Lernen durch Versuch und Irrtum, Modellernen, Lernen durch Einsicht, Reiz-Reaktionslernen usw.). Von Cube kommt es nun auf eine nochmalige Systematisierung an. Er ist der Ansicht, daß die beiden grundlegenden Begriffe der Informationstheorie, nämlich die Begriffe „Information“ und „Redundanz“, diesen Anspruch einlösen können.

Informationswert hat für eine Person immer nur das, was noch nicht (hinlänglich) bekannt ist. Für jemanden, der noch nie etwas über die Auswirkungen des Alpinismus auf die Zerstörung der Natur gehört hat, haben entsprechende Mitteilungen einen sehr hohen Informationswert. Die Tatsache, daß die Gravitationskraft eines Planeten mit zunehmender Entfernung von ihm abnimmt, ist dagegen jedem physikalisch Gebildeten bekannt, sie stellt für ihn also keine Information dar. Wenn unter „Lernen“ nun der Erwerb neuer Verhaltensweisen (im weitesten Sinne) zu verstehen ist, dann hat alles Erlernte informationstheoretisch betrachtet keinen Informationswert, alles zu Lernende (noch nicht Bekannte, also Neues) einen mehr oder weniger hohen Informationswert. Lernen ist demnach nichts anderes als „Informationsabbau“. Entsprechendes gilt umgekehrt für den Begriff „Redundanz“; dieses aus dem Lateinischen entlehnte Wort bedeutet so viel wie „Überfluß“. Im informationstheoretischen Sinne verwendet man es als Bezeichnung für das Vorhandensein von solchen Elementen einer Nachricht, die keine zusätzliche Information bieten. Je mehr jemand im Hinblick auf ein angestrebtes Endverhalten hin lernt, desto höher wird die Redundanz; Unbekanntes, noch nicht Gelerntes, weist dagegen keine Redundanz auf, da die Informationen noch nicht gespeichert bzw. verarbeitet sind, also noch nicht überflüssig sind. Lernen ist dann zusammenfassend als Informationsabbau einerseits und als Redundanzaufbau andererseits zu verstehen.

Die These, daß sich sämtliche Lernprozesse des Menschen unter ein gemeinsames strukturelles Prinzip, das der Redundanzerzeugung, subsumieren lassen, führt von Cube auf eine einzige anthropologische Grundannahme zurück: „Der Mensch (und wohl auch jeder wahrnehmungs- und lernfähige Organismus) ist bestrebt, die objektive Information der Außenwelt auf verschiedene Weise subjektiv zu verringern. Die Redundanzprozesse, die sich in Prozesse des Informationsabbaues von Ereignissen und Texten und in Prozesse zunehmender ... Ordnung aufgliedern lassen, haben dabei den Sinn, dem Menschen (bzw. dem Organismus) die Außenwelt so informationsarm zu machen, daß eine Orientierung und ein geordnetes Verhalten darin möglich wird." (von Cube 1982[4], S. 137) Redundanzerzeugung ist deshalb immer gleichbedeutend mit der Herstellung von „Ordnung".

Kybernetik und Redundanztheorie sollen sich nach von Cube nicht nur „auf die Beschreibung gemeinsamer Strukturen und Systeme in den verschiedenen Wirklichkeitsbereichen" beschränken; sie sollen „diese Strukturen und ihre Veränderungen auch in mathematischen Begriffen und Gesetzen" (1982[4], S. 77) erfassen. Die traditionelle Lernforschung habe nur deshalb zu einer auffallenden Verschiedenartigkeit der Theorien geführt, weil das „gemeinsame und zentrale Phänomen des Lernens, die Verringerung von (subjektiver) Information und der Gewinn (subjektiver) Ordnung", nicht auf eine „gemeinsame strukturelle und mathematische Basis der verschiedenartigen Lernprozesse" (ebd., S. 116) zurückgeführt worden ist.

Daß es von Cube tatsächlich um einen konstruktiven Umgang mit bekannten lernpsychologischen Ansätzen geht, ist an entsprechenden Äußerungen zu erkennen, mit denen er die Umsetzung solcher Ansätze in die Terminologie der Kybernetik und Informationstheorie demonstriert. So kann beispielsweise der von Ausubel geprägte Begriff „advance organizer" informationstheoretisch gedeutet werden. „Dabei handelt es sich um die Vorstrukturierung von Lernmaterial, die zu einer höheren Lerneffektivität führen soll. Die Wirkung des advance organizer liegt in der Herabsetzung der Information (des Lernmaterials) durch Superzeichenredundanz: Wenn ein Superzeichen vorhanden ist, das es erlaubt, einzelne Zeichen darin einzuordnen, so wird die Information dieser Zeichen herabgesetzt: Die einzelnen Zeichen werden durch das Superzeichen sozusagen ‚festgelegt', es wird didaktische Redundanz erzeugt." (von Cube 1982[4], S. 230) Auch das „Lernen durch Einsicht" geht im Begriff der Redundanzerzeugung auf. Danach verläuft einsichtiges Lernen in zwei Stufen: „Die erste Stufe besteht in der Speicherung von Einzelinformationen, die zweite Stufe in einer zeitlichen und räumlichen Anordnung dieser Elemente, die eine gleichzeitige Wahrnehmung im Gegenwartsgedächtnis ermöglicht. Führt die Strategie zum Erfolg, so zeigt sich dies meist in einer ‚schlagartigen' Einsicht in die Zusammenhänge." (1977, S. 114) Die von der Gestaltpsychologie beschriebenen Phänomene der Ganzheiten und Gestalten (wir werden sie im weiteren noch eingehender kennenlernen) sind dann als Superzeichen zu verstehen, „welche die subjektive Information in einer prinzipiell exakt angebbaren Weise herabsetzen bzw. Redundanz erzielen." (1982[4], S. 142) Das von Piaget beschriebene Äquilibrationsprinzip würde informationstheoretisch gesehen dem Bestreben des Menschen gleichkommen, Ordnung, Redundanz aufbauen zu wollen. Ein Kind, das eine neue kognitive Struktur aufbaut, versucht dadurch, vorhandene Widersprüche (etwa bei der Einteilung von Gegenständen nach ihren Formen) abzubauen. Die neu gebildete Struktur setzt den Informationswert von Aussagen (hier über die Formen von Gegenständen) drastisch herab (s. von Cube 1982[4], S. 202). Weitere Vergleiche zieht von Cube zu den lernpsychologischen Arbeiten von Dewey, Guyer, Wertheimer u.a. (s. 1982[4], S. 103 f., 110 ff., 297).

Die Hauptaufgabe der kybernetisch-informationstheoretischen Didaktik liegt – wie gerade ausführlich erläutert – in der Erstellung und Optimierung von Lehrstrategien. Bisher hat von Cube insgesamt sieben verschiedene Lehrstrategien vorgestellt: Strategien zur Erlangung von Kenntnissen, zur Erlangung von Erkenntnissen, zur Steigerung produktiven Denkens, zur Erlangung kritischen Verhaltens, Trainingsstrategien, Effektivitätsstrategien und Strategien zur Erlangung von Einstellungen. An zwei Beispielen – der Strategie zur Erlangung von Erkenntnissen und der Strategie zur Erlangung von kritischem Verhalten – wollen wir uns abschließend die konkrete Forschungsarbeit verdeutlichen.

Strategie zur Erlangung von Erkenntnissen

„Da es bei einer Erkenntnis um Zusammenhänge geht, um Beziehungen, Funktionen, Strukturen etc., muß eine Strategie zur Erlangung von Erkenntnissen diese Zusammmenhänge nahelegen, herausheben, deutlich machen, veranschaulichen, sichtbar machen. Als Beispiel diene der bekannte Beweis des Satzes von der Winkelsumme im Dreieck. Hier wird zunächst ... die Parallele zu AB durch C gezogen; dann treten die Winkel α und β als Wechselwinkel bei C wieder auf. Die Beziehung zwischen den Winkeln α, β und γ kann auf diese Weise unmittelbar einsichtig gemacht werden."

Strategie zur Erlangung kritischen Verhaltens

Die Ausführungen von Cubes über Strategien zur Erlangung kritischen Verhaltens könnten auf den ersten Blick den Eindruck erwecken, als überschreite er damit die von ihm selbst gesetzten wissenschaftstheoretischen Grenzen, da Kritik ja immer auch eine Bewertung von Sachverhalten oder Standpunkten impliziert. Das ist jedoch nicht der Fall: „Da es sich bei den Lehrstrategien sowohl um allgemeine als auch um nachprüfbare Implikationen handeln soll, müssen die betreffenden Lehrziele ebenfalls allgemein und nachprüfbar sein, d.h. insbesondere, daß die Lehrziele eben nicht inhaltlich festgelegt sein dürfen." (von Cube 1977, S. 107) Strategien zur Erlangung kritischen Verhaltens werden deshalb von der kybernetisch-informationstheoretischen Didaktik in ihrem formalen Ablauf erfaßt. Dabei unterscheidet von Cube zwei Arten des kritischen Verhaltens, die unreflektierte kritische Haltung und die reflektierte kritische Haltung.

Die unreflektierte kritische Haltung kennzeichnet er durch drei Schritte. Den ersten Schritt nennt von Cube „Analyse". „Um eine Entscheidung, eine Handlung, einen Sachverhalt oder allgemein ein System kritisieren zu können, ist – sofern die Struktur nicht schon offen zutage liegt – eine Analyse dieses Systems erforderlich. Man analysiert eine wissenschaftliche Abhandlung auf Widerspruchsfreiheit, Schlüssigkeit u.ä., einen Film auf Wertaussagen, auf Ziele, Strategien etc." (1977, S. 124) Im zweiten Schritt (Vergleich) „wird das System mit einem zugrundeliegenden Bezugssystem oder auch mit alternativen Bezugssystemen verglichen. Beispiele sind die Überprüfung von Aussagen anhand eines logisch-empirischen Bezugssystems, die Feststellung von Rechtschreibfehlern mit Hilfe festgesetzter Normen, die Feststellung, daß ein Wertsystem nicht mit dem eigenen oder anderen übereinstimmt." (S. 125) Nach dem Vergleich der beiden Systeme schließt sich dann im dritten Schritt die „Bewertung des zu kritisierenden Systems" an. „Die wissenschaftliche Abhandlung oder die Rechtschreibung führt im Vergleich zu der Beurteilung ‚richtig' oder ‚falsch'. Handelt es sich beim zugrundegelegten Raster um ein eigenes Wertsystem (z.B. um ein moralisches, politisches oder ästhetisches), so führt es sogleich zur Anerkennung oder Entwertung übereinstimmender bzw. nichtübereinstimmender Systeme." (Ebd.)

Diese drei Schritte seien auch bei der sogenannten „reflektierten" Kritik zu durchlaufen; aber sie unterscheide sich von der unreflektierten durch einen zusätzlichen vierten Schritt, durch die Reflexion des eigenen Bezugssystems. Während also bei der unreflektierten Kritik das eigene Bewertungs-

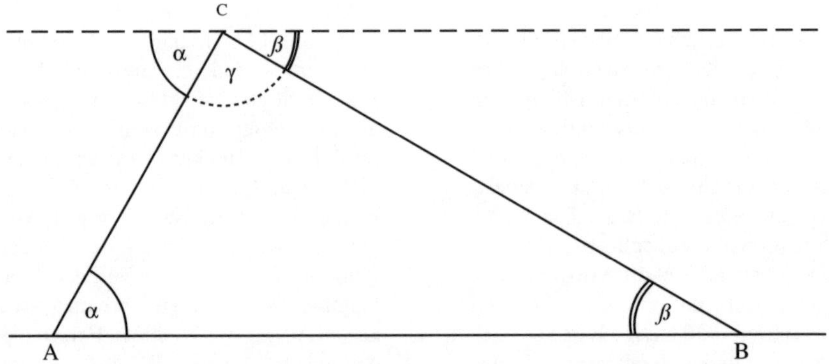

Abbildung 11 (Aus: Von Cube 1977, S. 25)

system „die absolute und unbedingte Instanz der Beurteilung“ ist, wird im vierten Schritt „das eigene Bezugssystem ... reflektiert und relativiert“. (von Cube 1977, S. 125) Reflexion bedeutet dabei, „daß der Kritiker sein Bezugssystem begründen und legitimieren kann“. (Ebd.)

Wie sind diese beiden Arten kritischen Verhaltens aus der Sicht der Informationstheorie zu deuten? Die unreflektierte kritische Haltung kommt der „Erzeugung von Sicherheit durch ein starres Bezugssystem“ gleich. „Oft wird dieses System noch zusätzlich durch Superzeichen (‚gut‘, ‚böse‘) vereinfacht und dadurch redundant gemacht.“ (von Cube 1982^4, S. 309) Während dort also Redundanz aufgebaut wird, ist bei der Erzeugung einer reflektierten kritischen Haltung das Gegenteil der Fall. Hier wird Redundanz vermindert, „schon gebildete (selbstverständliche) Superzeichen werden differenziert und problematisiert“. (Ebd.) Denn „die Bildung von Alternativen heißt ja zunächst einmal die Erweiterung des Repertoires. Der Adressat erfährt, daß es auch andere Möglichkeiten gibt, z.B. andere Rollen, andere Bewertungen, andere Positionen etc. Schon durch die größere Anzahl von Elementen wird aber die Information der eigenen Position erhöht“ (S. 310), die Redundanz also vermindert. Diese wenigen Andeutungen zeigen, daß es durchaus möglich ist, den Vorgang kritischer Reflexion in die Terminologie der Informationstheorie umzusetzen. Eine mathematische Formulierung, wie sie an sich angestrebt wird, findet sich bei von Cube nicht. Offensichtlich scheint diese nicht möglich zu sein.

Für die Unterrichtspraxis ergeben sich aus der *formalen* Struktur der erläuterten kritischen Verhaltensweisen zwei unterschiedliche Strategien. Will man es bei der unreflektierten kritischen Haltung belassen, so genügt es, „die Durchführung von Analysen zu trainieren“. (von Cube 1977, S. 126) Bei Textanalysen hätte der Schüler z.B. danach zu fragen, „warum ein Autor diese oder jene Aussage macht, welche Interessen er verfolgt, wem die Aussage nützt, welche Konsequenzen sie hat“. (Ebd.) Derartige Analysen sind für von Cube „ohne jeden Zweifel Voraussetzung für eine kritische Haltung, und es ist auch anzunehmen, daß der Adressat durch eine ständige Wiederholung die Gewohnheit annimmt, nach solchen Fragen zu verfahren“. (Ebd.) Soll zudem auch die Reflexion des eigenen Bezugssystems angestrebt werden, dann muß die Strategie darauf hinauslaufen, das selbstvertändliche Wertsystem des Schülers zu relativieren. „Um dies zu erreichen, kann der Adressat mit einem ungewohnten, abweichenden Wertsystem konfrontiert werden. Die Abweichung darf allerdings nicht so weit gehen, daß der Adressat die Aussagen nicht mehr ernstnimmt; er muß nur überrascht werden, vielleicht wütend, enttäuscht oder verwundert.“ (S. 127)

Als „hervorragendes“ Beispiel für das Infragestellen eines gewohnten Denk- und Wertesystems führt von Cube die Parabel „Der hilflose Knabe“ von B. Brecht an (s. 1982^4, S. 309). In dieser Parabel klagt ein kleiner Junge einem vorübergehenden Mann weinend seinen Kummer; man habe ihm einen seiner zwei Groschen entrissen, mit denen er einen Kinobesuch finanzieren wollte. Als er um Hilfe geschrieen habe, sei er von niemandem gehört worden. Die Frage, ob er denn nicht lauter schreien könne, muß der Junge resigniert verneinen. Daraufhin nimmt der Mann dem Jungen den zweiten Groschen und geht weiter. Der Ausgang der Parabel überrascht zunächst, denn die gängigen Denkschemata hätten vermuten lassen, daß der Mann dem Jungen einen zweiten Groschen geschenkt hätte. Aber auf diese Erschütterung des gewohnten Wertesystems kommt es Brecht mit seiner bekannten Verfremdungstaktik an. Bei der Behandlung dieser Parabel im Unterricht wären die vier oben aufgeführten Schritte zu durchlaufen: Das Erkennen des Handlungszusammenhanges (1. Stufe) und der Vergleich (2. Stufe) mit dem Wertesystem des Schülers fordert eine entsprechende Bewertung (3. Stufe) heraus. Durch den Hinweis auf den einleitenden Satz der Parabel („Herr Keuner sprach über die Unart, erlittenes Unrecht stillschweigend in sich hineinzufressen“) wird der Schüler angeregt zu reflektieren (4. Stufe), inwiefern er seinen voreiligen Schluß revidieren und seine moralischen Beurteilungskriterien erweitern und differenzieren muß.

Kontrollfragen:

1. Nennen Sie die beiden zentralen Vorwürfe, die Brezinka gegen die traditionelle Pädagogik erhebt?
2. Worin besteht nach Brezinka der Hauptproblemkreis der Erziehungswissenschaft?
3. Inwieweit können Theorien zur Lösung „erziehungstechnologischer Probleme“ herangezogen werden?
4. Worin liegt der Unterschied zwischen einer Erklärung, einer Prognose und der technologischen Anwendung einer Theorie?
5. Welche Aufgabe fällt der Erziehungswissenschaft nach Brezinkas Auffassung von Erziehung zu?
6. Welcher wissenschaftstheoretische Standpunkt liegt von Cubes Auffassung von Erziehungswissenschaft zugrunde?
7. Was ist nach von Cube die Aufgabe der Didaktik?

11. Kapitel

Der Kritische Rationalismus

Überblick:

In diesem Kapitel wird die Wahrheitsfrage untersucht: Wie sicher ist eigentlich wissenschaftliches Wissen? Dazu knüpfen wir an Überlegungen von Hans Albert, einem der einflußreichsten deutschen Wissenschaftstheoretiker der Nachkriegszeit, an. Das Ergebnis seiner Erörterung lautet, daß es kein sicheres Wissen geben kann!

Es werden grundsätzliche Aspekte einer deduktiven Argumentation aufgezeigt sowie nach der Bedeutung der Logik für das Problem der Wahrheit gefragt.

Die Suche nach Wahrheit oder Gewißheit führt zum sog. „Münchhausen-Trilemma".

Im Anschluß an die Position Hans Alberts wird die von Karl Raimund Popper begründete Wissenschaftslehre des „Kritischen Rationalismus" erörtert.

Wie sicher ist „wissenschaftliches Wissen“?
Oder: Das „Münchhausentrilemma“ (H. Albert)

An die Qualität wissenschaftlichen Wissens stellen wir hohe Ansprüche. In Abgrenzung zum Alltagswissen soll es nicht irgendwelche subjektiven Ansichten widerspiegeln, sondern systematisch geordnet und methodisch abgesichert sein. Dieses Streben nach Sicherheit der Erkenntnis ist seit der antiken Philosophie bis in die heutige Zeit hinein immer wieder in der Frage nach der *Wahrheit* von Erkenntnis zum Ausdruck gekommen. In seinem Buch „Traktat über kritische Vernunft“ (1968; hier zitiert nach der 4. Aufl. 1980[4]) hat Hans Albert, einer der einflußreichsten deutschen Wissenschaftstheoretiker der Nachkriegszeit, dieses Streben nach Sicherheit, nach Wahrheit, das „Problem der Begründung“ (1980[4], S. 8) genannt und entsprechende Überlegungen zur Lösung dieses Problems angestellt. Das Ergebnis seiner Erwägungen lautet: *Es gibt kein sicheres Wissen!*

Zur Stützung dieser provokant erscheinenden These geht Albert davon aus, daß eine zureichende Begründung von Wissen nur auf der Basis logisch gültiger Argumente erfolgen kann. Die formale Logik lehrt, wie ein gültiges deduktives Argument auszusehen hat. Machen wir uns das an dem Beispiel deutlich, das uns aus der Beschäftigung mit der von Wolfgang Brezinka vertretenen empirischen Pädagogik bereits bekannt ist. In diesem Beispiel ging es darum, daß zwei verfeindete Gruppen Jugendlicher zu gemeinsamen friedlichen Aktivitäten bewegt werden sollten. Wir hatten zur Erklärung bzw. Prognose des gewünschten Verhaltens ein deduktiv-nomologisches Schema formuliert:

Gesetzeshypothese:
Wenn Mitglieder verfeindeter Gruppen in Situationen gemeinsamen Erlebens und Handelns kommen, dann wird gegenseitige Feindseligkeit abgebaut und es entsteht ein gemeinsames Wir-Erlebnis.

Singuläre Sätze:
Es gibt am Ort O zur Zeit t zwei miteinander verfeindete Kleingruppen A und B.
Die Kleingruppen A und B kommen in die Situation gemeinsamen Erlebens und Handelns $S_1 - S_2$ (Wettkampf gegen gemeinsame Gegner usw.).

Singulärer Schlußsatz (Konklusion):
Die Mitglieder der verfeindeten Kleingruppen A und B bauen gegenseitige Feindseligkeit ab und bilden ein gemeinsames Wir-Gefühl aus.

An diesem Schema lassen sich zwei grundsätzliche Aspekte einer deduktiven Argumentation verdeutlichen:

1. „Durch logische Folgerung kann niemals Gehalt gewonnen werden.“ (Albert, ebd., S. 12) Der im Explanandum auftretende singuläre Satz, die Konklusion, ergibt sich aus den Prämissen; es ergibt sich also nichts Neues. Mit anderen Worten: Eine deduktiv-logische Begründung produziert kein empirisches Wissen.
2. Die Deduktion selbst hat keine Bedeutung für den Wahrheitsgehalt der angeführten Sätze. Sie kann also logisch korrekt sein, obwohl der empirische Wahrheitsgehalt der Prämissen (Explanans) ganz oder zum Teil falsch und der Wahrheitsgehalt der Konklusion wahr oder falsch ist. Ein einfaches Beispiel für ein deduktiv gültiges Argument, dessen Gehalt aber nicht in allen Komponenten wahr ist, wäre:

   Alle Menschen sind unsterblich.
   (falsche Aussage)
   X ist ein Mensch. (wahre Aussage)

   X ist unsterblich. (falsche Aussage)

Das Beispiel macht überdies zwei weitere grundlegende Aspekte deutlich: Ist der Wahrheitswert der Konklusion negativ (wie in unserem Beispiel), dann ist auch der Wahrheitswert mindestens einer der Prämissen negativ. Ist der Wahrheitswert in allen Teilen der Prämissen positiv, dann ist auch der Wahrheitswert der Konklusion positiv. D.h.: Der positive Wahrheitswert ist *übertragbar* durch logische Folgerung.

Vor dem Hintergrund dieser fundamentalen Sachverhalte fragt Albert nun nach der Bedeutung der Logik für das *Problem der Begründung*. Wenn der *positive* Wahrheitswert der Prämissen übertragbar ist durch logische Folgerung, dann liegt „die Idee nahe, die Begründung einer Überzeugung ... durch Rückführung auf sichere – und damit unbezweifelbare – Gründe mit logischen Mitteln ... zu erreichen.“ (Ebd., S. 12f.)

Wenn man aber „für *alles* eine Begründung verlangt, muß man auch für die Erkenntnisse, auf die man jeweils die zu begründende Auffassung – bzw. die betreffende Aussagen-Menge – zurückgeführt hat, wieder eine Begründung verlangen“. (ebd., S. 13)

Verdeutlichen wir uns eine solche Begründungskette an dem Beispiel aus der Pädagogik Brezinkas, wobei wir auf eine detaillierte logische Ableitung unter Beachtung aller notwendigen (zusätzlichen) generellen Prämissen und Antecedenzbedingungen verzichten, dann könnte eine fiktive (!) Begründungskette etwa so lauten:

1. Immer wenn sich verfeindete Gruppen gegenüberstehen, kann man diese Feindschaft dadurch abbauen, daß man diese Menschen in Situationen versetzt, in denen sie gezwungen sind, gemeinsam zu handeln.

↓

Warum zeigen gemeinsame Aktivitäten diese Wirkungen?

↓

2. Gemeinsame Aktivitäten bewirken, daß man die positiven Eigenschaften anderer kennenlernt und diese stärker gewichtet als die negativen.

↓

Warum gewichtet der Mensch positive Eigenschaften anderer stärker als deren negative?

↓

3. Positive Eigenschaften anderer werden stärker als negative gewichtet, weil sie uns selbst Hoffnung/Zuversicht für das Gelingen eigener Handlungen geben.

↓

Warum braucht man Hoffnung auf Erfolg seiner Handlungen?

↓

4. Aussicht auf Erfolg des Handelns unterstützt den Menschen in seiner Eigenschaft als handelndes Wesen.

Wir brechen das fiktive Begründungsverfahren hier ab, weil wir ahnen, welche Probleme seine Weiterführung impliziert: Es

„führt zu einer Situation mit drei Alternativen, die alle drei unakzeptabel erscheinen, also: zu einem Trilemma, das ich angesichts der Analogie, die zwischen unserer Problematik und dem Problem besteht, das der bekannte Lügenbaron einmal zu lösen hatte, das *Münchhausen-Trilemma* nennen möchte. Man hat hier offenbar nämlich nur die Wahl zwischen:
1. einem *infiniten Regreß*, der durch die Notwendigkeit gegeben erscheint, in der Suche nach Gründen immer weiter zurückzugehen, der aber praktisch nicht durchzuführen ist und daher keine sichere Grundlage liefert;
2. einem *logischen Zirkel* in der Deduktion, der dadurch entsteht, daß man im Begründungsverfahren auf Aussagen zurückgreift, die vorher schon als begründungsbedürftig aufgetreten waren, und der, weil logisch fehlerhaft, ebenfalls zu keiner sicheren Grundlage führt; und schließlich:
3. einem *Abbruch des Verfahrens* an einem bestimmten Punkt, der zwar prinzipiell durchführbar erscheint, aber eine willkürliche Suspendierung des Prinzips der zureichenden Begründung involvieren würde.

Da sowohl ein infiniter Regreß als auch ein logischer Zirkel offensichtlich inakzeptabel zu sein scheint, besteht die Neigung, die dritte Möglichkeit, den Abbruch des Verfahrens, schon deshalb zu akzeptieren, weil ein anderer Ausweg aus dieser Situation für unmöglich gehalten wird." (Ebd., S. 13)

Mit dem Abbruch des Begründungsverfahrens stellt sich aber das Problem, daß die zuletzt angeführte Begründung selbst nicht mehr als begründungsbedürftig angesehen und für sie Evidenz bzw. Wahrheit beansprucht wird. Eine solche Behauptung, „deren *Wahrheit gewiß* und die daher *nicht der Begründung bedürftig* ist", nennt Albert ein „Dogma". So *scheint* die „Suche nach einem archimedischen Punkt der Erkenntnis" (ebd., S. 14) im Dogmatismus zu enden.

Man muß sich diese Situation in ihrer Radikalität für das wissenschaftstheoretische Denken klar machen, um Alberts Vorschlag einer Umgehung dieser Situation akzeptieren zu können: Die Suche nach Gewißheit endet im Dogmatismus; wer aber kein Dogmatiker sein will, für den macht die Suche nach *Wahrheit*, die Suche nach einem unfehlbaren Fundament der Erkenntnis keinen Sinn mehr, für den gibt es also kein sicheres Wissen mehr. Ihm bleibt nur die Möglichkeit, so der Vorschlag H. Alberts, „an die Stelle der Begründungsidee die *Idee der kritischen Prüfung*" (S. 35) zu setzen. Diese Idee der kritischen Prüfung weist jeden Unfehlbarkeitsanspruch irgendeiner „wissenschaftlichen" Theorie zurück zugunsten eines „konsequenten *Fallibilismus*" bzw. eines „*konsequenten Kritizismus*" (ebd.). Da ein solcher Kritizismus selbst kein willkürliches Verfahren sein kann, sondern *rational* durch Einhaltung methodologischer Regeln erfolgen muß, nennt Albert diese Auffassung von Philosophie bzw. Erkenntnistheorie *„Kritischen Rationalismus"*.* (Ebd., S. 47)

Im folgenden wollen wir uns mit dem Verfahren und den methodologischen Regeln der rationalen Kritik eingehender befassen.

Die deduktive Prüfung von Theorien (K.R. Popper)

Das von H. Albert beschriebene *Münchhausen-Trilemma* hat uns zu einer entscheidenden Erkenntnis geführt: Man kann Theorien nicht positiv rechtfertigen, ihre Wahrheit also nicht beweisen. Diese Erkenntnis teilt auch der Philosoph Karl Raimund Popper (1902-1994), mit dessen Wissenschaftstheorie wir uns in diesem Kapitel befassen wollen. K.R. Popper hatte an der Universität Wien Mathematik, Physik und Philosophie studiert; nach seiner Promotion (1928) war er zunächst Hauptschullehrer für Mathematik und Physik. Seine wissenschaftliche Karriere begann 1934 mit der Veröffentlichung seines wohl bekanntesten Werkes, der „Logik der Forschung" (hier zitiert nach der sechsten Auflage, 1976^6). 1936 nahm er einen Lehrauftrag am Canterbury College in Christchurch, New Zealand, an; von 1945 bis 1969 lehrte er als Professor für Logik und Wissenschaftliche Methode an der London School of Economics and Political Science.

In der „Logik der Forschung" setzt Poppers Argumentation am sogenannten *Induktionsproblem* an. Dieses Problem besteht in der Frage, „ob und wann induktive Schlüsse berechtigt sind" (Popper 1976^6, S. 3):

„Die empirischen Wissenschaften können nach einer weit verbreiteten, von uns aber nicht geteilten Auffassung durch die sogenannte induktive Methode charakterisiert werden; Forschungslogik wäre demnach Induktionslogik, wäre logische Analyse dieser induktiven Methode.

Als induktiven Schluß oder Induktionsschluß pflegt man einen Schluß von *besonderen Sätzen*, die z.B. Beobachtungen, Experimente usw. beschreiben, auf *allgemeine Sätze*, auf Hypothesen oder Theorien zu bezeichnen.

Nun ist es aber nichts weniger als selbstverständlich, daß wir logisch berechtigt sein sollen, von besonderen Sätzen, und seien es noch so viele, auf allgemeine Sätze zu schließen. Ein solcher Schluß kann sich ja immer als falsch erweisen: Bekanntlich berechtigen uns noch so viele Beobachtungen von weißen Schwänen nicht zu dem Satz, daß *alle* Schwäne weiß sind." (Ebd., S. 3)

Verdeutlichen wir uns dieses Induktionsproblem am Beispiel der Beobachtungen des Arztes Semmelweis. Die sich immer wieder bestätigende Erfahrung, daß „Leichensubstanz" das Kindbettfieber verursachte, und die ergriffene Gegenmaßnahme (Desinfektion) hatten Semmelweis davon überzeugt, daß seine Theorie wahr sei. Genau diesen Anspruch dürfte er nach Popper aber nicht erheben, weil die Zukunft durchaus andere Fakten erbringen könnte. Die Geschichte der einzelnen Wissenschaften zeigt eine Fülle von Beispielen für den Sachverhalt, daß ehemals als sicher geltendes Wissen durch neue Entdeckungen revidiert werden mußte. Die Ablösung des geozentrischen Weltbildes durch das heliozentrische ist eines der eindrucksvollsten Belege für diesen Sachverhalt.

Solche Revisionen des Wissens sind für uns vom gegenwärtigen Standpunkt aus gesehen nicht sonderlich beunruhigend; wir blicken gelassen in die Vergangenheit, belächeln eventuell ehemals etablierte und nun als falsch erwiesene Theorien. Hinter dieser Gelassenheit mag unausgesprochen die trügerische Ansicht stecken, daß wir mit unserem *heutigen* Wissen „auf der sicheren Seite stehen". Genau das ist aber nicht der Fall: Was heute noch als vermeintlich sicher gilt, kann morgen schon widerlegt sein. Diese Ungewißheit der Zukunft führte Popper zu der These: *„Alle Theorien sind Hypothesen*; alle *können* umgestoßen werden." (1974^2, S. 42)

Wenn Popper mit diesen Worten den mit einer Theorie erhobenen Anspruch auf Wahrheit ablehnt, dann meint „Wahrheit" soviel wie „Sicherheit". Das bedeutet aber keinesfalls, „daß die Suche nach Wahrheit aufgegeben werden sollte: unsere kritischen Diskussionen der Theorien sind von dem Gedanken beherrscht, eine wahre (und leistungsfähige) erklärende Theorie zu finden; und *wir rechtfertigen unsere Bevorzugungen durch Berufung auf die Idee der Wahrheit*: sie spielt die Rolle einer regulativen Idee. *Wir prüfen auf Wahrheit*, indem wir das Falsche ausscheiden." (1974^2, S. 42)

Die Aufgabe der Wissenschaftstheorie besteht demnach darin, methodologische Regeln für die kritische Prüfung von Theorien anzugeben (1974^2, S. 43), die es jedermann ermöglichen sollen, *rationale Kritik* zu üben bzw. nachzuvollziehen. Auch Popper versteht, ebenso wie Albert, Wissenschaftslehre als *Kritischen Rationalismus*.

Der Ablehnung der induktiven Rechtfertigung setzt Popper nun die *deduktive Überprüfung* von Theorien entgegen. Sie verläuft nach folgenden methodologischen Regeln:

„Aus der vorläufig unbegründeten Antizipation, dem Einfall, der Hypothese, dem theoretischen System, werden auf logisch-deduktivem Weg Folgerungen abgeleitet; diese werden untereinander und mit anderen Sätzen verglichen, indem man feststellt, welche logischen Beziehungen (z.B. Äquivalenz, Ableitbarkeit, Vereinbarkeit, Widerspruch) zwischen ihnen bestehen.

Dabei lassen sich insbesondere vier Richtungen unterscheiden, nach denen die Prüfung durchgeführt wird: der logische Vergleich der Folgerungen untereinander, durch den das System auf seine innere Widerspruchslosigkeit hin zu untersuchen ist; eine Untersuchung der logischen Form der Theorie mit dem Ziel, festzustellen, ob es den Charakter einer empirisch-wissenschaftlichen Theorie hat, also z.B. nicht tautologisch ist; der Vergleich mit anderen Theorien, um unter anderem festzustellen, ob die zu prüfende Theorie, falls sie sich in den verschiedenen Prüfungen bewähren sollte, als wissenschaftlicher Fortschritt zu bewerten wäre; schließlich die Prüfung durch ‚empirische Anwendung' der abgeleiteten Folgerungen.

Diese letzte Prüfung soll feststellen, ob sich das Neue, das die Theorie behauptet, auch praktisch bewährt, etwa in wissenschaftlichen Experimenten oder in der technisch-praktischen Anwendung. Auch hier ist das Prüfungsverfahren ein deduktives: Aus dem System werden (unter Verwendung bereits anerkannter Sätze) empirisch möglichst leicht nachprüfbare bzw. anwendbare singuläre Folgerungen (‚Prognosen') deduziert und aus diesen insbesondere diejenigen ausgewählt, die aus bekannten Systemen nicht ableitbar sind bzw. mit ihnen in Widerspruch stehen. Über diese – und andere – Folgerungen wird nun im Zusammenhang mit der praktischen Anwendung, den Experimenten usw., entschieden. Fällt die Entscheidung positiv aus, werden die singulären Folgerungen anerkannt, *verifiziert*, so hat das System die Prüfung vorläufig bestanden; wir haben keinen Anlaß, es zu verwerfen. Fällt eine Entscheidung negativ aus, werden Folgerungen *falsifiziert*, so trifft ihre Falsifikation auch das System, aus dem sie deduziert wurden.

Die positive Entscheidung kann das System immer nur vorläufig stützen; es kann durch spätere negative Entscheidungen immer wieder umgestoßen werden. Solange ein System eingehenden und strengen deduktiven Nachprüfungen standhält und durch die fortschreitende Entwicklung der Wissenschaft nicht überholt wird, sagen wir, daß es sich *bewährt*.

Induktionslogische Elemente treten in dem hier skizzierten Verfahren nicht auf; niemals schließen wir von der Geltung der singulären Sätze auf die der Theorien. Auch durch ihre verifizierten Folgerungen können Theorien niemals als ‚wahr' oder auch nur als ‚wahrscheinlich' erwiesen werden." (1976^6, S. 7f.)

Versuchen wir nun an Beispielen, diese methodologischen Regeln zu konkretisieren.

a) Untersuchung auf innere Widerspruchsfreiheit:
Das Grundgesetz des Operanten Konditionierens nach Skinner lautet: „Immer wenn auf ein Verhalten x ein Verstärker y folgt, erhöht sich die Auftretenswahrscheinlichkeit von x." Wenn Lob als Verstärker definiert wäre, dann würde die Behauptung, daß Lob die Auftretenswahrscheinlichkeit von Verhalten nicht erhöht, im Widerspruch zum Grundgesetz des Operanten Konditionierens stehen.

b) Nachweis des empirischen Charakters der Theorie:
Popper weist insbesondere darauf hin, daß Theorien nicht tautologisch formuliert sein dürfen und führt als Beispiel dazu den Satz an: „Hier wird es morgen regnen oder auch nicht regnen." (1976^6, S. 15) Die Bezeichnung dieses Satzes als tautologisch mag auf den ersten Blick ungeeignet sein; tautologisch meint ja, daß ein Sachverhalt sprachlich verdoppelt wiedergegeben wird (Der weiße Schimmel, einzig und allein). Da es Popper aber um den möglichen Wahrheitsgehalt der Aussagen geht, macht der Ausdruck „tautologisch" hier Sinn: Es kann sein, daß es morgen regnet, es kann aber auch das Gegenteil eintreten; der Satz ist also so oder so wahr. Das liegt daran, daß es sich um einen partikularen Satz handelt; ein partikularer Satz ist aber kein empirischer Satz, da er nicht widerlegbar ist, wohl aber der Satz: „Hier wird es morgen regnen." (Ebd.)

Flechten wir an dieser Stelle eine kurze Übung ein. Sind die folgenden „Hypothesen" empirisch prüfbar?

a) Alle Metalle dehnen sich bei Erwärmung aus.
b) Es gibt einige Metalle, die sich bei Erwärmung ausdehnen.
c) Metalle können sich bei Erwärmung ausdehnen oder auch nicht.
d) Nur Kupfer dehnt sich bei Erwärmung aus.
e) Metalle dehnen sich unter Einfluß magischer Kräfte aus.
f) Durch Erwärmung dehnen sich Metalle manchmal aus.

Die Sätze b, c und f sind tautologische bzw. partikuläre Sätze; Satz e ist empirisch nicht überprüfbar. Die Sätze a und d sind generelle Sätze, die empirisch überprüfbar sind. (Es geht in d um die *prinzipiell nachprüfbare* Behauptung, daß sich alle kupfernen Gegenstände bei Erwärmung ausdehnen, und nicht darum, ob der Satz, diese „Theorie" richtig ist. Wir müssen also immer die *Möglichkeit* der Prüfung – nicht ihr Resultat – bei der Beurteilung solcher Sätze im Auge haben.)

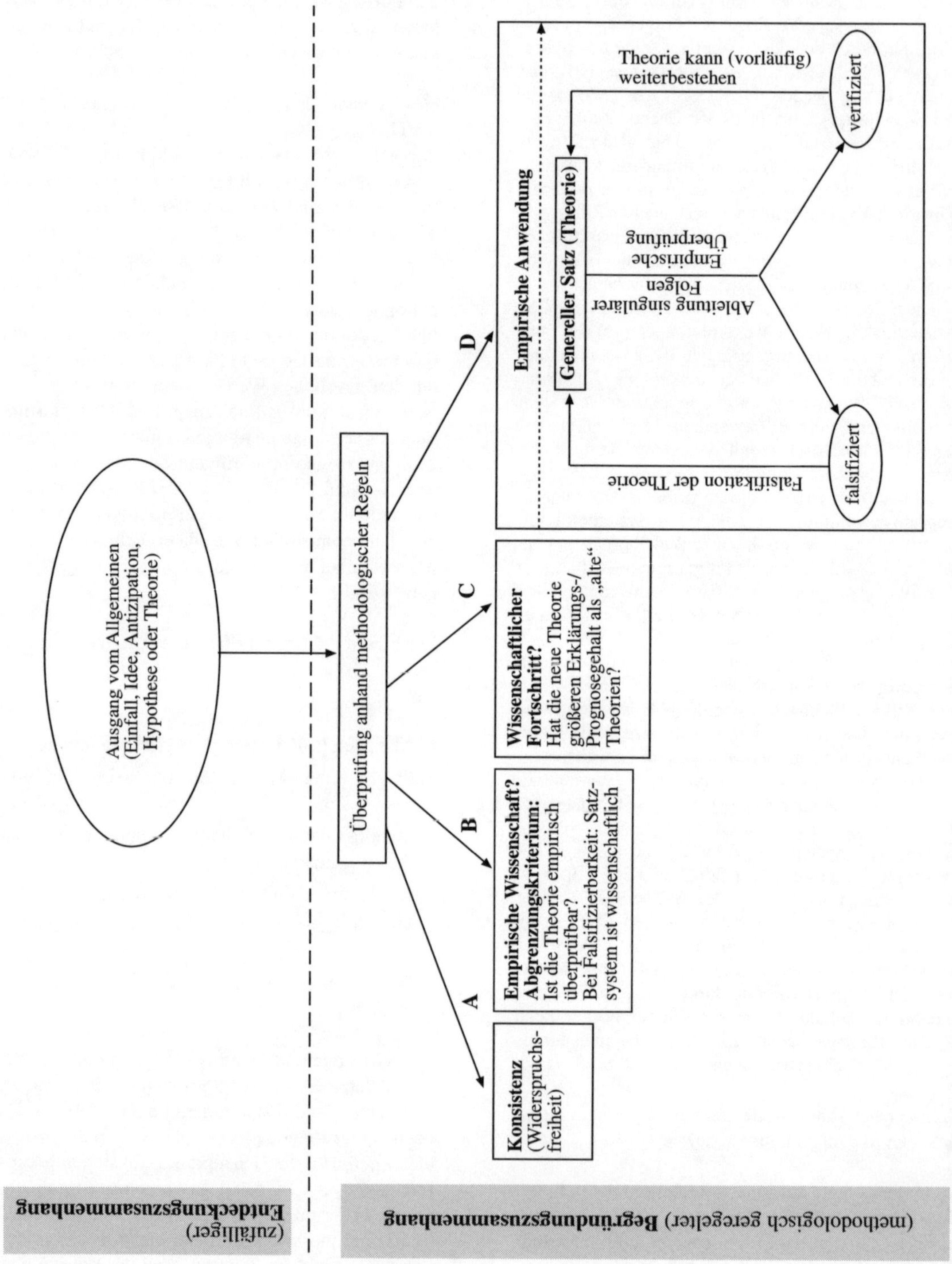

Abbildung 12: Poppers Falsifikationsprinzip

c) Nachweis des wissenschaftlichen Fortschritts einer Theorie gegenüber einer anderen (bzw. anderen Theorien):

Erinnern wir uns an die von Semmelweis getesteten Hypothesen! Seine Theorie stellte insofern einen Fortschritt gegenüber anderen Hypothesen (laterale Lage bei der Entbindung, unterschiedliche Verpflegung usw.) dar, weil sie die Infektionen erklären konnte. Ein Vergleich der Skinnerschen Lerntheorie mit anderen Lerntheorien ist uns aufgrund der bisherigen Ausführungen noch nicht möglich. Wir werden sie später mit einer kognitionspsychologischen Lerntheorie vergleichen und dabei feststellen, daß diese Theorie einen größeren empirischen Gehalt als die Skinnersche hat, weil sie weitaus mehr bzw. andere Lernphänomene erklären kann. Das heliozentrische Modell ist ein Fortschritt gegenüber dem geozentrischen. Letzteres kann zwar z.B. sehr einleuchtend den „Auf- und Untergang" der Sonne erklären (Man „sieht" ja geradezu, wie die Sonne im Osten aufgeht und im Westen untergeht.), es kann aber nicht den Wechsel der Jahreszeiten erklären. Das heliozentrische Modell kann dagegen beide stringent erklären.

d) Prüfung durch „empirische Anwendung" der Theorie:

Diese vierte Prüfung ist immer gekoppelt an einen empirischen Test. Die Anweisungen von Semmelweis an die Studenten, sich vor der Behandlung der in Wehen liegenden Frauen die Hände zu desinfizieren, und die anschließenden Beobachtungen sind z.B. als solch ein Test anzusehen. Oder: Wenn Skinner während seiner Vorlesungen seinen Studenten zeigte, wie man einer Taube das Picken gegen eine Scheibe beibringt, dann war dies ein empirischer Test seiner Theorie.

Wir wollen diese vierte methodologische Regel (Prüfe eine Theorie durch empirische Anwendung!) noch etwas genauer betrachten. Das grundsätzliche Vorgehen nach dieser Regel besteht darin, aus einer Theorie (einem generellen Satz) singuläre Folgen (singuläre Sätze) abzuleiten und diese Folgen dann empirisch zu überprüfen. Auf die Skinnersche Lerntheorie angewandt, *könnte* die Ableitung z.B. so lauten:

Theorie:
Immer wenn auf ein Verhalten ein Verstärker folgt, erhöht sich die Auftretenswahrscheinlichkeit des Verhaltens. Und:
Lob wirkt als Verstärker.

Antecedensbedingung:
Schüler A wird für das Verhalten x gelobt.

Folge (Prognose):
Schüler A wird das Verhalten x häufiger zeigen.

Zeigt ein entsprechend angelegtes Experiment nun, daß das Verhalten x in Zukunft häufiger auftritt, dann ist die Theorie nicht widerlegt. Fällt der empirische Test negativ aus, ist die Theorie widerlegt. Entscheidend ist für Popper also, daß Theorien *widerlegbar* oder, wie er sagt, *falsifizierbar* sein müssen. Falsifizierbarkeit ist deshalb das *Abgrenzungskriterium*, nach dem entschieden wird, ob ein Satzsystem (eine Theorie) wissenschaftlich ist oder nicht. Wenn wir an dieser Stelle noch einmal Bezug auf die drei bereits eingeführten Satzarten (singuläre, partikuläre und generelle Sätze) nehmen, dann kann im Hinblick auf deren Falsifizierbarkeit bzw. Verifizierbarkeit festgehalten werden:

➪ Singuläre Sätze sind falsifizierbar *und* verifizierbar.

Die Prognose „Schüler A wird das Verhalten x häufiger zeigen" kann eintreffen oder nicht.

➪ Partikuläre Sätze sind verifizierbar, aber nicht falsifizierbar.

Der Satz „Manchmal wirkt Lob als Verstärker" ist verifizierbar, denn es könnte sich in einem konkreten Fall zeigen, daß Lob entsprechend wirkt. Würde sich das Gegenteil erweisen, so wäre dadurch der partikuläre Satz nicht falsifiziert, da ja nicht behauptet wurde, daß Lob in jedem Fall als Verstärker wirkt.

➪ Generelle Sätze sind falsifizierbar, aber nicht verifizierbar.

Wirkt Lob im herangezogenen Beispiel nicht als Verstärker, ist die Theorie falsifiziert. Im umgekehrten Fall ist die Theorie nicht verifiziert (aber vorläufig bewährt), weil in künftigen Situationen durchaus der negative Fall eintreten könnte.

	falsifizierbar	verifizierbar
Singuläre Sätze	+	+
Partikuläre Sätze	–	+
Generelle Sätze	+	–

Zusammenfassend dürfen wir festhalten: Wissenschaftliche Theorien *müssen* als generelle Sätze formuliert sein.

In einer kurzen Übungseinheit wollen wir diese Einsicht ein wenig vertiefen.

Welche der folgenden Sätze sind falsifizierbar bzw. verifizierbar?

	falsifizierbar	verifizierbar
Eisen ist magnetisierbar.		
Immer dann, wenn auf ein Verhalten X ein Verstärker Y folgt, erhöht sich die Auftretenswahrscheinlichkeit von X.		
Die Klasse 5c ist in Mathematik besser als die Klasse 5d.		
In einigen Fällen erweist sich Lob als Verstärker.		
Alle Kleinkinder reagieren positiv auf Musik.		
Es gibt Schüler, die mehr wissen als ihre Lehrer.		
Petra wollte gestern nichts mehr von mir wissen.		
Einige Mitmenschen haben ihre Kindheitserlebnisse besonders gut verdrängt.		
Jeder Schüler nimmt ein Pausenbrot mit in die Schule.		
Es gibt kein perpetuum mobile.		
In Deutschland gibt es keine Analphabeten.		
Generell gilt: Schüler reagieren auf Lob positiv.		
Viele Jugendliche lesen ‚Bravo'.		
Man behält sinnvolles sprachliches Material besser als sinnloses.		
Alle Raucher (die hinreichend viele Zigaretten konsumieren) erkranken an Kreislauf, Magen und Herz.		
Menschen können manchmal sehr grausam sein.		
Metalle dehnen sich bei Erwärmung aus.		

Kontrollfragen:

1. Welche zwei Charakteristika kennzeichnen eine deduktive Argumentation?
2. In welches Problem mündet der Versuch der zureichenden Begründung, also die Suche nach Gewißheit und Wahrheit der Erkenntnis?
3. Durch welche Idee glaubt Albert das Prinzip der Begründung überwunden zu haben, und warum nennt er seine Auffassung von Philosophie bzw. Erkenntnistheorie „Kritischen Rationalismus"?
4. Was versteht Popper unter dem sog. Induktionsproblem?
5. Wie können Theorien deduktiv geprüft werden?
6. Durch welches Abgrenzungskriterium will Popper wissenschaftliche von nichtwissenschaftlichen Aussagen unterscheiden?
7. Was gilt für die drei schon im 1. Kapitel vorgestellten Satzarten (singuläre, partikuläre und generelle Sätze) im Hinblick auf deren Falsifizierbarkeit bzw. Verifizierbarkeit?

12. Kapitel

Spielarten des Falsifikationismus

Dogmatischer, methodologischer und raffinierter Falsifikationismus

Überblick:

Es wird zunächst im Sinne Poppers versucht, ein Experiment zu konstruieren, das die Theorie des Operanten Konditionierens nach Skinner falsifiziert. Dazu werden Versuche des Lernpsychologen E. Tolman herangezogen.

Im zweiten Teil des Kapitels werden ausgewählte Probleme der Falsifizierbarkeit von Theorien dargestellt, indem nach einem Vorschlag von I. Lakatos zwischen drei möglichen Spielarten des Falsifikationismus – dem dogmatischen, dem methodologischen und dem raffinierten – unterschieden wird.

Die von Popper angegebenen methodologischen Regeln zur deduktiven Überprüfung von Theorien sind Anleitungen für die Arbeit des Wissenschaftlers. Als Theoretiker hat dieser die Aufgabe, Theorien zu formulieren oder zu kritisieren, auf die diese Regeln anwendbar sind. Die meisten Wissenschaftler sind in ihrer täglichen Arbeit allerdings weniger mit der Konstruktion und Weiterentwicklung von Theorien beschäftigt, sondern bemüht, wichtige Detailprobleme, wie z.B. die Erfindung von Meßapparaten oder die Verbesserung von Meßwerten, zu lösen. Nur wenige Wissenschaftler sind im Urteil Poppers jedoch „große Wissenschaftler" (1995, S. 103). „Große Wissenschaftler" charakterisiert er als

„Menschen mit mutigen Ideen, die aber ihren eigenen Ideen gegenüber höchst kritisch sind; sie versuchen herauszufinden, ob ihre Ideen richtig sind, indem sie versuchen herauszufinden, ob sie nicht vielleicht falsch sind. Sie arbeiten mit kühnen Vermutungen und strengen Widerlegungsversuchen ihrer eigenen Vermutungen...

Mutige Ideen sind neue, kühne Hypothesen oder Vermutungen. Und strenge Widerlegungsversuche sind strenge, kritische Diskussionen und strenge empirische Prüfungen.

Wann ist eine Vermutung kühn, und wann ist sie es in dem hier vorgeschlagenen Sinne nicht? Antwort: Sie ist dann und nur dann kühn, wenn sie ein großes Risiko eingeht, falsch zu sein – wenn die Dinge anders sein könnten, und wenn sie zu jener Zeit anders zu sein scheinen." (Popper 1995, S. 104)

Versuchen wir, uns nun in die Lage solch „mutiger" Menschen zu versetzen. Dabei wollen wir uns nicht die anspruchsvolle Aufgabe stellen, eine neue, bessere Theorie als die Skinnersche zu entwerfen, sondern zunächst einen Widerlegungsversuch unternehmen: Unsere Aufgabe lautet also: Wie könnte ein Experiment konstruiert sein, das die Theorie des Operanten Konditionierens falsifiziert?

In der einschlägigen lernpsychologischen Literatur finden wir Experimente, die von Edward Tolman (1886-1959) durchgeführt wurden und die im Widerspruch zu der Theorie Skinners zu stehen scheinen:

„Versuch A
In einem kreuzförmigen Labyrinth mußten zwei Gruppen von Ratten lernen, zu einem Futterplatz zu gelangen. Beide Gruppen wurden nach Zufallsfolge entweder bei S_1 oder bei S_2 eingesetzt. Die Tiere der Gruppe A fanden das Futter jedesmal, wenn sie sich im Kreuzungspunkt nach rechts wendeten: Beim Start von S_1 lag das Futter bei F_1, beim Start von S_2 bei F_2.

Gruppe B fand das Futter jedoch stets in F_1; starteten die Tiere von S_1, bedurfte es einer Rechtswendung, bei S_2 einer Linkswendung.

Gruppe B benötigte signifikant weniger Übungsdurchgänge, sie lernte deutlich schneller und besser als Gruppe A.

Versuch B
Drei Gruppen von Ratten hatten unter verschiedenen Bedingungen ein relativ schwieriges Labyrinth zu durchlaufen, und zwar über 17 Tage hinweg je einmal täglich.

Die Tiere der Gruppe 1 waren hungrig und erhielten in der Zielkammer eine kleine Menge Futter. Bei ihnen verringerte sich die Fehlerzahl beim Durchlaufen des Labyrinths stetig, wie das aus den Versuchen von Thorndike zu erwarten war. Die zweite Gruppe wurde 2 Stunden vor dem Start gefüttert; im Laby-

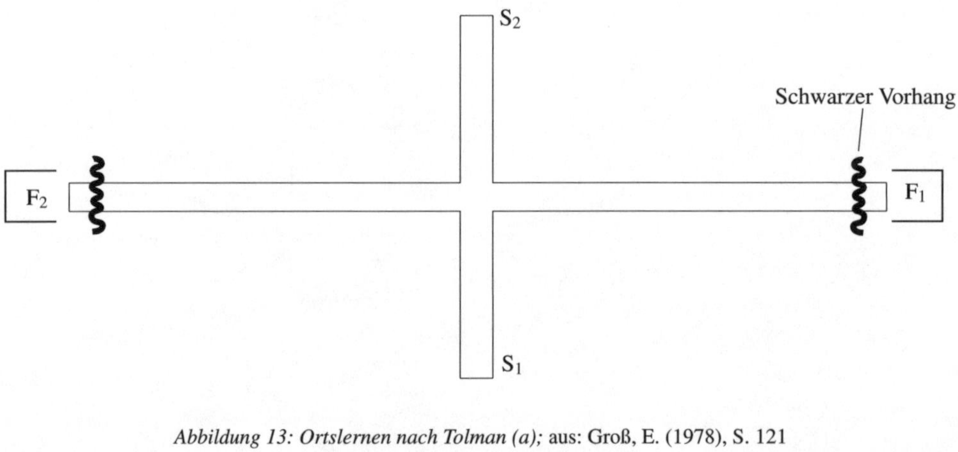

Abbildung 13: Ortslernen nach Tolman (a); aus: Groß, E. (1978), S. 121

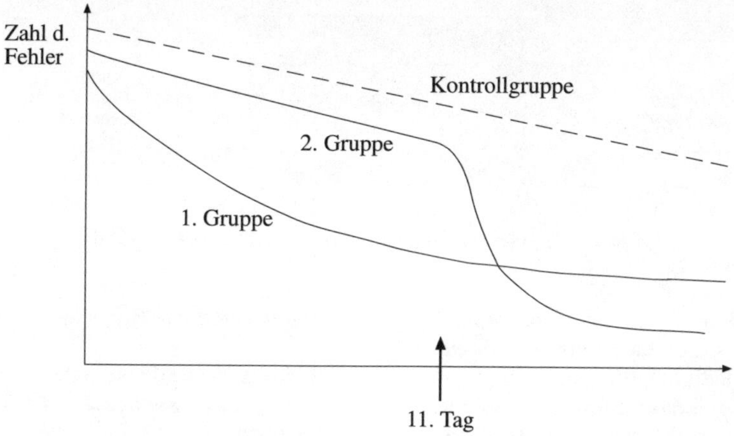

Abbildung 14: Ortslernen nach Tolman (b); aus: Groß, E. (1978), S. 122

rinth selbst erhielt sie in den ersten 10 Tagen keine Belohnung; die Fehlerzahl verringerte sich in dieser Zeit auch nur unwesentlich. Vom 11. Tag an erhielt nun auch diese Gruppe in der Zielkammer Futter, und schlagartig sank von da an die Fehlerzahl sogar noch unter diejenige der Gruppe 1, die bereits 10 Tage lang den richtigen Weg ‚geübt' hatte. Die 3. Gruppe fungierte als Kontrollgruppe; sie fand nie Futter in der Zielkammer.

Versuch C
Die Ratten hatten in einem oben offenen, aber hohen Labyrinth einen relativ schwierigen Weg zur Zielkammer (mit Belohnung) gelernt. Nun gab man ihnen Gelegenheit, in bestimmten Kammern nach oben auszusteigen, während das übrige Labyrinth mit Platten abgedeckt wurde. Die Ratten folgten nach dem Ausstieg nicht, wie man nach Thorndike hätte erwarten müssen, dem Verlauf der ‚unterirdischen' Gänge, sondern steuerten geradewegs (in Luftlinie) auf die Zielkammer zu, wo sie wieder einstiegen.

In anderen Versuchen konnten die Ratten auf Anhieb die jeweils kürzesten Umwege benützen, wenn der direkte Weg blockiert war, falls sie zuvor (ohne Belohnung) das Labyrinth ‚latent' kennengelernt hatten." (aus: Groß, E. (1978), S. 121-122)

Die hier geschilderten Experimente erinnern von ihrem Aufbau her zunächst an die Skinnersche Vorgehensweise: Die Ratten bekommen Futter, wenn sie das erwünschte Verhalten gezeigt haben; sie werden also verstärkt. Bleibt diese Verstärkung aus (s. Versuch B: Die 2. Gruppe der Versuchstiere erhielt zunächst kein Futter, und dementsprechend erhöhte sich auch nicht die Auftretenswahrscheinlichkeit des Verhaltens.), wird das gewünschte Verhalten nicht gezeigt.

Über diese Gemeinsamkeiten hinaus zeigen die Versuche aber auch Unerwartetes: Für den Versuch A wäre im Sinne der Skinnerschen Theorie zu erwarten gewesen, daß die Ratten der Gruppe A weniger Übungsdurchgänge benötigt hätten, denn sie hatten lediglich eine Rechtswendung zu erlernen. Diese Rechtswendung ist das operante Verhalten, das konditioniert wurde. Die Tiere der Gruppe B mußten je nach Startpunkt (S_1 oder S_2) eine Links- oder Rechtswendung vollziehen, um an das Futter zu kommen. Woher aber „wußten" die Tiere, welche Wendung die zum Erfolg führende war? Darf man so etwas wie eine räumliche „Vorstellung" vom kreuzförmigen Labyrinth vermuten?

Diese Annahme wird auch durch die Versuche B und C gestützt. In Versuch B hatte die 2. Gruppe der Tiere 10 Tage lang Gelegenheit, das Labyrinth „kennenzulernen". Die dabei gewonnenen Erfahrungen waren offensichtlich die Voraussetzung dafür, daß ab dem 11. Tag das erwünschte Verhalten „schlagartig" produziert werden konnte. Und Versuch C läßt auf einen „Plan" der Tiere schließen, in dem die verwinkelten Züge des Labyrinths zu einer räumlichen Einheit organisiert waren.

Derartige Versuchsergebnisse veranlaßten Tolman zur Revision der behavioristischen Sicht von Lernphänomenen. Er betrachtete die Skinnersche Theorie und andere S-R-Theorien (= Stimulus-Response-Theorien) aber *nicht* als falsifiziert, sondern modifizierte die sogenannte Blackbox-Vorstellung: Nach behavioristischer Sicht

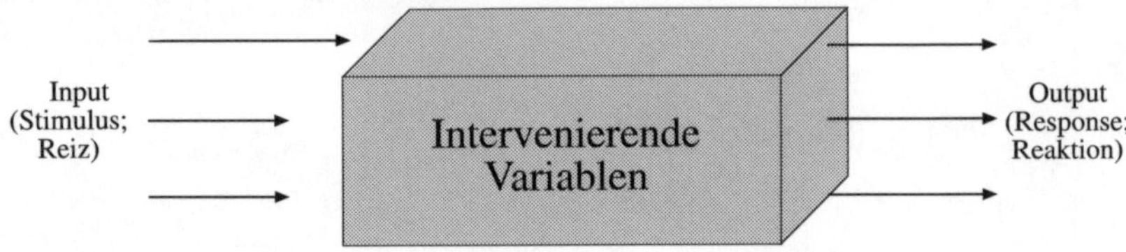

Abbildung 15: Intervenierende Variablen in der Theorie Tolmans

werden keine Spekulationen über innere Zustände (Freude, Trauer, Orientierungsvermögen) angestellt, sondern lediglich die auf einen Organismus wirkende Reizkonstellation (Input) und die dadurch verursachten Reaktionen (Output) registriert; das Innere des Organismus ist unzugänglich, eine *black box*.

An die Stelle der black box setzt Tolman sogenannte intervenierende Variablen (intervenire, lat. = dazwischentreten, vermitteln); sie stellen das notwendige Bindeglied zwischen den Input bildenden unabhängigen und den Output bildenden abhängigen Variablen dar. Für die oben geschilderten drei Versuche (A-C) kann man z.B. ein Orientierungsvermögen der Tiere als eine intervenierende Variable postulieren, durch die dann das gezeigte Verhalten, das Ergebnis der Versuche, erklärbar ist. Die ursprüngliche Theorie wird dadurch also nicht im strengen Sinne widerlegt, sondern erweitert bzw. modifiziert.

Nun könnte man die Tolmansche Theorie aufgrund der Änderung (Einführung von intervenierenden Variablen) im Vergleich zur Skinnerschen Theorie durchaus schon als eine andere, *neue* Theorie betrachten. Diese Betrachtungsweise hängt davon ab, wie stark man die Modifizierung wertet. Anders formuliert: Diese Wertung ist eine Antwort auf die Frage, ob die bisher etablierte Theorie falsifiziert ist oder nicht. Wir sehen also, daß die Forderung Poppers nach Falsifizierbarkeit (das war sein Abgrenzungskriterium zwischen nichtwissenschaftlichen und wissenschaftlichen Sätzen) nicht zu klaren „Ja-Nein-Antworten" führt, sondern in bestimmten Situationen problematisch wird. Ohne auf die Details der wissenschaftstheoretischen Kritik am Kritischen Rationalismus eingehen zu können, wollen wir uns im folgenden einigen ausgewählten Problemen der Falsifizierbarkeit von Theorien zuwenden, indem wir nach einem Vorschlag von Imre Lakatos zwischen drei möglichen Standpunkten unterscheiden, nämlich zwischen dem dogmatischen, dem methodologischen und dem raffinierten Falsifikationismus (s. Lakatos 1974, S. 89-189).

1. Der dogmatische Falsifikationismus

Der dogmatische Falsifikationismus zieht „eine scharfe Grenze zwischen dem Theoretiker und dem Experimentator: Der Theoretiker schlägt vor, der Experimentator schlägt ab – im Namen der Natur." (Lakatos 1974, S. 94) Diese Grenzziehung beruht auf zwei Annahmen. Die *erste* Annahme lautet, daß es eine natürliche Grenze gebe zwischen theoretischen Sätzen und den Sätzen, die die empirische Basis (Beobachtungs- bzw. Basissätze) bilden. Die *zweite* Annahme lautet, daß Basissätze wahr sind bzw. sein können. Der dogmatische Falsifikationist hält demnach Theorien für fehlbar, die empirische Basis dagegen nicht (wobei die empirischen Daten natürlich korrekt erhoben sein müßten).

Gegen die erste Annahme spricht der uns bereits bekannte Sachverhalt, daß Erfahrung immer theoriegetränkte Erfahrung ist (s. Kapitel 5). Wir nehmen Wirklichkeit nicht wahr, wie sie *ist*, sondern wie es unsere theoretischen Konstrukte zulassen. Das aber bedeutet: Es gibt keine harten Tatsachen, mit denen man eine Theorie falsifizieren könnte.

Gegen die zweite Annahme spricht die Logik: Sätze lassen sich nur aus Sätzen herleiten, aber sie folgen nicht aus Tatsachen.

2. Der methodologische Falsifikationismus

Der methodologische Falsifikationismus wird von Lakatos als eine „Abart des Konventionalismus" (ebd., S. 101) bezeichnet. Der Konventionalismus vertritt die Ansicht, daß in der Forschung Entscheidungen, über die eine Übereinkunft, eine *Konvention* unter den Wissenschaftlern hergestellt werden muß, eine große Rolle spielen. So wird beispielsweise der Ausschlag eines Amperemeters vom Physiker als ein Zeichen von (nicht direkt sichtbarem) Stromfluß und nicht als ein Zeichen für die Wirksamkeit einer Gravitationskraft anerkannt. Oder: Die Erhöhung der Auftretenswahrscheinlichkeit eines Verhaltens wird vom Behavioristen als Wirkung eines Verstärkers interpretiert und nicht als ein Akt eines bewußten, intentionalen Verhaltens. Die Notwendigkeit, Entscheidungen treffen zu müssen, verstärkt sich besonders in denjenigen Fällen, in denen zur Überprüfung von Theorien andere Theorien herangezogen werden, die man als unproblematische Hintergrundkenntnisse zu akzeptieren hat. Wenn etwa ein Physiker die Gravitationstheorie an einem nicht mit den üblichen optischen Instrumenten zugänglichen Radio-Stern überprüfen will (und hierzu radio-optische Instrumente einsetzt), dann muß er die Radio-Optik als momentan unproblematische Theorie akzeptieren.

Der methodologische Falsifikationismus überwindet mit der Anerkennung der Rolle von Konventionen in der Forschung zwar die entscheidenden Probleme, die der dogmatische Falsifikationismus aufwarf. Er konzentriert die Sicht aber lediglich auf eine *einzelne* zu überprüfende Theorie und blendet den aus der Wissenschaftsgeschichte bekannten Sachverhalt aus, daß Experimente nicht nur zur Falsifikation von Theorien, sondern auch zu deren *Bestätigung* dienen können. Eines der bekanntesten Beispiele hierfür ist die Entdeckung des Planeten Neptun: Als man um 1820 die Bewegungen des damals bereits bekannten Planeten Uranus untersuchte, stellte man nicht unerhebliche Abweichungen von der Bahn fest, der er nach den Newtonschen Gravitationsgesetzen zu folgen hatte. Die bis dahin überaus erfolgreiche Theorie Newtons geriet dadurch aber nicht ins Wanken. Der französische Astronom Leverrier (1811-1877) ging vielmehr davon aus, daß die Ablenkung von einem anderen, noch unbekannten Himmelskörper verursacht sei. Seine von ihm angestellten Berechnungen zum Standort dieses Himmelskörpers am 1. Januar 1847 gab er zur Überprüfung an den deutschen Astronom Galle (1812-1910), der in der Berliner Sternwarte über ein besonders gutes Fernrohr verfügte. Als Galle am 23.9.1846 diese Berechnungen erhielt, entdeckte er noch am gleichen Abend in unmittelbarer Nähe des vorausgesagten Standortes einen Stern der 8. Größenklasse (46.000 km Äquatordurchmesser), der den Namen Neptun erhielt. Man sieht: Die von Galle erbetenen Berechnungen hätten die Theorie Newtons falsifizieren können; *tatsächlich* lieferten sie aber eine der besten Bestätigungen dieser Theorie und führten deren Siegeszug fort.

3. Der raffinierte Falsifikationismus

Als raffinierten Falsifikationismus bezeichnet Lakatos seine eigene Auffassung von Wissenschaft. Er will damit sowohl der Rolle der Bestätigung Rechnung tragen als auch der Tatsache, daß die Überprüfung von Theorien kein „zweiseitiger Kampf" (S. 112) zwischen Theorie und Experiment, sondern ein „dreiseitiger" zwischen „theoretischen Rivalen" und Experiment ist; es geht nämlich selten darum, eine einzige Theorie zu überprüfen, sondern *miteinander konkurrierende* Theorien. Fehlt dieser Vergleich von Theorien, dann kommt es in der Regel auch nicht zu Falsifikationen; die Geschichte der Wissenschaft hat immer wieder gezeigt, daß es „keine Falsifikation vor dem Auftauchen einer besseren Theorie". (S. 117) gibt.

Beim Vergleich von Theorien lassen sich Reihen bilden, die theoretisch und empirisch progressiv oder degenerativ sein können:

„Wir beginnen mit einer Reihe von Theorien T_1, T_2, T_3, ... Jedes neue Glied entsteht dadurch, daß man der vorangehenden Theorie Hilfsklauseln hinzufügt (oder sie semantisch uminterpretiert), um sie an eine Anomalie anzupassen, wobei jede Theorie einen Gehalt besitzt, der dem nicht-widerlegten Gehalt des Vorgängers entweder gleicht oder ihn übertrifft. Wir nennen eine solche Reihe von Theorien *theoretisch progressiv* (die Reihe ‚*bildet eine theoretisch progressive Problemverschiebung*'), wenn jede neue Theorie einen empirischen Gehaltsüberschuß ihrer Vorläuferin gegenüber besitzt, d.h. wenn sie eine neue, bis dahin unerwartete Tatsache voraussagt. Wir nennen eine theoretisch progressive Reihe von Theorien auch *empirisch progressiv* (die Reihe ‚*bildet eine empirisch progressive Problemverschiebung*'), wenn sich ein Teil dieses empirischen Gehaltsüberschusses auch bewährt, d.h. wenn jede neue Theorie uns wirklich zur Entdeckung einer *neuen Tatsache* führt. Und schließlich heiße eine Problemverschiebung *progressiv*, wenn sie sowohl theoretisch als auch empirisch progressiv ist, und *degenerativ*, wenn das nicht der Fall ist. Wir ‚akzeptieren' Problemverschiebungen als ‚wissenschaftlich' nur dann, wenn sie zumindest theoretisch progressiv sind; sind sie das nicht, dann ‚*verwerfen*' wir sie als ‚pseudo-wissenschaftlich'. Fortschritt wird gemessen an dem Grad, in dem eine Problemverschiebung progressiv ist, an dem Grad, in dem die Reihe von Theorien uns zur Entdeckung neuer Tatsachen führt. Wir betrachten eine Theorie in der Reihe als ‚falsifiziert', wenn sie durch eine Theorie mit höherem bewährtem Gehalt überholt wird." (S. 115f.)

Diese Unterscheidung zwischen progressiven und degenerativen Theoriereihen erlaubt uns einen

Wissenschaftstheoretischer Fortschritt (nach Lakatos)

Raffinierter Falsifikationismus (Position von Lakatos)

Kritik: Von Lakatos selbst noch keine, aber Kuhn ist Gegner des Falsifikationismus

Ansatz: Vergleich von Theorien (und nicht Falsifikation *einer* Theorie!)

Methode: Reihenbildung beim Vergleich von Theorien. Diese können theoretisch und empirisch progressiv oder degenerativ sein.

Reihenbildung:

Reihe ↓

T_1: Theorie(-Kern)
T_2: T_1 + Hilfsklauseln (oder semantische Uminterpretation) (zur Anpassung an Anomalie)
T_3: T_2 + Hilfsklauseln (oder semantische Uminterpretation)
T_n: T_{n-1} + Hilfsklauseln (oder semantische Uminterpretation)

Definition: „Wir nennen eine solche Reihe von Theorien *theoretisch progressiv* (die Reihe ‚*bildet eine theoretisch progressive Problemverschiebung*'), wenn jede neue Theorie einen empirischen Gehaltsüberschuß ihrer Vorläuferin gegenüber besitzt, d.h. wenn sie eine neue, bis dahin unerwartete Tatsache voraussagt. Wir nennen eine theoretisch progressive Reihe von Theorien auch *empirisch progressiv* (die Reihe ‚*bildet eine empirisch progressive Problemverschiebung*'), wenn sich ein Teil dieses empirischen Gehaltsüberschusses auch bewährt, d.h., wenn jede neue Theorie uns wirklich zur Entdeckung einer *neuen Tatsache* führt." (Lakatos 1974, S. 115f.)

Methodologischer Falsifikationismus

Kritik: a) Konzentration auf lediglich eine Theorie
b) Muß – mit Blick auf die Wissenschaftsgeschichte – nicht auch wieder über die Rolle der Verifikation nachgedacht werden?

Ansatz: Die Rolle der *Entscheidung* (für/wider diese oder jene Position) bei der Falsifikation wird anerkannt: Es wird mit *Setzungen* gearbeitet.

(naiver) **dogmatischer** Falsifikationismus

Kritik: a) Alle Erfahrung ist theoriegetränkt.
b) Logisches Problem: Sätze lassen sich nur aus Sätzen ableiten, aber sie folgen nicht aus Tatsachen.

Ansatz: Theorien sind falsifizierbar, denn Beobachtungssätze bilden sicheres Fundament.

Abbildung 16: Spielarten des Falsifikationismus

sinnvollen Vergleich zwischen den Theorien von Skinner und Tolman: Es handelt sich um eine progressive Reihe, die *theoretisch* progressiv ist, weil Tolmans Theorie einen empirischen Gehaltsüberschuß gegenüber der Skinnerschen Theorie hat. Sie erklärt mit Hilfe der Einführung von intervenierenden Variablen weitaus mehr Lernphänomene, als Skinner es vermochte. Diese Reihe ist aber auch *empirisch* progressiv, weil sich ein Teil des empirischen Gehaltsüberschusses bereits in den Versuchen A-C *bewährt* hat.

Während Lakatos mit der Unterscheidung von progressiven und degenerativen Reihen von Theorien dem einen Defizit des methodologischen Falsifikationismus – der Beschränkung der Sicht auf eine einzelne Theorie – gerecht wird, versucht er, das andere Defizit – die Außerachtlassung der Rolle der Bewährung – mit einer Aufgabenformulierung für Forschungsprogramme zu beheben.

Forschungsprogramme bestehen aus zwei Arten von methodologischen Regeln: „Einige dieser Regeln beschreiben Forschungswege, die man vermeiden soll (*negative Heuristik**), andere geben Wege an, denen man folgen soll (*positive Heuristik**).“ (Lakatos 1974, S. 129). Die negative Heuristik bezieht sich auf den „harten Kern“ (ebd.) eines Forschungsprogramms und verbietet dessen Falsifikation. Zum harten Kern des behavioristischen Forschungsprogramms gehören die Grundannahmen des Behaviorismus und die empirischen Gesetze des Operanten Konditionierens. Wer diese Annahmen nicht mehr teilt bzw. die empirischen Gesetze für falsifiziert hält, ist kein Behaviorist mehr. Tolmans Experimente führten ihn nicht zur Abkehr vom Behaviorismus; er ließ den harten Kern also unangetastet. Aber er führte mit den intervenierenden Variablen Hilfshypothesen ein. Das ist nach Lakatos eine ausdrücklich erwünschte Tätigkeit des Wissenschaftlers, die in den Aufgabenbereich der positiven Heuristik fällt und darauf zielt, einen Schutzgürtel um den harten Kern zu konstruieren. Nur die in diesem Schutzgürtel verwendeten Verfeinerungen des Kerns werden als widerlegbar eingestuft, der Kern selbst dagegen als unwiderlegbar.

Mit der positiven Heuristik eines Forschungsprogramms versucht Lakatos, der alltäglichen Forschungspraxis eine wichtige Stütze zu geben. Es gibt nämlich keine Theorie – das gilt sowohl für den naturwissenschaftlichen als auch für den sozialwissenschaftlichen Bereich –, für die nicht entsprechende Erfahrungen (Beobachtungen, Experimente) als Gegenbeispiele angeführt werden könnten. „Die positive Heuristik bewahrt den Wissenschaftler davor, daß er durch den Ozean der Anomalien verwirrt wird. Die positive Heuristik skizziert ein Programm, das eine Kette immer komplizierter werdender *Modelle* zur Simulierung der Wirklichkeit darstellt.“ (ebd., S. 132)

Daß dieser Sachverhalt in der Tat bestimmend ist für die Praxis der Forschung, wollen wir abschließend an der Entwicklung der sogenannten Frustrations-Aggressions-Theorie verdeutlichen. Versuchen Sie, sich mit Hilfe der folgenden Textauszüge (aus: Koeck 1977) klar zu machen, was die negative und positive Heuristik der Theorie ausmacht und inwiefern man von einer progressiven oder degenerativen Theorieentwicklung sprechen könnte!

„Die F-A-Theorie wurde 1939 von einer Psychologen-Gruppe (*Dollard, Doob, Miller, Mowrer & Sears*) der Yale-Universität formuliert. Die Theorie besteht im wesentlichen aus vier Annahmen: Einer deterministischen Zusammenhangsbehauptung zwischen Frustration und Aggression, einer quantitativen Bestimmung ihres Zusammenhangs, einer Katharsis- und einer Verschiebungsannahme.

a) Determinismus-Annahme
Ursprünglich wurde eine streng deterministische Kausalbeziehung zwischen vorausgegangener Frustration und Aggression behauptet, d.h. man nahm an, daß Frustration stets zu einer Form von Aggression führt und daß es keine Aggression ohne vorausgegangene Frustration gibt. Aggression wurde somit nicht als spontaner Trieb, sondern als reaktive Folge von Frustration betrachtet.

b) Quantifizierungs-Annahme
Der Zusammenhang zwischen Frustration und Aggression wurde nicht nur qualitativ behauptet, sondern quantitativ spezifiziert. Nach der quantitativen Aussage ist die Stärke der Aggression direkt proportional der Stärke der Frustration, d.h. je stärker die Frustration, desto stärker die Aggression.

c) Katharsis-Annahme
Im Sinne eines hydraulischen Triebmodells nahm man an, daß durch jede aggressive Handlung aggressive Energie abgeführt wird, so daß die anschließende Bereitschaft zur Ausführung aggressiver Handlungsweisen vermindert ist. Werden hingegen durch Frustration Wut und Ärger mobilisiert ohne entsprechenden Abfluß, so sucht sich die Energie versteckte Entladungsmöglichkeiten.

d) Verschiebungs-Annahme
Bei Hemmung der Aggression kommt es zur Verschiebung der Aggression. Dabei können zwei Formen der Verschiebung unterschieden werden, nämlich Objekt- und Reaktionsverschiebung. Bei der Objekt-Verschiebung werden andere Objekte als der ursprüngliche Frustrator angegriffen. Bei der Reaktions-Verschiebung werden indirekte Formen der Aggression gezeigt.“ [...]

„Die Überprüfung der F-A-Theorie nach beinahe vierzigjähriger Forschung hat zur Modifikation aller ursprünglichen Annahmen geführt:

- Die deterministische Zusammenhangsbehauptung mußte abgeschwächt werden, da sowohl Frustration ohne Aggression als auch Aggression ohne Frustration auftreten können;
- die lineare quantitative Beziehung zwischen Frustration und Aggression mußte eingeschränkt werden, da die Stärke der Aggression nicht linear mit dem Grad der Frustration zunimmt – denn je nach kognitiver Verarbeitung und Rechtfertigung der Frustration und den Erwartungen über die Konsequenzen der Aggression kann es zu sehr unterschiedlichen Verhaltensweisen kommen;
- die Katharsishypothese mußte modifiziert werden, da weder die stellvertretende Beobachtung noch die eigene Ausführung Aggressivität reduzieren müssen, sondern – im Gegenteil – erhöhen können, wenn das Aggressionsmodell sozial oder instrumentell erfolgreich ist, bzw. die Ausführung aggressiver Handlungen als positive Verstärkung erlebt wird;
- die Hypothesen der Objekt- und Reaktions-Verschiebung mußten revidiert werden, da die Verschiebung nicht im Sinne des Konfliktmodells bei gesteigertem Konflikt auf zunehmend unähnliche Ersatzobjekte mit indirekten Aggressionsformen erfolgt, sondern … sowohl die Wahl der Ersatzobjekte als auch die Formen des Angriffs auf sie von verschiedenen diskriminativen Reizen gesteuert wird, die dem Handelnden anzeigen, welche Objekte in welcher Form aller Wahrscheinlichkeit nach erfolgreich angegriffen werden können. Dabei kann mit zunehmender Erregung … sowohl die Reiz- als auch die Reaktionsdiskriminierung reduziert sein, so daß bei starker Erregung unterschiedliche Objekte mit wahllosen Aggressionsformen angegriffen werden.“ (aus: Koeck 1977, S. 393f. und S. 397f.)

Kontrollfragen:

1. Welche Eigenschaften schreibt Popper „großen“ Wissenschaftlern zu?
2. Welche Schlüsse können aus den Tolmanschen Versuchen gezogen werden?
3. Welche Spielarten des Falsifikationismus unterscheidet Lakatos?
4. Welchen Sachverhalt kennzeichnet Lakatos durch die Differenzierung von theoretischer und empirischer Progressivität bzw. Degenerativität?
5. Welche zwei Arten von methodologischen Regeln schlägt Lakatos für Forschungsprogramme vor?
6. Welche Tätigkeit des Wissenschaftlers bezeichnet Lakatos als „ausdrücklich erwünscht“?

13. Kapitel

Wissenschaftstheorie nach Thomas Kuhn

Überblick:

In diesem Kapitel werden zunächst die Wissenschaftskonzeptionen von K.R. Popper und Th. Kuhn miteinander verglichen.

Nach Th. Kuhn vollzieht sich Wissenschaft in zwei Phasen: der normalen Wissenschaft und der außerordentlichen Wissenschaft. In diesem Ansatz Kuhns ist der Begriff des Paradigmas von großer Bedeutung.

Diese Phasen von Wissenschaft werden zunächst durch historische Beispiele aus der naturwissenschaftlichen (hier: chemischen) Forschung (Elementbegriff, Verbrennungsvorgänge) erläutert.

Im Anschluß daran wird an unterschiedlichen Auffassungen von Lernen der Kuhnsche Begriff des Paradigmas für den sozialwissenschaftlichen Bereich veranschaulicht.

Als Beispiel für unterschiedliche sozialwissenschaftliche Paradigmata wird die gestaltpsychologische Sicht des Lernens der behavioristischen gegenübergestellt.

Wenn verschiedene Wissenschaftstheoretiker ihr Bild vom Gang der Wissenschaft entwerfen, dann kommen sie zu sehr unterschiedlichen Ergebnissen. Ein wichtiger Grund für diese Unterschiede liegt darin, ob und wie man wissenschafts*historische* Begebenheiten zur Kenntnis nimmt und die Schlüsse, die diese historische Forschung nahelegt, in sein Verständnis von Wissenschaftstheorie zu integrieren versucht. Verzichtet ein Wissenschaftstheoretiker weitestgehend darauf, die überaus detailreichen und verschlungenen Wege der Forschung nachzuzeichnen, so entwirft er wahrscheinlich ein recht abstraktes, schematisches Bild der Wissenschaft: Ihr liegt dann eine „Logik der Forschung" (Popper) zugrunde, die sowohl den Prozeß der Theoriebildung als auch die Funktion experimenteller Arbeit in einen klaren Zusammenhang stellt.

Auf den ersten Blick wirkt diese Art und Weise, Wissenschaftstheorie zu betreiben, verblüffend; denn sie suggeriert uns das, wofür wir in der Regel besonders anfällig sind: „Ordnung", „Struktur", „Sinn". Wissenschaftstheorie vermag dann anscheinend den „roten Faden" zu legen, an dem entlang wir den Gang der Wissenschaft rekonstruieren und ihre Wege und Irrwege klar voneinander scheiden können. Aber genau diese Einfachheit und Klarheit ist es, die den kritischen Verstand argwöhnisch machen muß, weil er nicht mehr den „Widerstand der Sache" (Bollnow) spürt; die Geschichte im allgemeinen und die der Wissenschaft im besonderen ist zu komplex, zu differenziert, zu sperrig, als daß sie in ahistorischen und schematischen wissenschaftstheoretischen Entwürfen glatt aufgeht. Wer immer sich mit konkreter Geschichte der Wissenschaft beschäftigt, der wird sehr bald auf diese Hartnäckigkeit historischer Realität stoßen.

Man kann diese beiden Varianten, Wissenschaftstheorie zu betreiben, – hier der weitgehende Verzicht auf die Kenntnisnahme historischer Details, dort die subtile Erforschung der entsprechenden Quellen – eindrucksvoll veranschaulichen, wenn man zum Beispiel die Wissenschaftskonzeptionen von K.R. Popper und Th. Kuhn gegenüberstellt. Poppers Verständnis von Wissenschaft – uns bereits bekannt unter dem Begriff „Kritischer Rationalismus" – basiert auf der Forderung, Theorien so zu formulieren, daß sie falsifizierbar sind. Falsifizierbarkeit ist deshalb das *Abgrenzungskriterium* zwischen wissenschaftlichen und nicht-wissenschaftlichen Aussagen. Eine Theorie kann nicht durch induktive Verallgemeinerung gestützt, sondern muß hypothetisch-deduktiv geprüft werden: Aus der zu prüfenden Theorie, die von ihrer logischen Form her eine Allaussage darstellt („Alle Schwäne sind weiß"), werden singuläre Sätze hergeleitet. Diese singulären Sätze – nicht die Theorie – werden mit der Realität konfrontiert; bestätigt das Experiment den singulären Satz, so gilt auch die Theorie, d.h. die Allaussage, bis auf weiteres; wird dagegen der singuläre Satz falsifiziert, dann ist auch die Theorie falsifiziert („Es gibt auch nichtweiße Schwäne."). Insgesamt gesehen, besteht für Popper kein Zweifel daran, daß die empirische Prüfung von Theorien ein streng rationales Unternehmen ist.

Die Entwicklung der Wissenschaft läßt sich vor diesem Hintergrund als Geschichte vielfacher Falsifizierungsversuche rekonstruieren, durch die sukzessive Theorie um Theorie eliminiert wurde und sich Theorien herausbildeten, deren Erklärungs- und Prognosewert permanent stieg. Diese lineare Entwicklung geht mit einer entsprechenden Akkumulation von Wissen einher; sie erzeugt zwar niemals absolute Wahrheit, läßt sich nach Popper aber als asymptotische Annäherung an diese absolute Wahrheit verstehen.

Vergleicht man nun diese Poppersche Wissenschaftstheorie mit der von Thomas Kuhn, dann zeigt sich ein Gegensatz, den man sich kaum krasser vorstellen kann. In seinem in deutscher Sprache erstmals 1967 erschienenen Buch „Die Struktur wissenschaftlicher Revolutionen" (hier zitiert nach der vierten, mit einem Postscriptum versehenen Auflage von 1979; im amerikanischen Original „The Structure of Scientific Revolutions" von 1962) entwirft Kuhn, gestützt auf eine Fülle historischer Beispiele, ein Bild der Wissenschaft, das man in einem ersten Annäherungsversuch folgendermaßen charakterisieren kann:

1. Das Studium der Wissenschaftsgeschichte zeigt, daß es niemals Falsifikationen von Theorien gegeben hat, weil der Wettstreit zwischen Theorien durch experimentelle Überprüfung überhaupt nicht entschieden werden könne (S. 157f.).
2. Was Popper als Falsifikationsversuch betrachtet, besteht für Kuhn in der Ablehnung einer Theorie und der daran unbedingt *gekoppelten* Annahme einer anderen Theorie; Entscheidung *gegen* eine bestimmte Theorie heißt also immer auch *gleichzeitige* Entscheidung *für* eine andere (S. 90, 92).
3. Wissenschaftsgeschichte kann man nicht mit dem Modell linearer Entwicklung beschreiben; sie verläuft vielmehr in Sprüngen, wobei es zu Brüchen in der wissenschaftlichen Tradition kommt, die Kuhn als *Revolutionen* bezeichnet (S. 97f.).

4. Die *rationale* Tätigkeit der empirischen Überprüfung von Theorien ruht auf einem zum Teil *irrationalen* Fundament. Denn sie greift auf *Konventionen* (metatheoretische Regeln) zurück, für die es keine Letztbegründungen gibt.

Im folgenden soll diese Wissenschaftskonzeption von Th. Kuhn ausführlicher erläutert werden. Zu diesem Zweck wird zunächst der Ablauf von Wissenschaft dargestellt, der nach Kuhn in bestimmten Phasen erfolgt. Er bezeichnet diese Phasen als „normale Wissenschaft", als „Krise" und als „außerordentliche Wissenschaft", auf die dann wieder eine Phase „normaler Wissenschaft" folgt.

1. Das Wesen der normalen Wissenschaft

Unter normaler Wissenschaft versteht Kuhn diejenige Forschung, „die fest auf einer oder mehreren wissenschaftlichen Leistungen der Vergangenheit beruht, Leistungen, die von einer bestimmten wissenschaftlichen Gemeinschaft eine Zeitlang als Grundlagen für ihre weitere Arbeit anerkannt werden". (1979[4], S. 25) Diese Grundlagen bezeichnet Kuhn auch als *Paradigmata** (griechisch: parádeigma = Beispiel, Muster). Leider versäumt Kuhn es, den Begriff des Paradigmas durch eine knappe und scharfe Formulierung zu bestimmen, so daß es dem Leser überlassen bleibt, den vielen, über das gesamte Buch zerstreuten Hinweisen zu entnehmen, was nun die Natur eines Paradigmas sei. Besonders aufschlußreich erscheinen folgende Bestimmungsstücke:

- Als typische Beispiele für Paradigmen nennt Kuhn die Ptolemäische Astronomie, die Aristotelische Dynamik, die Korpuskular- oder die Wellenoptik (S. 25).
- Es gibt für ein bestimmtes Paradigma einen anerkannten Kanon von Beispielen, Gesetzen, Theorien, Experimenten, Anwendungen und Hilfsmitteln (S. 25, 151).
- Ein Paradigma bindet die Wissenschaftler an bestimmte „Weltauffassungen und Regeln" (S. 155) und stiftet deshalb Traditionszusammenhänge.
- Befürworter *unterschiedlicher* Paradigmata „bewegen sich immer in gewissem Grade auf verschiedenen Ebenen" (S. 159), weil die konkurrierenden Paradigmata *inkommensurabel* sind (S. 161).
- Ein Paradigma liefert Auswahlkriterien für die Relevanz der zu untersuchenden Fakten; fehlt ein Paradigma, so „scheinen alle Tatsachen, die irgendwie zu der Entwicklung einer bestimmten Wissenschaft gehören könnten, gleichermaßen relevant zu sein". (S. 30)
- Paradigmata bilden eine Rechtfertigungsgrundlage (S. 34), die den einzelnen Wissenschaftler entlastet, sein Fachgebiet von den Grundprinzipien her ständig neu legitimieren zu müssen.
- Diese Entlastung von permanenter Rechtfertigung verschafft dem Wissenschaftler Freiraum; er kann sich auf die „subtilsten und esoterischsten Aspekte der Naturerscheinungen, mit denen sich seine Gruppe befaßt, konzentrieren". (S. 34)

Dieser zuletzt genannte Aspekt – die esoterische, spezialisierte Forschung – macht nach Kuhn nahezu die gesamte Tätigkeit normaler Wissenschaft aus, die sich sowohl in theoretischer als auch in empirischer Hinsicht in drei Klassen von Problemen aufteilen läßt: (a) Bestimmung bedeutsamer Tatsachen, (b) gegenseitige Anpassung von Fakten und Theorie und (c) Artikulierung der Theorie (S. 47). Bei der Bestimmung von Fakten (a) geht es insbesondere um „Genauigkeit und Ausmaß" (S. 39) der Kenntnis; in der Chemie betrifft dies etwa die Bestimmung von Siedepunkten oder Molekulargewichten, die Untersuchung der Zusammensetzung von Stoffen und die Bestimmung von Strukturformeln. Durch die gegenseitige Anpassung von Fakten und Theorie (b) versucht man, die Übereinstimmung von Theorie und Praxis zu demonstrieren. So ist der Foucaultsche Pendelversuch ein raffinierter Beleg für die Drehung der Erde um ihre Achse und die Atwoodsche Fallmaschine eine treffende Dokumentation des zweiten Newtonschen Gesetzes ($F = m \cdot a$). Die Artikulierung einer Theorie (c) soll deren Exaktheit erhöhen. Wenn Newton z.B. seine Gesetze auf Pendelbewegungen anwenden wollte, so mußte er den Pendelkörper idealisierend als Massepunkt betrachten, damit überhaupt eine Definition der Pendellänge möglich wurde. Als Sammelbegriff für die Tätigkeiten in den beschriebenen drei Bereichen benutzt Kuhn auch den Terminus „Rätsellösen" (S. 50f.).

Man darf über die vielen Details, die man erläuternd und beispielhaft für diese drei Klassen von Problemen, für das *Rätsellösen* insgesamt, anführen könnte, nicht die *globale* Wirkung eines Paradigmas aus dem Auge verlieren: Es *bindet* den Wissenschaftler (S. 54, 55) in einer wissenschaftlichen Gemeinschaft, es stellt ein Netz von *Verpflichtungen* begrifflicher, theoretischer, instrumenteller und methodologischer Art dar. Zur Durchführung eines Experimentes kann ein Wissenschaftler z.B. nicht beliebige Instrumente verwenden, sondern nur solche, deren Funktionsweise kompatibel mit der anerkannten Theorie ist. Ansonsten würde er sich dem Vorwurf aussetzen, „gar nichts" oder „falsch" gemessen zu haben.

Ein Beispiel wie dieses (Wahl und Rechtfertigung von Meßinstrumenten) zeigt, daß die Tätigkeit im Rahmen der normalen Wissenschaft regelgeleitet ist. Dieser Sachverhalt legt allerdings die Frage nahe, warum Kuhn den relativ vagen Begriff des Paradigmas nicht fallen läßt und statt dessen einen bestimmten Kanon von allgemein verbindlichen Regeln angibt. Die Antwort auf diese Frage muß im Unterschied zwischen Regeln und Paradigmata gesehen werden: „Regeln ... leiten sich von Paradigmata her, aber Paradigmata können die Forschung selbst noch bei fehlenden Regeln leiten." (S. 56) Für diese „Priorität der Paradigmata" (S. 57) gegenüber den Regeln führt Kuhn vier gewichtige Gründe an: *Erstens* ist es überaus schwierig, die Regeln zu erkennen, welche die normal-wissenschaftliche Tätigkeit leiten (S. 60). In Anlehnung an Wittgenstein könnte man in den einzelnen Tätigkeiten lediglich „Familienähnlichkeiten", aber keine klar abgrenzbaren Regeln erkennen. *Zweitens* lernen Wissenschaftler in ihrer Ausbildung „Begriffe, Gesetze und Theorien niemals *in abstracto* und an sich. Vielmehr begegnet man diesen geistigen Werkzeugen von Anfang an innerhalb eines historisch und pädagogisch vorgegebenen Komplexes, der sie mit ihren Anwendungen und durch diese darbietet". (S. 60) *Drittens* ist ein verstärktes Bedürfnis nach explizit formulierten Regeln normalerweise erst dann zu verzeichnen, wenn das vorherrschende Paradigma nicht mehr als zuverlässig und tragfähig angesehen wird (S. 62). Wie im weiteren noch deutlich wird, ist dieser Fall eher eine Ausnahmesituation. Und *viertens*: Regeln sind „gewöhnlich einer sehr breiten wissenschaftlichen Gruppe gemeinsam; für Paradigmata aber muß das nicht zutreffen". (S. 63)

Neben der *sozialen* Funktion der Paradigmata und der ihnen nachgeordneten Regeln für die wissenschaftliche *Gemeinschaft* sei in Kürze noch auf ihre Funktion für den *einzelnen* Forscher verwiesen. Er kann in seiner konkreten Tätigkeit des Rätsellösens doch offensichtlich nicht nur soziale Motive haben, sondern es muß für ihn auch eine *individuelle* Perspektive bestehen, die seiner *alltäglichen Arbeit Sinn* gibt. Kuhn sieht diese Perspektive für den einzelnen in der Überzeugung, „daß er, wenn er nur geschickt genug ist, beim Lösen eines Rätsels Erfolg haben wird, das vor ihm noch keiner gelöst oder so gut gelöst hat. Viele der größten Wissenschaftler haben ihre ganze fachliche Aufmerksamkeit solchen anspruchsvollen Rätseln gewidmet." (S. 52)

2. Anomalien und die Entstehung von Krisen

Wenden wir nun den Blick von den im vorangegangen beschriebenen *Tätigkeiten* des Wissenschaftlers auf die dadurch erzeugten *Resultate*. Normale Wissenschaft führt langfristig zu einer „Genauigkeit der Informationen und einer Exaktheit des Zusammenspiels von Beobachtung und Theorie, die auf keine andere Weise erreicht werden könnte" (S. 77). Die Kehrseite dieser Professionalisierung ist jedoch kaum zu übersehen. Dadurch, daß die paradigmageleitete Wissenschaft in überaus starren Bahnen (s. S. 63) verläuft, wächst die Beschränkung des Gesichtskreises des Wissenschaftlers und dessen „Widerstand gegen Paradigmaveränderung" (S. 77) ständig an.

Für eine historisch orientierte bzw. fundierte Wissenschaftskonzeption wie die von Kuhn stellt sich dann aber doch die Frage nach der Möglichkeit des Neuen: Wenn für den Ablauf von Geschichte nichts beständiger ist als ihr Wandel, dann muß es Ereignisse geben, die die Starrheit des Gegebenen aufsprengen und neuartige Entwicklungen einleiten. Es müssen – um mit Kuhn zu sprechen – *Entdeckungen* (neue Tatsachen) und *Erfindungen* (neue Theorien) möglich sein.

Solche Entdeckungen und Erfindungen treten erst im Stadium hochspezialisierter Forschung auf. Je exakter und umfassender ein Paradigma ist, desto empfindlicher wird es für die Registrierung von *Anomalien* und desto wahrscheinlicher führt es zu einer Paradigma*veränderung*. Wie nun solche Anomalien auftreten und eine Veränderung des geltenden Paradigmas hervorrufen können, demonstriert Kuhn am Beispiel der Forschungen von Priestley (1733-1804) und Lavoisier (1743-1794). Die veranschaulichende Funktion dieses Beispiels ist zweifelsohne gegeben; sie soll im folgenden aber noch verstärkt werden, indem vorwiegend die Untersuchungen Lavoisiers zur Verbrennung mit der von Georg Ernst Stahl (1659-1734) vertretenen Phlogistontheorie kontrastiert werden (Stahl war Professor der Medizin in Halle und später Leibarzt von Friedrich Wilhelm I in Berlin). Der größere zeitliche Abstand (über ein halbes Jahrhundert) und die Tatsache, daß Stahl im Vergleich zu Priestley – dieser war übrigens lange Zeit auch ein überzeugter Anhänger der Phlogistontheorie – nicht von den Auffassungen Lavoisiers in irgendeiner Weise beeinflußt sein konnte (als Lavoisier geboren wurde, war Stahl schon fast zehn Jahre tot), heben den Unterschied der Ansichten zum Verbrennungsvorgang stärker hervor.

Die Phlogistontheorie war eine überaus erfolgreiche chemische Theorie, die noch ganz der antiken Vorstellung verhaftet war, derzufolge Feuer, Wasser, Erde und Luft die vier Elemente bildeten, aus denen sich alle anderen Körper zusammensetzten. Dieses Paradigma von den vier Elementen wurde von Stahl zwar weniger zur *Konstruktion* der Phlogistontheorie als zu ihrer Immunisierung gegenüber falsifizierenden Gegenargumenten benutzt. Aber letztendlich war sie das unzweifelhafte Fundament, auf dem auch Stahl noch stand. Nur dieser Sachverhalt erklärt hinreichend, warum Stahl in seinen Experimenten und denen vieler Zeitgenossen nicht das „sehen" konnte, was Lavoisier mehrere Jahrzehnte später in gleichen oder ähnlichen Experimenten „sah".

Im Sinne der Phlogistontheorie sind die verbrennbaren Körper aus einem verbrennbaren und einem nichtverbrennbaren Teil zusammengesetzt. Die verbrennbare Substanz nannte man Phlogiston (griechisch: phlogistós = verbrannt). Je mehr Phlogiston ein Körper enthält, um so besser brennt er. Holz und Kohle enthalten demnach viel, Steine dagegen kein Phlogiston. Verbrennt ein Körper, so entweicht dabei das Phlogiston; da es allein aber nicht existieren kann, wird es von der Luft aufgenommen.

Der Erfolg der Phlogistontheorie beschränkte sich nicht nur auf die Erklärung alltäglicher Verbrennungsvorgänge. Auch die Verhüttung von Metalloxyden ließ sich damit beschreiben. Wenn wir heute sagen, daß im Hochofen Metalloxyd mit Kohlenstoff unter Zuführung von Wärmeenergie zu Metall reduziert wird, dann hieß das phlogistisch: Metallkalke (so nannte man damals Metalloxyde) verbinden sich mit Kohle zu Metall. Da Kohle nahezu reines Phlogiston ist, gilt die Gleichung: Metallkalk + Phlogiston = Metall (und umgekehrt: Metall – Phlogiston = Metallkalk). Außer diesen Verbrennungs- und Verkalkungsvorgängen diente die Phlogistontheorie auch zur Erklärung bestimmter Lösungsvorgänge, wie etwa des Lösens von Metallen in Säuren. (Zinn löst sich in Salpetersäure und oxydiert dabei zu Zinnoxyd; phlogistisch gesprochen: Das im Metall enthaltene Phlogiston geht zur Säure über; dabei wird Metallkalk ausgeschieden.)

Die Phlogistontheorie verbreitete sich aufgrund ihres hohen Erklärungswertes sehr rasch. In der zweiten Hälfte des 18. Jahrhunderts wurde sie auch in Frankreich und auf den britischen Inseln als allgemeingültig anerkannt. Mit zunehmender Spezialisierung in der Phlogistonforschung trat aber bald das auf, was sich nach Kuhn in dieser Phase zwangsläufig ergeben muß: *Anomalien*. Die wohl bekannteste Anomalie bestand in der Tatsache, daß Metalle bei der Verbrennung schwerer (und nicht – wegen der behaupteten Abgabe von Phlogiston – leichter) werden. Das Auftauchen einer solchen Anomalie und weiterer anderer Entdeckungen führt allerdings *niemals sofort* zur Erfindung, zur Formulierung einer neuen Theorie. Vielmehr reagieren Wissenschaftler so, daß sie „sich zahlreiche Artikulierungen und *ad hoc*-Modifizierungen ihrer Theorie ausdenken, um jeden scheinbaren Konflikt zu eliminieren". (S. 91) So soll beispielsweise der französische Chemiker Guyton de Morveau die Gewichtszunahme von Metallen bei der Verbrennung folgendermaßen erklärt haben: „Man stelle sich eine Waage unter Wasser vor. Man belaste beide Waagebalken mit Bleikugeln von gleichem Gewicht, dann befestige man auf einem Balken ein großes Stück Kork. Man bemerkt, daß dieser Balken sich heben wird, obzwar er mit dem Kork belastet wurde. Wenn man den Kork wegnimmt, wird der Balken erneut sinken, obgleich etwas fortgenommen und er infolgedessen leichter geworden ist. Die Ursache dieser Erscheinung ist der Umstand, daß in Wasser gewogen wird und Kork leichter als Wasser ist. Phlogiston ist jedoch leichter als Luft. Wägt man also in Luft, so tritt eine ähnliche Erscheinung auf, d.h. auf Entweichen von Phlogiston muß die Waage mit Gewichtszunahme reagieren." (zitiert nach: Szabadváry 1973, S. 71f.) Andere Wissenschaftler erklärten das Phänomen der Gewichtszunahme damit, daß Phlogiston – vergleichbar den Elementen Luft und Feuer in der aristotelischen Theorie – ein „negatives" Gewicht habe oder daß es von „positiver Leichtigkeit" sei (s. dazu Mason 1961, S. 362).

Nimmt nun im Laufe der Zeit die Zahl von Anomalien zu, so wächst auch der Grad der *Bewußtheit*, mit der sie wahrgenommen werden (S. 75, 76). In *theoretischer* Hinsicht ist in gleichem Zuge eine „Wucherung von Versionen einer Theorie" (Kuhn 1979[4], S. 83) zu verzeichnen. Diese beiden Aspekte sind die entscheidenden Symptome für die *Krise* (ebd.). Wissenschaft ist jetzt *nicht mehr* „normale Wissenschaft", weil die vielen Entdeckungen das alte Paradigma ins Wanken gebracht haben; sie ist aber auch *noch keine* „neue" normale Wissenschaft, weil die Erfindung, die neue Theorie, die zu einem neuen Paradigma werden kann, noch nicht existiert.

Kuhn führt für diesen krisenhaften Status den Begriff der „außerordentlichen Wissenschaft"

(S. 90ff.) ein, deren Merkmale sich in den Tätigkeiten der Forscher widerspiegeln. Als besonders wichtige Merkmale sind hervorzuheben:

1. Obwohl der Wissenschaftler weiß, „daß die Regeln der normalen Wissenschaft nicht ganz richtig sein können, wird er sie doch strenger befolgen, um zu sehen, wo und wie weit sie im Bereich der Störungen anerkannt werden können“ (S. 100).
2. Er wird nach Wegen suchen, die die Unsicherheit der Theorie erhöhen und zu ihrem Zusammenbruch führen können (ebd.).
3. Da Experimentieren immer theoriegeleitet erfolgt, „wird der Wissenschaftler in einer Krise ... versuchen, spekulative Theorien aufzustellen, die dann, wenn sie erfolgreich sind, den Weg zu einem neuen Paradigma zeigen könnten und, falls sie keinen Erfolg bringen, relativ leicht aufgegeben werden können“ (ebd.).
4. Die steigende experimentelle Tätigkeit erweckt den Anschein von Hektik und Zufallsbedingtheit (ebd.).
5. Es ist eine wachsende Neigung der Wissenschaftler zu registrieren, eine „grundlegende philosophische Analyse der jeweiligen Forschungstradition“ (S. 101) vorzulegen und diese – wenn noch keine geeigneten realen Experimente zur Verfügung stehen – durch Gedankenexperimente argumentativ zu stützen.

Diese von Kuhn genannten Charakteristika für außerordentliche Forschung sind nur begrenzt geeignet, um die Situation der Chemie kurz vor der Formulierung der Theorie Lavoisiers zu beschreiben. Die experimentellen Arbeiten der Briten Joseph Black (1728-1799), Henry Cavendish (1731-1810) und Joseph Priestley (1733-1804) standen *noch* auf dem Boden der alten Chemie; sie hatten also noch keine Erfindung (keine neue Theorie), wohl aber interessante Entdeckungen (neue Tatsachen) vorzuweisen, so daß die von ihnen geleistete Arbeit nur ansatzweise zur Aufweichung des Paradigmas von der Zusammensetzung der Körper aus den vier Elementen beitrug. Drei Beispiele mögen das belegen (s. ausführlich dazu Mason 1961, S. 364f.):

- Black hatte zur Mitte des 18. Jahrhunderts eine gasförmige Substanz nachgewiesen: fixe Luft (wir nennen sie heute Kohlendioxid). Diese fixe Luft entwich z.B. beim Erhitzen von Magnesiumcarbonat. Sie unterschied sich in ihren Eigenschaften deutlich von der atmosphärischen Luft, da sie die Verbrennung und Atmung nicht unterhielt. Diese Entdeckung mußte aber nicht gegen die Phlogistontheorie sprechen; beim Verbrennen von Kalkstein konnte ja beides – Phlogiston und fixe Luft – entweichen.
- Cavendish hatte sich die Erfindung der pneumatischen Wanne durch Stephen Hales (1677-1761) zunutze gemacht. Unter einer mit Wasser (oder Quecksilber) gefüllten Flasche, die mit der Öffnung nach unten in eine mit der gleichen Flüssigkeit gefüllten Wanne gehalten wurde, fing er „brennbare Luft“ (= Wasserstoff) auf, die beim Lösen von Metallen in Säuren freigesetzt wurde.
- Priestley konnte mit Hilfe der pneumatischen Wanne eine Reihe weiterer Gase isolieren, z.B. Ammoniak, Chlorwasserstoff, Sauerstoff, Stickstoff und Kohlenmonoxyd. Er blieb jedoch zeitlebens ein Anhänger der Phlogistontheorie (s. Kuhn 1979[4], S. 69).

Diese Entdeckungen legten die Vermutung nahe, daß „Luft“ *kein einheitlicher* Stoff sei; dennoch blieben diese Forscher vorerst Anhänger der Phlogistontheorie, sie suchten also nicht konsequent genug nach Möglichkeiten, die Unsicherheit der Theorie zu erhöhen (s. oben; 2. Merkmal), und ihre experimentellen Arbeiten sind – aus der Sicht *streng* paradigmageleiteter Forschung – eher zufallsbedingt (4. Merkmal).

Von diesen Entdeckungen heben sich die Arbeiten Lavoisiers ab. Sein Bestreben war systematischer, weil er sich zum Ziel gesetzt hatte, die unterschiedlichen Erklärungsansätze für die Verbrennungsvorgänge auf einen neuen theoretischen Nenner zu bringen. Ein Tagebuchauszug dokumentiert das:

„Die Wichtigkeit des ins Auge gefaßten Ziels veranlaßte mich, diese ganze Arbeit auf mich zu nehmen, die dazu bestimmt zu sein schien, eine Umwälzung in Physik und Chemie herbeizuführen. Ich habe mich verpflichtet gefühlt, alles anzusehen, was vor mir bloß andeutungsweise getan worden ist; ich habe mir vorgenommen, alles mit größerer Sicherheit zu wiederholen, um unsere Kenntnis von der Luft, die Verbindungen eingeht oder die aus Substanzen befreit wird, mit anderen erlangten Erkenntnissen zu verknüpfen und daraus eine Theorie zu bilden.“ (zitiert n. Mason 1961, S. 366)

Die in diesen Aussagen Lavoisiers angekündigten Forschungsabsichten darf man als Merkmale außerordentlicher Wissenschaft ansehen, denn sie zeigen,

- daß er die Regeln der normalen Wissenschaft (hier die Art, Experimente durchzuführen und

auszuwerten) strenger befolgen wollte (1. Merkmal der außerordentlichen Wissenschaft),
– daß er dies tat, um die Unsicherheit des alten Paradigmas zu erhöhen (2. Merkmal),
– daß er der alten eine neue, erfolgversprechendere Theorie gegenüberstellen wollte (3. Merkmal),
– daß er letztlich bereit sein mußte, den Bruch mit einer langen Forschungstradition (5. Merkmal) zu wagen.

Daß man in den Aussagen nicht das oben angeführte 4. Merkmal entdecken kann, läßt darauf schließen, daß Lavoisier ab einem bestimmten Zeitpunkt genau wußte, welche Experimente die entscheidenden waren und welche Schlüsse er aus ihnen zu ziehen hatte. Die neue Theorie leitete sein Vorgehen systematisch; er war überzeugt, daß sich beim Verbrennen von Metallen ein Teil der Luft mit diesen Metallen „vereint". Der folgende ausführlichere Textauszug aus seiner Schrift „Über das Verbrennen von Zinn in geschlossenem Raum und über die Ursachen der Gewichtszunahme der Metalle" (1774) schildert Lavoisiers Gedankenexperiment (5. Merkmal):

„In den Kapiteln 5 und 6 meines am Anfang des Jahres publizierten Werkes, ‚Opuscules physiques et chimiques' beschrieb ich Erfahrungen, aus welchen zu schließen war, daß, wenn Blei oder Zinn unter einer mit Wasser oder Quecksilber verschlossenen Glocke verbrannt werden, das Luftvolumen sich etwa um 1/5 vermindert, während das Gewicht der Metalle ungefähr dieser zerstörten oder absorbierten Luftmenge entsprechend zunimmt. Ich folgerte aus diesen Erfahrungen, daß ein Teil der Luft oder irgendeine Substanz, die darin enthalten ist und sich im elastischen Zustand befindet, bei der Verbrennung sich mit dem Metall vereint und die Gewichtszunahme verursacht...

So deutlich auch diese Erfahrungen waren, sie standen im Widerspruch zu den in der Arbeit ‚Über das Gewicht von Feuer und Flamme' veröffentlichten Befunden des Herrn Boyle. Dieser berühmte Wissenschaftler glühte in geschlossenem Gefäß Blei und Zinn ... Aus seinen Versuchsergebnissen zog er den Schluß, daß Flamme und Feuerstoff das Glas zu durchdringen vermögen und sich mit dem Metall vereinigend die Gewichtszunahme verursachen. Wie eindeutig auch meine Versuchsergebnisse gewesen sein mochten, die Angaben eines so berühmten Physikers wie Boyle waren dazu geeignet, Zweifel an meinen eigenen Erfahrungen aufkommen zu lassen, weshalb ich mich entschloß, seine Versuche zu wiederholen, und zwar nicht nur unter den Umständen, wie sie Boyle ausführte, sondern auch unter Umständen, die mir geeigneter zu sein schienen, meine Folgerungen zu beweisen ... Ich überlegte folgendermaßen: Würde die Gewichtszunahme der im geschlossenen Raum verbrannten Metalle von dem Feuerstoff stammen, der durch die Glaswand dringt, wie es Boyle sich vorstellt, so müßte in dem Fall, wenn eine bekannte Menge eines Metalles unter ein Glas gebracht und hermetisch abgeschlossen und das Gesamtgewicht bestimmt und danach das Metall über Kohle verbrannt wird, wie Boyle es tat, nachher aber, bevor man öffnet, ein erneutes Wiegen entsprechend der Menge des durchgedrungenen Feuerstoffs eine Gewichtszunahme zeigen. Würde jedoch, schloß ich weiter, für die Gewichtszunahme des Metallkalks weder der Feuerstoff noch irgendein Stoff von außen, sondern die Fixierung der unter dem Gefäß befindlichen Luft verantwortlich sein, so darf das Gefäß nach dem Glühen nicht mehr wiegen als zuvor, es wird jedoch zum Teil luftleer, weshalb eine Gewichtszunahme sich erst zeigen wird, wenn man die fehlende Luft von außen hineinläßt ..." (zitiert n. Szabadváry 1973, S. 79f.)

Lavoisier beließ es bekanntlich nicht bei diesem Gedankenexperiment. Er stellte die nötigen Metallspiralen her und verbrannte sie in unterschiedlich großen Retorten. Seine Schlußfolgerungen lauteten:

„Erstens, in gegebenem Volumen Luft kann nur eine bestimmte Menge von Zinn verbrannt werden. Zweitens, die verbrennbare Menge ist größer in einem großen Gefäß und kleiner in einem kleinen Gefäß, wobei es sich aber nicht eindeutig beweisen ließ, daß die verbrannte Metallmenge dem Rauminhalt des Gefäßes proportional gewesen war. Drittens, es besteht keine Gewichtsdifferenz zwischen den Gewichten der vor und nach der Verbrennung gemeinsam gewogenen hermetisch verschlossenen Retorte, woraus eindeutig folgt, daß die Gewichtszunahme weder von dem Feuerstoff noch von irgendeiner anderen äußeren Ursache verursacht werden kann. Viertens, die Gewichtszunahme des Zinns beim Verbrennen stimmt genau mit der absorbierten Luftmenge überein. Das beweist, daß die Dichte des sich mit dem Metall vereinenden Anteils der Luft beinahe vollständig der Dichte der atmosphärischen Luft entspricht.

Ich könnte noch weitere besondere Gedanken anfügen, die mir während der Versuche mit dem Verbrennen der Metalle in geschlossenem Raum gekommen sind, die jedoch zu kompliziert sind, als daß sie dem Leser kurzgefaßt und doch verständlich hier dargelegt werden könnten. Diese Gedanken führten mich zu der Annahme, daß derjenige Teil, der sich mit dem Metall vereint, schwerer, derjenige,

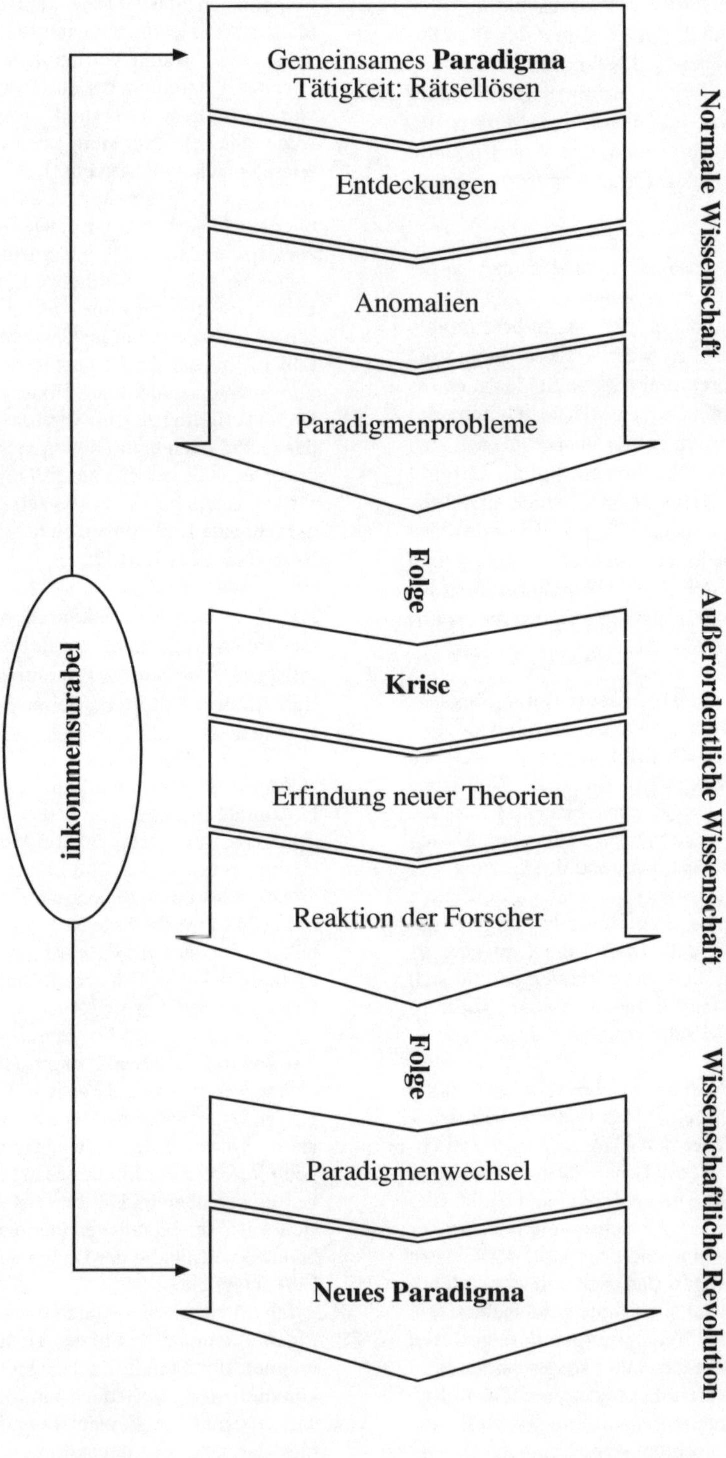

Abbildung 17: Die Struktur wissenschaftlicher Revolutionen nach Th. Kuhn

der nach der Verbrennung im Gasraum zurückbleibt, hingegen leichter ist als die atmosphärische Luft. Das spezifische Gewicht der Luft würde sich demnach aus den Dichten der beiden Teile ergeben. Es sind aber noch unmittelbarere Beweise nötig, um all dies entschieden behaupten zu dürfen ... Man sieht also, daß ein Teil der Luft dazu geeignet ist, mit Metallen Kalke zu bilden, während der andere Teil dies nicht vermag. Dieser Umstand läßt glaubhaft erscheinen, die atmosphärische Luft sei nicht einheitlich, sondern bestehe aus zwei verschiedenen Stoffen. Meine gegenwärtig mit Quecksilberkalk verlaufenden Versuche bestärken diese Vermutung. Ohne daß ich dieser Arbeit vorgreifen möchte, kündige ich es hier an, daß nicht die ganze Luft atembar ist; daß der gesunde Teil der Luft derjenige ist, der sich beim Verbrennen mit den Metallen vereinigt, während der andere eine gewisse Art von einem Stickstoff ist, der weder das Atmen noch das Brennen unterhält ..." (zitiert n. Szabadváry 1973, S. 82)

Die von Lavoisier gemachten Entdeckungen waren gekoppelt mit einer *Erfindung*: Luft ist kein Urelement, sondern eine aus (mindestens) zwei Stoffen zusammengesetzte Substanz. Aber selbst diese Einsicht überzeugte längst nicht alle Phlogistontheoretiker, vor allem diejenigen nicht, die inzwischen dazu neigten, die von Cavendish entdeckte „brennbare Luft", den Wasserstoff, für das immer noch gesuchte Phlogiston zu halten. Priestley hatte 1774 Sauerstoff (in seiner Sprache „dephlogistizierte Luft") und Wasserstoff gemischt und festgestellt, daß sich dabei das Ausgangsvolumen verminderte. Betrug das Mischungsverhältnis 2:1, so waren die Gase nach heftiger Explosion ganz verschwunden. Auch Carl Scheele (1742-1786) hatte diese Beobachtungen gemacht und aus ihnen geschlossen: Phlogiston (Wasserstoff) verbindet sich mit „Feuerluft" (Sauerstoff) zu Wärmestoff, der durch die Gefäßwände entweiche. Da diese Versuche in Gefäßen mit Wasser als Sperrflüssigkeit durchgeführt wurden, ist es nicht verwunderlich, daß man das bei der Reaktion von Wasserstoff und Sauerstoff entstehende Wasser nicht bemerkte. Dieser Nachweis gelang aber Lavoisier, als er 1783 Wasserstoff und Sauerstoff in ein durch Quecksilber abgesperrtes Gefäß leitete und synthetisierte: Das Reaktionsprodukt war reinstes Wasser (s. dazu Szabadváry 1973, S. 98f.). Damit war nun nicht nur erwiesen, daß Wasserstoff kein Phlogiston ist, sondern daß auch Wasser – wie Luft – kein (reines) Urelement, sondern ein *zusammengesetzter* Stoff ist.

Überzeugten diese Tatsachen auch den Rest der Phlogistontheoretiker? – Während sich einige der Sichtweise Lavoisiers anschlossen, blieben andere hartnäckig. Noch 1790 beurteilte er in einem Brief an den amerikanischen Forscher Benjamin Franklin die Situation relativ pessimistisch: „... Die französischen Wissenschaftler sind zur Zeit in zwei Gruppen gespalten, die Anhänger der alten und der neuen Chemie. Auf meiner Seite stehen Morveau, Berthollet, Fourcroy, Laplace, Monge und die Physiker im allgemeinen. Die Londoner und die übrigen englischen Wissenschaftler geben allmählich gleichfalls Stahls Theorie auf, auf der man in Deutschland jedoch noch hartnäckig beharrt. Nun, das war die Revolution, die sich seit ihrer Abreise aus Europa auf einem wichtigen Gebiet der Wissenschaft abgespielt hat. Diese Revolution möchte ich dann für vollständig und beendet betrachten, wenn Sie sich ihr auch anschließen würden." (zitiert n. Szabadváry 1973, S. 151)

3. Paradigmenwechsel als „wissenschaftliche Revolutionen"

Wie immer sich auch Franklin gegenüber dem Wunsch Lavoisiers verhalten haben mag, Kuhn hätte sich ihm spontan angeschlossen, denn Paradigmenwechsel – und dies ist der eigentliche Kern seines Essays – sind für ihn „wissenschaftliche Revolutionen" (S. 103, 104ff., 123ff.). Nun kann man unterschiedlicher Meinung darüber sein, ob der Terminus „Revolution" im Bereich wissenschaftlicher Entwicklung Sinn macht. Die beiden Parallelen, die Kuhn selbst zu politischen Revolutionen zieht, zeugen jedenfalls von einer sehr vereinfachenden Auffassung. Die eine Parallele soll darin bestehen, daß in der politischen und wissenschaftlichen Entwicklung *eine* Voraussetzung für das Zustandekommen einer Revolution im „Gefühl des Nichtfunktionierens" (S. 104) bestehe. Die andere Parallele hänge mit dem Faktum zusammen, daß in der Phase politischer Umwälzungen Entscheidungen zu treffen sind, ob man sich der alten oder der neuen Ordnung – jeweils unter Anerkennung der damit gekoppelten Institutionen – anschließen will. Vergleicht man diese beiden Aspekte mit den Ausführungen zu Lavoisiers Arbeiten, dann lassen sie sich darin zwar nachweisen, tiefschürfende Analysemöglichkeiten bieten sie aber offensichtlich nicht.

Deshalb richten wir besser die Aufmerksamkeit auf eine Textstelle, in der Kuhn einen ganz anderen Definitionsansatz vorträgt, nämlich einen wahrnehmungs- und kognitionspsychologischen, wenn er sagt, daß eine „wissenschaftliche Revolution eine Verschiebung des Begriffsnetzes ist, durch welches die Wissenschaftler die Welt betrachten". (S. 115) Diese „Verschiebung des Begriffsnetzes" setzt er an mehreren Stellen des Buches mit dem aus der Gestaltpsychologie bekannten Gestaltwandel in Verbindung (z.B. S. 76, 123f., 134). Kuhn illustriert diesen gestaltpsychologischen Ansatz zwar durch einige treffende Experimente, so daß der unkundige Leser ahnt, worum es in der Gestalttheorie geht. Ergänzende begriffliche und theoretische Ausführungen wären hier aber vonnöten gewesen. Sie sollen an dieser Stelle deshalb in knapper Form eingeschoben werden.

1. Die Gestaltpsychologie widerstreitet der *atomistischen* Annahme, derzufolge der Mensch einzelne, elementare Wahrnehmungen macht (Ich sehe zwei Beine, einen Rumpf, registriere den aufrechten Gang, ...) und mit Hilfe seines Erkenntnisvermögens diese Elemente dann zu einer „höheren Einheit", etwa zu einem Begriff (Ich sehe eine „Person"), zusammenfügt.
2. Dieser elementenhaft-synthetischen Auffassung menschlicher Wahrnehmung und Erkenntnis stellt die Gestaltpsychologie eine ganzheitliche gegenüber: Prozesse des Wahrnehmens und Erkennens sind immer schon durch „Kategorien" geleitet. Man nimmt sozusagen „auf einen Schlag" wahr, daß auf der gegenüberliegenden Seite der Straße eine Person steht, daß die Straße vielbefahren ist, daß der Verkehr stockt, ohne daß man zuvor „Elemente" der betreffenden Wahrnehmung (Merkmale der gesehenen Person, Merkmale stockenden Verkehrs) registrieren mußte.
3. Von besonderer Bedeutung sind in der Gestaltpsychologie diejenigen Situationen, in denen sich ganzheitliche „Kategorien" (Begriffe, Handlungsmuster, Vorurteile, Bewegungseinheiten) *bilden*. Für die kognitive Dimension sind dies die sogenannten „Aha-Erlebnisse", in denen wir plötzlich zu einer Einsicht gelangen. Man denke an die unterhaltsame Beschäftigung mit entsprechenden „Zeichnungen" (Vexierbildern), aus denen wir das eine Mal etwa ein junges Mädchen, bei verweilender Betrachtung aber plötzlich eine ältere Frau erkennen. Die Elemente (Punkte, Linien, geometrische Figuren) sind die gleichen geblieben, aber sie werden aus einer anderen Sicht heraus wahrgenommen, und zwar so, daß die vormals wahrgenommene Einheit nicht mehr wahrnehmungsleitend ist. Die einzelnen Elemente sind zu einer neuen Gestalt (daher die Bezeichnung „Gestaltpsychologie") verschmolzen.
4. Die Gestalt ist mehr als die Summe ihrer Teile. So lautet das wichtigste Gesetz der Gestaltpsychologie. Um im Beispiel zu bleiben: Die einzelnen Teile (Punkte, Linien) sind für sich genommen eben nur Punkte und Linien, zusammen bilden sie aber eine neue Einheit, eine neue bedeutungshaltige Figur: das junge Mädchen *oder* die ältere Frau.
5. Kognitive Gestalten haben im Wahrnehmungs- und Erkenntnisprozeß eine entlastende Funktion; sie ermöglichen eine schnelle Identifizierung der jeweiligen Situation als „Fall von ...".
6. Neben dieser Entlastungsfunktion darf man aber auch nicht verkennen, daß ein einzelnes Wahrnehmungsmuster immer wieder zur gleichen Identifizierung führt. Wahrnehmung verläuft dann in starren Bahnen, so daß es schwierig wird, die Sicht auf den Fall zu ändern. Die Konsequenz: Der *Erkenntniszuwachs* ist in Gefahr.

Junges Mädchen oder ältere Dame?
(aus: E.G. Boring: A new ambiguous figure. Am. Journal of Psychology, 1930, S. 444

Wenden wir nun diese Sicht der Gestaltpsychologie auf die von Kuhn behandelte wissenschaftstheoretische Problematik an, indem wir noch einmal die Phlogistontheorie mit der Verbrennungstheorie Lavoisiers vergleichen.

- Stahl nahm einzelne Erscheinungen nicht isoliert, sondern im Lichte seiner Phlogistontheorie wahr. Diese hatte – von einigen, wenn auch nicht unwesentlichen Anomalien abgesehen – für ihn einen hohen Erklärungswert; aber sie *verbot* ihm auch, „Fakten" wahrzunehmen: Luft war seiner

Überzeugung nach ein Urelement, aus dem sich keine weiteren Stoffe abscheiden ließen, die ihrerseits dann eine Verbindung mit Metallen eingehen konnten und deshalb Gewichtszunahme bewirkten.

- Gestaltpsychologisch gesehen, lagen die Dinge im Falle Lavoisiers nicht anders. Auch er besaß eine Theorie von hohem Erklärungswert. Sie erlaubte ihm, in der Verbrennung von Metallen deren Verbindung mit einem Teil der Luft zu „sehen", und verbot ihm jedoch zugleich, diese Vorgänge als Entweichen von Phlogiston zu „interpretieren".
- Entscheidend war für die beiden unterschiedlichen Sichtweisen jeweils das *zugrundegelegte Paradigma*: bei Stahl die alte Lehre der vier Urelemente, bei Lavoisier das – zumindest aufkeimende und dann durch Dalton und andere Wissenschaftler erweiterte und präzisierte – Paradigma, das uns heute in der modernen Lehre von den chemischen Elementen begegnet.
- Für beide Forscher war das zugrundegelegte Paradigma (die jeweilige „Gestalt") eine wirkungsvolle Möglichkeit, Ordnung in das Chaos sinnlicher Erfahrung zu bringen.
- Beide Forscher wurden durch das jeweilige Paradigma aber auch in ihrer Wahrnehmung kanalisiert: Im Rahmen des eingenommenen Standpunktes konnte nichts „wirklich Neues" auftauchen, weil weitere potentielle paradigmageleitete Entdeckungen (Fakten) im Erwartungshorizont bereits antizipiert waren.

Unterschiedliche Paradigmen finden wir nicht nur im naturwissenschaftlichen, sondern auch im sozialwissenschaftlichen Bereich. Deshalb wollen wir nun die Kuhnsche Sichtweise auch für diesen Bereich an einem entsprechenden Beispiel demonstrieren. Wir haben im 5. Kapitel die behavioristische Lerntheorie Skinners kennengelernt und wollen ihr nun eine gänzlich andere Auffassung von Lernen gegenüberstellen, die sogenannte gestaltpsychologische. Die gestaltpsychologischen Gesetze, die wir im vorangegangenen kennengelernt haben, beziehen sich zunächst einmal auf Wahrnehmungsprozesse, sie gelten aber auch für Situationen, in denen man sich neue Verhaltensweisen, Begriffe, Einstellungen, Motive usw. aneignet. Den Erwerb solcher Kompetenzen durch Erfahrung (nicht durch Reifungsprozesse!) nennt der Psychologe „Lernen".

Sehen wir uns zunächst ein „klassisches" Experiment an, um daran die gestaltpsychologische Sicht von Lernen aufzuzeigen.

Eines der bekanntesten Experimente im Bereich der Gestaltpsychologie hat Wolfgang Köhler konzipiert, durchgeführt und theoretisch legitimiert. Man darf die sich daran anschließenden theoretischen Arbeiten Köhlers als Pionierleistung der Gestaltpsychologie betrachten. Ziel des Experiments und vieler weiterer Versuche, die Köhler zwischen 1912 und 1920 auf Teneriffa durchführte, war es, „in den etwaigen Intelligenzleistungen von Anthropoiden Vorgänge wieder plastisch zu sehen, die für uns [Menschen; W.P.] zu geläufig geworden sind, als daß wir noch unmittelbar ihre ursprüngliche Form erkennen könnten, die aber wegen ihrer Einfachheit als der natürliche Ausgangspunkt theoretischen Verstehens erscheinen" (Köhler 1921, hier zit. als 1963^2, S. 1).

Versuchsbeschreibung:

„Ein großer hölzerner Tierkäfig ist auf einer Vertikalseite durch ein Gitter abgeschlossen, zwischen dessen Stäben die Tiere von außen hineingreifen können; der Kasten ist jedoch so groß, daß der Arm eines draußenstehenden jungen Schimpansen von diesem Gitter aus nicht das ganze Innere, sondern nur etwa die Hälfte beherrscht. Die dem Gitter gegenüberliegende Vertikalseite besteht aus horizontal aufgenagelten Brettern; von diesen wird eins entfernt, und zwar in solcher Höhe, daß die jungen Tiere zwar hineinsehen und hineinfassen, aber mit der Hand nicht den Boden des Käfigs erreichen können. Im übrigen ist der Kasten verschlossen; liegt eine Frucht nahe der Wand, aus der ein Brett entfernt wurde, auf dem Boden, so würde der Schimpanse vom Gitter (gegenüber) aus mit einem Stock hineinlangen, da die (mit Steinen beschwerte) Kiste sich

Ein klassisches Experiment Wolfgang Köhlers zur Untersuchung des Intelligenzverhaltens von Schimpansen (aus: Hans Aebli, 1980, S. 36

nicht kippen läßt. Sorgt man dafür, daß Stockgebrauch nur von der Seite des Spaltes aus möglich ist, so bleibt als einzige Lösung die, daß das Ziel vom Spalt aus dem Gitter zugeschoben wird, bis es von dort mit der Hand erreicht werden kann. Also entfernt man alle Stäbe aus der Umgegend bis auf einen, der, in der Nähe des Spaltes durch ein Seil befestigt, zwar ganz bequemes Arbeiten vom Spalt aus zuläßt, aber des Seiles wegen, welches an einen Baum gebunden ist, nicht hinüber an die Gitterseite genommen werden kann.“ (Köhler 1963[2], S. 182f.)

Wie versuchen nun die Affen (Chica und zuvor Sultan), das Problem zu lösen?

„Auch Chica kommt (30.3.) auf eine Zufallshilfe hin zur Lösung. Sie zieht zunächst unter 0° das Ziel auf sich zu, wie sie es aber an der Wand hinaufheben will, springt es hinunter und bis etwas über die Mitte des Käfigbodens von ihr fort. In demselben Augenblick läuft das Tier auch schon um den Kasten herum, langt in ihn durch das Gitter hinein und erreicht das Ziel.

Wie bei Sultan ist die Folge dieses Geschehens, daß im nächsten Versuch von Anfang an die Richtung auf das gegenüberliegende Gitter klar eingeschlagen wird: kein Zweifel, daß dies der Beginn der Lösung ist. Nun aber kommt es zu einem der merkwürdigsten Vorgänge, die ich jemals an den Tieren beobachtet habe. … Wie sie nun ganz richtig und vollkommen klar auf das Gitter gegenüber hinarbeitet, wird sie durch ein Geräusch auf der nahen Straße erschreckt, sieht einen Augenblick nach der Stelle der Störung hin und setzt gleich danach ihre Tätigkeit fort, aber jetzt unter 0° ziehend; diesmal wird der Umschlag nicht korrigiert. Chica zieht weiter, bis das Ziel dicht vor ihr an der Spaltwand angekommen ist, und in diesem Moment läuft sie, wie einer, der nur noch den Erfolg seiner Bemühungen zu ernten hat, um den Käfig herum an das Gitter: man kann nicht verdutzter aussehen, als Chica, wie sie nun in den Kasten hineinschaut und das Ziel maximal entfernt an der Spaltwand erblickt. Es entsteht geradezu der Eindruck, als wache das Tier plötzlich wie aus einem Schlafe auf, und wie sich die Schimpansen sonst verhalten, ist die einzige Deutung, die man diesem Vorgang geben kann, daß die Störung noch lange nachwirkte und den unter solchen Umständen besonders begünstigten Umschlag nicht als solchen bemerken und korrigieren ließ wie sonst; so brachte Chica das Ziel bis an das natürliche Ende seiner Bahn und machte sich dann, immer noch „halb abwesend“ an den zweiten Teil des Programmes, der nun allerdings nicht paßte und so zum „Erwachen“ führen mußte. – Auf die Überraschung hin kehrt das Tier zur Spaltwand zurück, ergreift wieder den Stock und schiebt das Ziel mit besonderer Sorgfalt dem Gitter zu; aber auch jetzt noch kann sie die Umschläge nicht ganz vermeiden, wennschon sie stets sofort die Korrektur eintreten läßt. Die eigene Armlänge berücksichtigt Chica ebensowenig wie Sultan im Anfang und strengt sich an, das Ziel drüben ins Freie zu befördern, als sie es schon längst bequem erreichen könnte.“ (Köhler 1963[2], S. 185f.)

An dem hier wiedergegebenen Beispiel können wir uns nahezu alle wichtigen Begriffe und empirisch abgesicherten Gesetzmäßigkeiten der Gestaltpsychologie klarmachen. Die folgenden Bemerkungen beschränken sich zwangsläufig auf einige wenige Aspekte, die für eine Theorie des *Lernens* (und Lehrens) besonders wichtig sind:

1. Lernen erfolgt hier nicht, wie etwa in den Skinnerexperimenten, als allmähliche Annäherung an ein gewünschtes Endverhalten (shaping), sondern stellt sich plötzlich ein. Aus unserem Alltag sind uns entsprechende Vorgänge als sogenannte „Aha-Erlebnisse“ bekannt.
2. Die einzelnen Elemente der Situation (Kasten, die davor liegende Banane, der Stock, der räumliche Abstand usw.) addieren sich nicht in einem bloß quantitativen Sinne zum Endverhalten, sondern bilden eine „neue“ Ganzheit, eine Gestalt, für die gilt: Das Ganze ist mehr, etwas anderes, als die Summe seiner Teile. Es ist also nicht eine Addition der Elemente, sondern diese Elemente bilden etwas, was zuvor nicht „in ihnen steckte“, nämlich die Gestalt, „einen Stock als Hilfsmittel zu benutzen, um für den eigenen Körper unerreichbare Gegenstände zu sich heranziehen zu können“.
3. Daß die durch Zusammenschluß der Elemente entstandene Gestalt eine gänzlich andere Qualität hat als die Summe der Elemente, zeigt sich in der Transferierbarkeit der Gestalt. Der Affe verfügt nun über eine Disposition, die es ihm künftig erlaubt, in ähnlichen Situationen (in denen aber eben nicht genau diese Elemente auftreten: die Banane läßt sich durch ein Spielzeug, der Kasten durch einen Teich, auf dem das Spielzeug schwimmt, ersetzen) diese Gestalt wieder zur Anwendung zu bringen. Ein weiteres sehr anschauliches Beispiel für die Qualität einer Gestalt und ihrer Transferierbarkeit bildet das Phänomen, eine gehörte Melodie nachsingen oder -pfeifen zu können. So ist die Melodie eines Evergreens nicht eine bloße Abfolge von Tönen, sondern eben eine Ganzheit, die ihre Qualität aus dem spezifischen Gefüge der Töne gewinnt. Wenn wir eine solche Melodie nachsingen, ist

Zwei unterschiedliche Paradigmen von „Lernen“

Lernen aus behavioristischer Sicht	Lernen aus gestaltspsychologischer Sicht
– Verhaltensänderung (= Lernen) resultiert aus „atomistischen“ Verbindungen, aus „Und-Verbindungen“ (Wertheimer).	– Das „Ganze“, die Gestalt, gibt den einzelnen Elementen (Wahrnehmungs-, Vorstellungs-, Sprach-, Handlungselementen) seine Bedeutung.
– Erzeugtes Verhalten ist eine quantitative Vereinigung von Elementen, hat aber keine andere Qualität als diese Elemente selbst.	– Das Ganze ist mehr (ist etwas anderes, hat eine andere Qualität) als die Summe seiner Teile.
– Lernen ist systematisch und stetig arrangierbar.	– Einsicht im Lernprozeß stellt sich plötzlich ein, nämlich in dem Moment, in dem sich die Gestalt bildet.
– Lehren ist ein technologischer, von außen einwirkender strategischer Prozeß, durch den Lernzuwachs nahezu garantiert wird.	– Lehren heißt Hilfe zum Lernen. Lernen kann aber nicht erzwungen werden, sondern setzt die Selbsttätigkeit des Lernenden voraus: Er allein kann nur lernen, aber er kann es nicht allein.
– Der Lernende selbst durchschaut den Lernprozeß nicht; sein Endverhalten wird manipulativ erzeugt.	– Der Lernende kann aus der Situation „heraustreten“ (Exzentrizität), seinen Lernprozeß aktiv mitgestalten („Was mache ich falsch?“) und Stellung zum Gelernten beziehen; er ist also fähig zur Reflexion.
– Die Ursachen für nicht zustandegekommenes Lernen sind allein auf der Seite des Lehrenden zu suchen, weil er entweder nicht über die „richtigen“ Lehrstrategien (z.B. Verstärkungen) verfügt oder die „falschen“ eingesetzt hat.	– Lernprozesse können scheitern. Die Ursachen dafür müssen nicht ausschließlich die gegebenen oder unterlassenen Lernhilfen des Lehrenden sein, sondern lassen sich auch beim Lernenden ausmachen (fehlende Konzentration, „Denkblockade“, mangelndes Interesse, Vorurteile gegenüber dem Lerninhalt, Lernverweigerung usw.).
– Bei nachlassender äußerer Verstärkung klingt das gelernte Verhalten bald ab, zum Teil sogar bis zur Auslöschung (Extinktion).	– Durch Einsicht Gelerntes wird im Langzeitgedächtnis gespeichert und ist daher besonders resistent gegenüber den Vorgängen des Vergessens.
– Der von Verhaltenstheoretikern (insbesondere für den Bereich der Verhaltenstherapie) behauptete Transfereffekt ist empirisch umstritten.	– Das Gelernte (die mathematische Formel, die im Kunstunterricht angeeignete Gestaltungstechnik) ist transferierbar auf Sachverhalte, die ähnlich strukturiert sind (Transfer des Allgemeinen auf das Besondere).

die Wahrscheinlichkeit, die Originaltonart nicht getroffen zu haben, d.h. die Originalelemente (Töne) nicht verwendet zu haben, sehr groß. Dennoch: Es ist für uns die klar identifizierbare Melodie dieses Evergreens, weil sie trotz der Verwendung anderer Töne im Prozeß des Transfers (der Musiker spricht hier von Transposition bzw. Transponierbarkeit) ihre Gestaltqualität bewahrt hat.

4. Während in den Experimenten Skinners die Situation für das Versuchsobjekt letztlich undurchschaubar bleibt, zeigt der Affe im Köhlerschen Experiment ein Verhalten, das sich nicht prinzipiell, sondern nur noch graduell vom menschlichen unterscheiden läßt: Das Tier tritt sozusagen „einen Schritt zurück“, es scheint zu „überlegen“, sich ein „Bild von der Situation zu machen“, sein eigenes Verhalten und Handeln zu

„bewerten". Solche Verhaltensweisen könnte man mit dem Begriff „Reflexivität" oder „Exzentrizität" (Plessner) bezeichnen. Der Lernende ist dabei Agent seines eigenen Lernprozesses, zu dem er auch wertend Stellung nehmen kann.

5. Im hier herangezogenen Experiment stehen lediglich Denk- und Handlungsgestalten im Vordergrund. Die Gestaltpsychologie beschreibt darüber hinaus auf dem Hintergrund der Trias „Fühlen", „Denken" und „Handeln" bzw. „Wollen" eine breite Palette von im Alltag wirksamen Gestalttypen: Optische Gestalten (Figur-Hintergrund; Farbgestalten), Bewegungsgestalten (Rhythmische Gestalten, Zeit-Raum-Gestalten), akustische Gestalten (Melodien), taktile Gestalten (Ertasten eines Gegenstandes), Gestalten des Geruchssinnes, Denkgestalten (Schlußfiguren), Gefühlsgestalten und Handlungsgestalten.
6. Die gestaltpsychologischen Begriffe und Annahmen sind auch dazu geeignet, die Funktion der Wahrnehmung im Lernprozeß zu beschreiben. Lernen gelingt Schülern z.B. deshalb häufig nicht, weil sie die in der Situation auftretenden Elemente in einer ihnen vertrauten Weise wahrnehmen, dadurch aber eben nicht bzw. noch nicht eine neue Gestalt bilden können, durch die die Elemente dann anders („richtig") wahrgenommen werden. Solange sie beispielsweise nicht die Gestalt „Zielgruppe" gebildet haben, sind sie auch nicht in der Lage zu erkennen, daß sie selbst in der Werbung als Zielgruppe angesprochen werden.
7. Die Rolle des Lehrenden im Lernprozeß stellt sich aus gestaltpsychologischer Sicht anders dar als aus verhaltenstheoretischer, denn die erwünschte Einsicht läßt sich nicht erzwingen, der Lernerfolg also auch nicht garantieren. Das Köhlersche Experiment erweckt zunächst den Eindruck, als greife der Experimentator in den Ablauf der Handlung in keiner Weise ein. Bei näherer Betrachtung wird aber dann doch deutlich, daß die Situation nicht beliebig viele Variationen im Ergebnis zuläßt, sondern durch Auswahl und Anordnung der Gegenstände quasi vorstrukturiert ist. Übertragen auf schulisches Lehren und Lernen, hieße das: Der Lehrende hat die Aufgabe, die Lernsituation so zu gestalten, daß der Schüler die einzelnen Momente wahrnimmt und sie durch die Bildung einer neuen Gestalt zusammenfügt. Lehren bedeutet hierbei also Hilfe zum Lernen, lernen kann der Schüler aber nur selbst. Man könnte daher die eigentümliche Stellung des Schülers im Lernprozeß auch so formulieren: Nur er allein kann lernen, aber er kann es (zumindest in der Regel) nicht allein, sondern braucht dazu die Hilfe des Lehrenden.

Wir haben hier zwei unterschiedliche Paradigmen des Lernens gegenübergestellt, um den Ansatz Kuhns auch für den sozialwissenschaftlichen Bereich zu veranschaulichen. Dabei darf man aber einen wichtigen Unterschied nicht verkennen: Im naturwissenschaftlichen Bereich gibt es in der Tat wissenschaftliche Revolutionen (s. den neuen Elementbegriff von Lavoisier, der die Chemie revolutionierte), die mehr oder weniger schnell dazu führen, daß das ehemals präferierte Paradigma von dem neuen abgelöst wird. Im sozialwissenschaftlichen Bereich, z.B. in der (Lern-)Psychologie oder Pädagogik, liegen die Dinge freilich anders. Die Gestaltpsychologie etwa hat die behavioristische Sicht des Lernens nicht abgelöst; beide Paradigmen finden weiterhin ihre Anhänger. Es ist schwierig nach den Gründen zu fragen, warum hier schwerer als im naturwissenschaftlichen Bereich Überzeugungsarbeit zu leisten ist. Mögliche Gründe könnten sein:

- Sozialwissenschaftliche Disziplinen haben es nicht mit der Untersuchung von Dingen zu tun, deren Eigenschaften sich relativ einfach für Versuche isolieren lassen, sondern mit dem komplexen Erleben und Handeln von Menschen. Die im 4. Kapitel genannten Gütekriterien (insbesondere die Reliabilität) sind deshalb aufgrund der Vielzahl wirkender Variablen nur schwer einzulösen.
- Während die naturwissenschaftliche Forschung auf eine lange experimentelle Tradition (mindestens seit dem 17. Jahrhundert) zurückblicken kann, setzt die empirische Forschung im sozialwissenschaftlichen Bereich (z.B. in der Psychologie und der Pädagogik) erst am Ende des 19. bzw. zu Beginn des 20. Jahrhunderts ein. Vielleicht reicht diese kurze Geschichte der psychologischen und pädagogischen Forschung noch nicht, um klare Entscheidungen für oder gegen entsprechende Paradigmata fällen zu können.
- Im Vergleich zum naturwissenschaftlichen Bereich sind die Paradigmata im sozialwissenschaftlichen Bereich wesentlich stärker von wertedurchzogenen Setzungen geprägt, über die sich empirisch nicht befinden läßt. Für Skinners Theorie des Operanten Konditionierens etwa hatten wir eine (implizite) Anthropologie skizziert, die den Menschen als mehr oder weniger manipulierbares Objekt konstruiert. In der gestaltpsychologischen Auffassung wird der Mensch dagegen als ein Wesen gedacht, das Wirklichkeit aktiv (und

selektiv) wahrnimmt, Informationen aus seiner Umwelt aufnimmt und verarbeitet, Probleme erkennen und lösen kann usw.

4. Schluß

Kehren wir zum Schluß noch einmal zu dem eingangs skizzierten Vergleich der wissenschaftstheoretischen Auffassungen Poppers und Kuhns zurück. Vor dem Hintergrund der hier verwendeten Beispiele wäre also zu fragen:

1. Hatte Lavoisier den Wettstreit zwischen der Phlogistontheorie und seiner Verbrennungstheorie durch empirische Überprüfung für sich entschieden?
2. Hatte er also Stahls Theorie im Popperschen Sinne falsifiziert?
3. Stützt Lavoisiers Erfindung das Modell der linearen Entwicklung von Wissenschaft oder die von Kuhn präferierte Auffassung der sprunghaften Entwicklungsschübe?
4. Wie steht es in beiden Fällen mit dem Wahrheitsanspruch?

Kuhns systematische Antworten auf diese sich aus dem Beispiel ergebenden Fragen würden lauten:

Erste Antwort: Experimente können *niemals* über konkurrierende Theorien entscheiden.

Begründung: „Wenn Paradigmata in eine Diskussion über die Wahl von Paradigmata eingehen – und sie müssen es ja –, dann ist ihre Rolle notwendigerweise zirkulär. Jede Gruppe [von Wissenschaftlern; W.P.] verwendet ihr eigenes Paradigma zur Verteidigung eben dieses Paradigmas." (Kuhn 1979[4], S. 106) Wäre es beispielsweise zu einer tatsächlichen Begegnung Stahls und Lavoisiers gekommen, so hätten sie „aneinander vorbei geredet"; jeder hätte seine Ansicht der Verbrennungsvorgänge mit seinem Paradigma gestützt. Eine empirische Überprüfung könnte deshalb keine Entscheidung herbeiführen, weil die „richtigen" Experimente ja nur mit dem „richtigen" Paradigma ausgewählt werden könnten. Der einzelne Wissenschaftler löst also in der Phase normaler Wissenschaft die von ihm gestellten Rätsel auf der Basis des von ihm anerkannten Paradigmas. Was er erwartet, ist nichts von Grund auf Neues: „Er weiß, was er erreichen will." (S. 109)

Über den Prozeß der Forschung hinaus zeitigt dieses Zusammenspiel von „Erwartung" und „Hintergrund" (S. 76) auch seine negativen Folgen für die Lehre, wie sie sich insbesondere in den Lehrbüchern der Disziplin darstellt. Nach Kuhns Ansicht beginnen Lehrbücher damit, „daß sie den Sinn des Wissenschaftlers für die Geschichte seiner Disziplin abstumpfen, und gehen dann daran, für das von ihnen Ausgeschaltete einen Ersatz zu liefern". (S. 34, 148f.) In der Regel bieten Lehrbücher nur wenig Geschichtliches, verweisen selten auf historisch bedeutsame Entdeckungen und erwecken dadurch zwangsläufig beim Leser den Eindruck, er nehme an „einer beständigen historischen Tradition" (S. 149) teil. Aber diese Tradition hat – so Kuhn – niemals existiert. Dieser Sachverhalt kommt in Lehrbüchern nicht zum Tragen, weil sich die Darstellungen höchstens auf solche Teile früherer Arbeit beziehen, die das im Lehrbuch vertretene Paradigma stützen: „Teils durch Auslese und teils durch Verzerrung werden die Wissenschaftler früherer Zeitalter ausdrücklich so dargestellt, als hätten sie an der gleichen Reihe fixierter Probleme und in Übereinstimmung mit der gleichen Reihe fixierter Kanons gearbeitet, welchen die letzte Revolution in der wissenschaftlichen Theorie und Methode den Stempel der Wissenschaftlichkeit aufgeprägt hat. Es ist also nicht verwunderlich, daß Lehrbücher und die von ihnen unterstellte geschichtliche Tradition nach jeder Revolution neu geschrieben werden müssen." (S. 149)

Zweite Antwort: Es gibt keine falsifizierenden Erfahrungen (S. 157ff.).

Begründung: Die zirkuläre Argumentation, mit der Wissenschaftler Theorien mit Experimenten „beweisen" wollen und umgekehrt die Wahl und Konstruktion von Experimenten mit entsprechenden Theorien begründen, zeigt, daß in beiden Fällen keine echte Erkenntnis entsteht: Was als empirisches Faktum im Experiment zu verzeichnen ist, ist aufgrund der Theorie zu erwarten gewesen. Eine *einzelne* Theorie ist also nicht falsifizierbar. Wie aber steht es dann mit konkurrierenden Theorien und den entsprechenden experimentellen Fakten? Kann also ein mit der Theorie A kompatibles empirisches Faktum eine Theorie B widerlegen? – Dies wäre nur möglich, wenn es eine *theorieneutrale* Sprache und demnach *neutrale* sinnliche Erfahrung gäbe (s. S. 137ff.). Die gestaltpsychologischen Überlegungen haben jedoch gezeigt, „daß zwei Menschen mit den gleichen Netzhauteindrücken ganz verschiedene Dinge sehen können". (S. 138) Weder Stahl noch Lavoisier sah die Dinge also falsch, sondern jeder sah sie *anders* vor dem Hintergrund seines Paradigmas. Jegliche sinnliche Erfahrung – das hatte Popper bereits gesehen – ist also „theoriegetränkt". Und deshalb sind verschiedene Theorien nicht vergleichbar bzw. *inkommensurabel*, wie Kuhn sagt (S. 116). Kein Terminus der neuen Theorie ist identisch mit irgendeinem der alten; unser gewähltes historisches Beispiel (zunächst „Elemente", später zusammengesetzte Stoffe) hatte das etwa für die Begriffe „Luft" und „Wasser" gezeigt.

Man muß diese Inkommensurabilität radikal genug fassen, um nicht fälschlicherweise anzunehmen, Bestandteile der älteren Theorie seien in der neueren „aufgehoben". In der Entgegensetzung von Phlogistontheorie und Lavoisierscher Theorie liegt eine klare Inkommensurabilität vor. In anderen Paradigmendiskussionen *scheint* dies nicht der Fall zu sein. So ist man eventuell geneigt, die Newtonsche Theorie als einen Sonderfall der Einsteinschen Relativitätstheorie zu interpretieren. Sobald die relativen Geschwindigkeiten der betrachteten Körper im Vergleich zur Lichtgeschwindigkeit sehr klein sind, *scheint* sich die Newtonsche Theorie aus der Einsteinschen ableiten zu lassen. Dem ist aber nicht so; die *grundlegenden* Begriffe tragen den gleichen Namen, meinen aber etwas Unvergleichbares: „Die Newtonsche Masse bleibt erhalten; die Einsteinsche ist verwandelbar in Energie. Nur bei niedrigen relativen Geschwindigkeiten können diese beiden in der gleichen Weise gemessen werden, und sogar dann dürfen sie nicht als gleich angesehen werden." (S. 114) Insofern belegt auch dieses Beispiel, daß „Tatsachen" im Lichte der Relativitätstheorie nicht die Newtonsche Theorie falsifizieren können. Für die an der Diskussion von zwei Paradigmen beteiligten Wissenschaftler besteht also der Zwang, das eine (*nicht* falsifizierbare) Paradigma abzulehnen und *im gleichen Zuge* das andere (ebenfalls *nicht* falsifizierbare Paradigma) anzunehmen. Eine dritte Möglichkeit gibt es nicht, denn dann würden die Wissenschaftler aufhören, Wissenschaftler zu sein.

Dritte Antwort: Die Geschichte der Wissenschaft verläuft nicht linear und kumulativ (S. 150).

Begründung: „Viele Rätsel einer normalen Wissenschaft existieren erst seit der jüngsten Revolution. Nur ganz wenige von ihnen können bis zum geschichtlichen Beginn der Wissenschaft, in welcher sie jetzt auftreten, zurückverfolgt werden." (S. 152) Die Existenz der neuen Rätsel geht aber auf die mit dem Paradigma verbundene neue Sichtweise zurück. Man steht daher vor ganz anderen Aufgaben. Die Geschichte der Wissenschaft läßt sich demnach nicht so modellieren, als verlaufe sie linear, sondern eher in Sprüngen. Denn das neue Paradigma setzt auf einer neuen Qualitätsstufe an, die ein wesentlich größeres Erklärungs- und Prognosepotential als das alte bietet. Aber dieses Bild der Entwicklung trägt nur, wenn man längere Zeiträume in Betracht zieht (S. 148). Zwar muß ein Paradigmawechsel im Kopf eines einzelnen Wissenschaftlers plötzlich aufscheinen (Lavoisier wird in einem bestimmten Moment die neue Idee gehabt haben; sie hat sich schlagartig eingestellt.). In der wissenschaftlichen Gemeinschaft verlaufen die Entscheidungsprozesse jedoch anders. Einige Wissenschaftler lassen sich schnell von der neuen Sichtweise infizieren, andere nicht, wie Lavoisiers Brief an Benjamin Franklin zeigte. Einen Mittelweg gibt es *nicht*.

Insofern muß man die Rede von der sprunghaften Entwicklung wohl etwas zurücknehmen, wenn man auf die Wissenschaftler insgesamt sieht. Diese Relativierung teilt auch Kuhn, wenn er sagt: „Überzeugt von der Fruchtbarkeit der neuen Anschauung, werden immer mehr die neue Art der Ausübung normaler Wissenschaft annehmen, bis schließlich nur einige ältere Starrköpfe übrig bleiben. Und nicht einmal von diesen läßt sich sagen, daß sie im Unrecht seien." (S. 169) Was aber wird aus den „älteren Starrköpfen"? Max Planck hat ihr Schicksal so beurteilt: „Eine neue wissenschaftliche Wahrheit pflegt sich nicht in der Weise durchzusetzen, daß ihre Gegner überzeugt werden und sich als belehrt erklären, sondern vielmehr dadurch, daß die Gegner allmählich aussterben und daß die heranwachsende Generation von vornherein mit der Wahrheit vertraut gemacht ist." (zit. n. Kuhn 1979[4], S. 162) Kuhn sieht das von Planck angesprochene Generationenproblem genauso, ist aber in puncto „Wahrheit" ganz anderer Meinung.

Vierte Antwort: Man sollte „vielleicht die – ausdrückliche oder unausdrückliche – Vorstellung aufgeben, daß der Wechsel der Paradigmata die Wissenschaftler und die von ihnen Lernenden näher und näher an die Wahrheit heranführt". (S. 182)

Begründung: Ein Anspruch auf endgültige Wahrheit setzt die Korrespondenz von „Erscheinung" und „Ding an sich" voraus: Hinter der Wirklichkeit liegt das wahre Wesen der Dinge. Schließt man sich aber wie Kuhn der gestaltpsychologischen Deutung der Wahrnehmung und Erkenntnis an, dann ist der Mensch derjenige, der die „Welt" konstruiert. Im Lichte der jeweiligen Konstruktion werden einige Ausschnitte der Welt erfaßt, andere dagegen ausgeblendet. Die eine Konstruktion ist nicht wahrer als die andere („Der Wettstreit zwischen Paradigmata kann nicht durch Beweise entschieden werden.“ [S. 159]). Führt das in letzter Konsequenz zur Beliebigkeit von Wissenschaft?

Kuhn gibt indirekt eine sehr zurückhaltende Antwort auf diese Frage. Auf der einen Seite plädiert er für die „Verabschiedung“ einer teleologischen Entwicklung von Wissenschaft (S. 183). Der Gang der Forschung sei ein Prozeß, „der sich zwar stetig von primitiven Anfängen *fort,* aber nicht auf ein Ziel *hin*“ (S. 184), schon gar nicht auf Wahrheit hin bewegt. Auf der anderen Seite müsse man den Fortschritt von Wissenschaft darin sehen, daß Paradigmenwechsel fast eine Garantie dafür bieten, „daß sowohl die Anzahl der von Wissenschaft gelösten Probleme wie auch die Exaktheit der einzelnen Problemlösungen immer weiter wachsen werden“. (S. 181)

Ist das nicht auch eine Teleologie, wenn man annimmt, daß Exaktheit und Problemlösekapazität ständig anwachsen? Oder spricht daraus die verheimlichte, aber evtl. unerklärbare Freude darüber, daß Wissenschaft „irgendwie“, wie auch immer, funktioniert, ob mit oder ohne Wahrheitsidee?

Kontrollfragen:

1. Worin unterscheiden sich die Auffassungen über Wissenschaft von Kuhn und Popper?
2. Wie umschreibt Kuhn den Begriff des Paradigmas?
3. Durch welche zwei Phasen ist der Ablauf von Wissenschaft nach Th. Kuhn gekennzeichnet?
4. Was zeichnet normale Wissenschaft aus?
5. In welche drei Klassen von Problemen läßt sich die gesamte Tätigkeit normaler Wissenschaft einteilen?
6. Was ist die globale Wirkung eines Paradigmas?
7. Welche vier Gründe führt Kuhn zur Erklärung der ‚Priorität der Paradigmata‘ gegenüber den ‚Regeln‘ an?
8. Wie charakterisiert Kuhn eine wissenschaftliche Krise?
9. Welche wichtigen Merkmale kennzeichnen die Phase der außerordentlichen Wissenschaft?
10. Was versteht Kuhn unter einem Paradigmenwechsel?
11. Erläutern Sie den Begriff der Inkommensurabilität?

14. Kapitel

Die strukturalistische Auffassung von Wissenschaft nach Sneed und Stegmüller

Überblick:

Dieses Kapitel befaßt sich mit den wissenschaftstheoretischen Überlegungen Wolfgang Stegmüllers im Anschluß an J. Sneed.

Stegmüllers Untersuchung knüpft an zwei der von Kuhn behandelten Probleme (Irrationalität wissenschaftlicher Forschung und Inkommensurabilität von Theorien) an.

Basierend auf der Differenzierung von Theorien (in eine logische und eine empirische Komponente) kann Stegmüller die Kuhnsche Auffassung nicht nur erweitern, sondern auch für einige der von ihr aufgeworfenen Probleme neue Lösungen aufzeigen.

Das letzte Kapitel dieser Einführung soll in knapper Form auf einen neueren wissenschaftheoretischen Ansatz aufmerksam machen, der zum einen die von Th. Kuhn vorgebrachte grundsätzliche Kritik an der Popperschen Falsifikationstheorie aufgreift und konstruktiv zu wenden versucht und zum anderen auch die Auffassungen Kuhns kritisch weiterführen möchte. Diese kritische Weiterführung bezieht sich vor allem auf Kuhns These, daß wissenschaftliches Arbeiten zu einem nicht geringen Grad *irrational* sei.

Wir knüpfen für die folgenden Überlegungen an diese These an und rufen uns noch einmal in Erinnerung, auf welchen Sachverhalt sie zielte: Das leitende Paradigma darf man als das Fundament, das wissenschaftliche „Glaubensbekenntnis" des Forschers ansehen, das er akzeptieren oder verwerfen kann. Für diesen Entscheidungsprozeß hat er keine objektive Basis in dem Sinne, daß es eine unbestechliche Richterinstanz gäbe, die eine rational begründete Wahl zwischen konkurrierenden Paradigmen erlaubt. Dazu bedürfte es ja einer theorieneutralen Sprache, die es aber bekanntlich nicht geben kann. Schon Popper hatte das Problem der Theoriegetränktheit aller Erfahrung klar erkannt: Beobachtungen werden immer im Lichte einer bestimmten Theorie gemacht, die als selektiver Focus für das, was überhaupt als Faktum wahrgenommen wird, dient. So ist z.B. Masse als meßbare Größe in der Newtonschen Physik etwas anderes als in der Einsteinschen. Und Lernen bedeutet in der behavioristischen Theorie Skinners etwas ganz anderes als in der gestaltpsychologischen Theorie Köhlers. Die Grundbegriffe der einen Theorie sind deshalb nicht übersetzbar in die der anderen, sie sind – um mit Kuhn zu sprechen – inkommensurabel. Daraus folgt schließlich, daß ein Vergleich von zwei Theorien nicht über deren Richtigkeit entscheiden und somit auch nicht zur Falsifikation der einen Theorie führen kann. *Theorien sind demnach immun gegen Falsifizierung*.

Diese und andere Überlegungen hatten Kuhn zu dem Vorwurf der Irrationalität veranlaßt, ein Vorwurf, der zwangsläufig Unbehagen hervorruft. Dieses Unbehagen verstärkt sich zudem mit Blick auf die Frage des Erkenntnisfortschritts: Wenn verschiedene Paradigmen unvergleichbar sind, ist es dann überhaupt noch sinnvoll, von Fortschritt sprechen zu können? Man kann zwar zwischen dem einen oder dem anderen Paradigma wählen, aber nicht mit der Behauptung, das gewählte sei besser oder richtiger. Simultane Paradigmenvielfalt wäre dann so etwas wie ein Jahrmarkt der Beliebigkeiten, in dem man sich ohne Konsequenzen, also ohne rational begründete Kritik der Zunft tummeln könnte.

Diese beiden Rationalitätslücken, die Immunität von Theorien gegen Widerlegung und die Frage nach dem Erkenntnisfortschritt, wollen wir zum Ausgangspunkt unserer weiteren Überlegungen machen. Um sie ein Stück weit schließen zu können, werden wir einen Blick auf die Überlegungen von Josef Sneed (einem amerikanischen Wissenschaftsheoretiker) und Wolfgang Stegmüller (dem bekannten deutschen Philosophen und Wissenschaftstheoretiker) werfen. Während Sneed das Verdienst gebührt, eine ganz neue Auffassung von Wissenschaft eingeführt zu haben, darf man die Leistung Stegmüllers vor allem darin sehen, die in englischer Sprache erschienene und zunächst nur zögerlich beachtete Arbeit Sneeds (The Logical Structure of Mathematical Physics, Dordrecht 1971) im deutschsprachigen Bereich einem breiten Publikum bekannt gemacht und differenzierter (vor allem in einer hoch formalisierten Sprache) ausformuliert zu haben.

Um die neue Sicht Sneeds und Stegmüllers auf die benannten Rationalitätslücken in Kuhns Werk anzuwenden, muß man radikal mit einer Vorstellung brechen, die zuvor alle Wissenschaftstheoretiker – auch Kuhn – mehr oder weniger unausgesprochen geteilt haben, indem sie nämlich die rationale Tätigkeit des Naturwissenschaftlers *völlig* analog zu der des Mathematikers gesehen haben. Diese Analogie verwischt aber das Gemeinsame mit dem Unterscheidenden. Gemeinsamkeiten kann man ganz klar im Prozeß der Theoriebildung sehen. Zur (rationalen) Beweisführung leitet man in der Mathematik aus Axiomen und Definitionen Lehrsätze her. Man verknüpft also Aussagen mit Aussagen durch *Deduktion* und erhält dadurch ein *Aussagensystem*. Dieses Vorgehen scheint dem Vorgehen in den Naturwissenschaften völlig vergleichbar zu sein; eine naturwissenschaftliche Theorie wäre demnach ein Aussagensystem, das mehrere naturwissenschaftliche Gesetze in axiomatisierter Form zusammenschließt.

Diese Analogie greift aber dann nicht mehr, wenn man die empirische *Anwendung* des theoretischen Gebäudes auf die Wirklichkeit betrachtet. Wir wollen hier nicht die facettenreichen Überlegungen Stegmüllers im Detail nachzeichnen, sondern uns auf den entscheidenden Unterschied zwischen Mathematik und Physik konzentrieren, der darin liegt, daß der Individuenbereich, auf den die allgemeinen Sätze der Mathematik zutreffen sollen, von vornherein festgelegt ist. Wenn dieser Bereich etwa aus Zahlen besteht, dann setzt der

Mathematiker z.B. die natürlichen oder die rationalen Zahlen als Elemente dieses Bereiches fest. Bei der empirischen Anwendung *physikalischer* Theorien handelt es sich dagegen grundsätzlich um eine *offene* Menge. Man kennt dort zwar eine Reihe erfolgreicher Anwendungen, muß aber ständig damit rechnen, daß künftig weitere Anwendungsmöglichkeiten hinzukommen oder sogar bisher akzeptierte Anwendungsmöglichkeiten – einhergehend mit entsprechenden Veränderungen im theoretischen System – nicht mehr als gültige angesehen werden.

Von diesem wesentlichen Unterschied ausgehend hat Stegmüller nun ein differenzierteres Bild der Vorgehensweise in den Naturwissenschaften entwickelt und darauf aufbauend versucht, die Rationalitätslücken der Kuhnschen Auffassung zu schließen. Stegmüller unterscheidet zunächst zwei Hauptbestandteile einer Theorie: ihre *logische* und ihre *empirische* Komponente (Stegmüller 1979).

- Die *logische Komponente* einer Theorie besteht im Falle ihrer stringenten Axiomatisierung (diese ist im Bereich der Physik durchführbar, im Bereich psychologischer oder pädagogischer Theorien sieht das freilich anders aus) aus einer sogenannten mathematischen Fundamental*struktur*. Diesen Begriff entlehnt Stegmüller aus der Mathematik, um damit deutlich zu machen, daß die axiomatisierte Theorie mit Hilfe von mathematischen *Struktur*begriffen beschreibbar ist. Von daher wird auch die von ihm für seine Auffassung von naturwissenschaftlicher Forschung gewählte Bezeichnung als *strukturalistische* Auffassung von Theorien verständlich. Für die hier anzustellenden Überlegungen ist diese formale Anlehnung an die Mathematik nicht unmittelbar bedeutsam, sondern das, was die Fundamentalstruktur *inhaltlich* meint. Sie bildet den *Strukturkern* * *K* der Theorie und enthält das Fundamentalgesetz bzw. die Fundamentalgesetze (S. 753). In der physikalischen Theorie Newtons etwa stellt die Aussage „Kraft = Masse mal Beschleunigung" ein solches Fundamentalgesetz dar. In der Skinnerschen Lerntheorie bilden die Fundamentalgesetze der Verstärkung und der Bestrafung den Strukturkern *K*. In der Gestaltpsychologie Köhlers besteht der Kern aus den Gesetzen der Wahrnehmung (Gesetz der Nähe, der Prägnanz usw.).

- Die *empirische Komponente* einer Theorie wird durch die von Stegmüller so benannte Menge *I* der *intendierten Anwendungen** (S. 754) gebildet. Diese Menge umfaßt die Objekte, auf die sich der Strukturkern anwenden läßt. In der Newtonschen Physik bilden z.B. alle planetarischen Bewegungen eine Anwendung des Fundamentalgesetzes „Kraft = Masse mal Beschleunigung". Die Lerntheorie Skinners ist anwendbar auf Tierdressur, Verhaltenstherapie oder Programmierten Unterricht. Und Köhler wendet z.B. das Gesetz der „guten Gestalt" sowohl auf tierische als auch auf menschliche Problemlösungsprozesse an.

Für beide Bereiche einer Theorie, für die logische Komponente *K* wie für die empirische Komponente *I,* nimmt Stegmüller jeweils eine wichtige Differenzierung vor.

(1) Die Erweiterung des Strukturkerns *K* durch spezielle Gesetze und Nebenbedingungen

Zum Strukturkern *K* tritt eine *Kernerweiterung* (S. 756) hinzu, die Aussagen macht über spezielle Gesetze sowie spezielle Nebenbedingungen und darüber, in welchen Anwendungsbereichen diese speziellen Nebenbedingungen gelten sollen. Die speziellen Gesetze und Nebenbedingungen haben im Vergleich zum festgesetzten Kern *hypothetischen* Charakter und bedürfen einer strengen empirischen Überprüfung.

Veranschaulichen wir uns das Gemeinte zunächst an einem naturwissenschaftlichen Beispiel aus der Mechanik ruhender Gase. Aus dem Schulunterricht ist uns der Zusammenhang von Druck, Masse und Volumen eines Gases bekannt, der im sog. Boyle-Mariottschen Gesetz als Formel lautet:

$$p = \frac{M}{V} = \text{const}$$

bei konstanter Temperatur

In Worten bedeutet das: Der Druck p ist der Masse M einer eingesperrten Gasmenge direkt und dem Volumen V des Behälters umgekehrt proportional. Liegt in einem abgeschlossenen System eine konstante Gasmasse M vor, dann kann man auch verkürzt schreiben: $p \cdot V = \text{const}$. Die graphische Darstellung dieser Funktion im Koordinatensystem ergibt eine horizontale, der Abszisse parallele Gerade.

Dieses Gesetz – um dessen Beziehung zum Strukturkern wir uns hier nicht bemühen wollen – gilt nur für „ideale Gase", nicht für „reale Gase" oder Dämpfe. Zur Unterscheidung dieser Begriffe gehen wir von folgendem Fall aus: Wir stellen uns einen mit Gas (z.B. Luft, Neon oder Helium) gefüllten Behälter vor. Die darin eingesperrten Gasteilchen verteilen sich gleichmäßig im Raum, stoßen mit ihresgleichen oder mit einer der Wände zusammen, fahren nach dem Prinzip des elastischen Stoßes wieder nach allen Richtungen auseinander usw. Diese gleichmäßige Verteilung kennzeichnet ein ideales Gas; es unterscheidet sich von Flüssigkeiten dadurch, daß die Anziehung zwischen den Molekülen aufgrund der großen Abstände sehr geringe Wirkungen zeigt und es deshalb nicht wie bei Flüssigkeiten zur Bildung einer Oberfläche (z.B. wie beim Wassertropfen) kommen kann. Bei hinreichend kleinen Drucken und hinreichend großen Temperaturen verhalten sich alle gasförmigen Stoffe wie ein ideales Gas.

Wenn wir nun in diesem Behälter ständig die Temperatur verringern und gleichzeitig den Druck erhöhen, dann nähert sich das Gas seinem Verflüssigungspunkt. Die graphische Darstellung im Koordinatensystem zeigt entsprechend größer werdende Abweichungen von der horizontalen Geraden, die das ideale Gas kennzeichnet. Bei merklichen Abweichungen spricht man von realen Gasen, bei größeren von Dämpfen.

Was zeigt uns dieses Beispiel für unsere wissenschaftstheoretischen Überlegungen? – Das Boyle-Mariottsche Gesetz gilt lediglich für ideale Gase, also nur unter *spezifischen Bedingungen* (hinreichend kleine Drucke, hinreichend große Temperaturen). Diese Bedingungen sind nach dem Modell Stegmüllers in der Kernerweiterung unterzubringen, weil sie *spezielle Nebenbedingungen* der allgemeinen Gasgleichung darstellen. Entsprechendes würde auch für reale Gase und Dämpfe gelten, die ihrerseits wieder durch spezielle Nebenbedingungen definiert sind.

Ähnlich liegen die Dinge auch im sozialwissenschaftlichen Bereich. Bei der Beschäftigung mit den Experimenten Skinners und Tolmans haben wir gesehen, daß die Verstärkungsgesetze zur Erklärung tierischen Lernens in der Skinnerbox hinreichen; in den Labyrinthexperimenten Tolmans muß dagegen der Skinnersche Strukturkern durch ein spezielles Gesetz, nämlich um das Postulat sog.

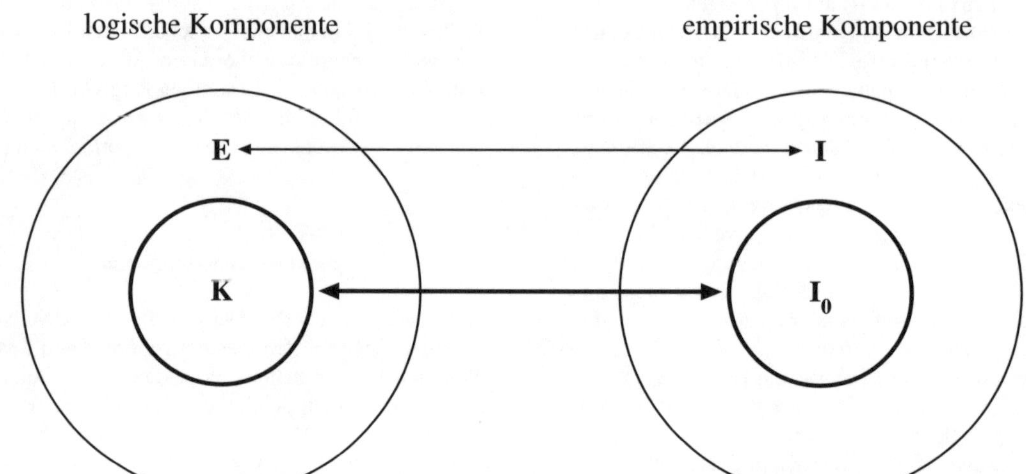

unveränderliche Komponenten	K = Strukturkern (Fundamentalgesetze der Theorie)	I_0 = paradigmatische Menge der intendierten Anwendungen
veränderliche Komponenten	E = Erweiterung des Strukturkerns (Spezialgesetze, Nebenbedingungen, die mit dem Strukturkern kompatibel sind)	I = Menge der intendierten Anwendungen

Abbildung 18: Die strukturalistische Auffassung von Wissenschaft nach W. Stegmüller

Intervenierender Variablen (z.B. das räumliche Orientierungsvermögen), erweitert werden. Ebenso dürfen wir auch bei der im 12. Kapitel dargestellten Entwicklung der Frustrations-/Aggressionstheorie von einer Kernerweiterung sprechen, wenn empirische Überprüfungen z.B. zeigten, daß Frustration und Aggression nicht immer proportional gekoppelt sind, sondern die Verbindung der beiden Variablen durch kognitive Verarbeitung der Situation stark gelockert, evtl. sogar gelöst werden kann, so daß die Aggression nur in geringem Maße, zeitversetzt oder gar nicht auftritt.

(2) Die Erweiterung der empirischen Komponente *I* durch die Teilmenge I_0

Im Bereich der empirischen Komponente *I* unterscheidet Stegmüller von der Gesamtmenge *I* die Teilmenge I_0, die er auch als paradigmatische Beispielsmenge bezeichnet, weil sie beispielhafte Anwendungen des Paradigmas darstellt (S. 759). Diese Menge I_0 wird zusammen mit dem paradigmatischen Strukturkern *K* festgesetzt. Sie stellt also *per definitionem* mit dem Strukturkern eine Einheit dar, woraus folgt, daß der eine Teil nur verändert werden kann, wenn auch der andere adäquat umformuliert wird; dann läge allerdings der Fall eines Paradigmenwechsels vor. Während I_0 eine feststehende Menge ist, kann die Menge *I* minus I_0 um Elemente vergrößert oder verkleinert werden, je nachdem, was die empirische Erfahrung an Resultaten zeitigen wird.

Mit Hilfe der eingeführten Begriffe und Unterscheidungen (Strukturkern *K*, Kernerweiterung, Menge *I* der Intendierten Anwendungen, Menge I_0) können wir nun nachvollziehen, wie Stegmüller Kuhns These der Irrationalität entkräftet, indem er nachweist, daß die Tätigkeit des Wissenschaftlers sowohl in der Phase der normalen Wissenschaft als auch in der Phase der außerordentlichen Wissenschaft durch Rationalität gekennzeichnet ist.

In der Phase der *normalen Wissenschaft* richtet sich die rationale Tätigkeit weder auf die Formulierung des Strukturkerns noch auf die Festlegung der Menge I_0, sondern auf Möglichkeiten, den Kern *K* und/oder die Menge *I* zu erweitern bzw. zu revidieren. Alle Energie wird also darauf verwandt, die *bestmögliche Kernerweiterung* zu finden und diese auf eine *möglichst umfangreiche Menge I* anzuwenden. Wir sehen hier die Nähe zu Poppers Falsifikationstheorie: Die Hypothesen in der Kernerweiterung müssen auf ihre logische Syntax hin (Widersprüchlichkeit, möglicher tautologischer Charakter, Falsifizierbarkeit; s. S. 90f.) überprüft werden. In der empirischen Anwendung dieser Hypothesen wird sich dann erweisen, ob sie der Realität standhalten und welche Objekte künftig zur Menge der intendierten Anwendungen zu rechnen sind. Darüber hinaus darf man aber auch nicht den entscheidenden Unterschied aus dem Blick verlieren. Popper differenzierte nicht zwischen dem Strukturkern und dessen Erweiterung, sondern bezog die wissenschaftliche Aufgabe der Falsifikation auf das theoretische Gebäude insgesamt. Größere Übereinstimmung können wir zwischen dem Ansatz Stegmüllers und dem von Lakatos feststellen, in dem letzterer eine negative und positive Heuristik unterschied. Die negative Heuristik betraf den Theoriekern, der durch die paradigmatische Festlegung immun gegen Falsifizierung ist; die positive Heuristik ist identisch mit der Kernerweiterung, also dem Bereich, in dem Lakatos die Möglichkeiten der progressiven oder degenerativen Entwicklung von Theorien lokalisiert (s. S.101f.).

Diese identifizierbaren Bezüge zwischen dem Ansatz von Stegmüller, Lakatos und Kuhn sind klare Belege für Stegmüllers These, daß die Tätigkeiten in der *normalen* Wissenschaft rational ablaufen bzw. rational nachvollziehbar sind.

Bevor wir auf die Frage der Rationalität von *außerordentlicher* Wissenschaft eingehen, sollten wir in einem kleinen Exkurs noch einen Blick auf Kuhns These der *Immunität von Theorien* werfen, die ja – was die normale Wissenschaft anbetrifft – für ihn auch den Anschein von Irrationalität erweckte. Stegmüller kann mit seiner strukturalistischen Auffassung nicht nur den Nachweis der Rationalität erbringen, sondern auch Kuhns Immunitätsthese insofern stärken, als Theorien für ihn *dreifach* immun sind:

1. Eine an der Erfahrung scheiternde Kernerweiterung beweist nicht die Untauglichkeit des Struktur*kerns*, sondern die Untauglichkeit der betreffenden Kern*erweiterung*.

Wir haben am Beispiel der Tolmanschen Versuche gesehen, daß nicht die von Skinner formulierten Fundamentalgesetze untauglich waren, sondern dessen Forderung, keine Annahmen über das Zusammenwirken von Input und Output machen zu wollen. Tolman hatte dagegen die Notwendigkeit der Kernerweiterung gesehen und deshalb die Einführung von intervenierenden Variablen gefordert.

2. Sollten prognostizierte Ereignisse nicht eintreffen, so gilt nicht der Theoriekern als falsifiziert, sondern die Menge *I* muß um die betreffende Anwendungsmöglichkeit gekürzt werden.

Für diesen Sachverhalt finden wir selbst in der Physik „klassische" Beispiele. Newton war von der Anwendbarkeit seiner Partikelmechanik auf Lichtphänomene überzeugt. Als man aber zur Kenntnis nehmen mußte, daß Licht einen engen Spalt nicht gradlinig durchläuft, sondern hinter dem Spalt auf einem Bildschirm in regelmäßigen Abständen Minima und Maxima von Lichtverteilungen (also abwechselnd hellere und dunklere Streifen) verursacht, hätte das ein Anlaß zur Revision des Theoriekerns sein können. Die Theorie Newtons hatte aber so hohen Erklärungs- und Prognosewert, daß niemand im Ernst zur Preisgabe dieser Theorie bereit war. Vielmehr revidierte man die Menge *I* und die Kernerweiterung *E* mit der Annahme: Licht besteht nicht aus Partikeln. (Später deutete man diese Beugungsphänomene am Spalt mit der Annahme, Licht breite sich in Form von Wellen aus, wobei sich an engen Spalten Stellen ergeben, an denen sich neue Wellen (sog. Elementarwellen) ausbilden und sich überlagern; diese Überlagerungen stellen sich dann in Form der beobachtbaren Minima und Maxima dar. Dieses Beispiel illustriert nicht nur die Revision der Menge I, sondern auch die daran notwendigerweise gekoppelten Änderungen der Spezialgesetze der Kernerweiterung.

Im Bereich der klinisch-psychologischen Forschung hat sich z.B. gezeigt, daß die Therapie Alkoholabhängiger keine hohen Erfolge bei Anwendung ausschließlich verhaltenstherapeutischer Maßnahmen zeigt. Deshalb käme ein überzeugter Behaviorist aber nicht zu dem Entschluß, sein Paradigma aufzugeben; er würde sich für eine Revision der Menge *I* entscheiden.

3. Eine dritte Form der Immunität des Strukturkerns zeigt sich in einer prinzipielleren Hinsicht, die uns aber bereits aus dem Zusammenhang von Theorie und Empirie bekannt ist und auf die wir hier nur wiederholend hinzuweisen brauchen. Wenn man eine Theorie *T* testen will, dann setzt man dazu die Gültigkeit von *T* voraus. Wollen wir z.B. nachweisen, ob ein auf ein Verhalten folgender Stimulus in einer Situation als Verstärker wirkt, also die Auftretenswahrscheinlichkeit des Verhaltens erhöht, dann arbeiten wir im Test mit dem durch die Theorie definierten Begriff Verstärkung. Sollte der Test ergeben, daß der Stimulus nicht zur Erhöhung der Auftretenswahrscheinlichkeit geführt hat, so ist *T* nicht falsifiziert, sondern es lag kein Fall von Verstärkung vor. Das bedeutet: Wir können den Wechselbezug von Theorie und empirischen Faktum nicht durchbrechen; sie bilden eine Einheit, die die Theorie vor Falsifizierung immunisiert.

Wir kehren jetzt wieder zu der Frage zurück, inwiefern Stegmüller auch für die Phase der *außerordentlichen* Wissenschaft Kuhns Irrationalitätsvorwurf widerlegen kann. Kuhn hatte die Preisgabe eines alten Paradigmas zugunsten eines neuen als einen Glaubensakt des Wissenschaftlers angesehen. Danach scheint ein Wechsel von einem zum anderen Paradigma ohne Dazwischenschaltung der Erfahrung möglich zu sein, denn eine Falsifikation ist ja aus den eben erläuterten drei Gründen nicht möglich. Der Anschein von Irrationalität wird zudem noch durch die Inkommensurabilität der Paradigmen erhöht, so daß man den Eindruck gewinnen könnte, es gäbe überhaupt keinen wissenschaftlichen Erkenntnisfortschritt mehr, weil das neue Paradigma wohl etwas Neues böte, aber dieses Neue nicht als etwas Besseres ausweisen könne.

An dieser Frage nach dem Erkenntnisfortschritt setzt Stegmüller für seinen Rationalitätsnachweis an. Kuhn hatte – das haben wir im vorangegangenen Kapitel gesehen – eine Abneigung gegen Fortschrittsbegriffe, die teleologisch ausgerichtet sind, also durch ein Ziel wie etwa das der Wahrheitsfindung bestimmt sind. Stegmüller betrachtet diese Sicht Kuhns als eine „Aufforderung, einen nichtteleologischen Begriff des wissenschaftlichen Fortschrittes zu explizieren, der auf das Phänomen der direkten Theorienverdrängung anwendbar wird und der zugleich mit der Inkommensurabilitätsthese im Einklang steht" (Stegmüller, S. 769). Sein Lösungsvorschlag ist leicht nachvollziehbar, weil wir Ähnliches bereits im raffinierten Falsifikationismus von Lakatos kennengelernt haben. Darin ging es um das Problem von Theoriereihen, also um den Vergleich der *Leistungsfähigkeit* einer Theorie gegenüber ihrer Vorgängerin. Für Stegmüller heißt das: „Theorienverdrängung mit ‚Erkenntnisfortschritt' ist dann gegeben, wenn die alte Theorie auf die neue strukturell reduzierbar ist. Theorienverdrängung ohne Fortschritt liegt hingegen vor, wenn keine derartige Reduktion möglich ist." (Ebd., S. 771)

Diese Auffassung macht deutlich, daß Forscher in der Phase außerordentlicher Wissenschaft sehr wohl rational arbeiten, denn sie stellen sich die Aufgabe, einen neuen Strukturkern (und damit zusammenhängend entsprechende Kernerweiterungen) zu formulieren. Das gelingt nicht durch diffuse Intuitionen, sondern nur in harter rationaler Auseinandersetzung mit den Problemen der alten Theorie, mit ihren Anomalien, mit der Beurteilung neuer empirischer Fakten, mit ersten Formulierungsversuchen des neuen Strukturkerns, der oft genug revidiert werden muß und dessen Anerkennung durch eine hinreichend große Zahl anderer Wissenschaftler größere Zeiträume in Anspruch nehmen kann. Die Arbeiten Lavoisiers haben uns das sehr plastisch gezeigt. Nicht anders stand es etwa auch um die Quantenphysiker zwischen 1900 und 1925 (die sogenannten „Jungen 20er"), deren Ideen gegenüber der klassischen Mechanik revolutionär waren, die sich aber erst nach vielen Versuchen der Kernformulierung – gepaart mit neuen Prognosen und entsprechenden ersten empirischen Belegen – durchsetzen konnten. Man mag zunächst Verständnis für Kuhns These aufbringen, daß in solchen Phasen außerordentlicher Wissenschaft der *Eindruck* der Irrationalität entsteht; bei näherem Hinsehen und vor allem aus einer gewissen zeitlichen Distanz zeigt die Wissenschaftsgeschichte aber, daß all die genannten Tätigkeiten von einer rationalen Basis getragen sind.

Kontrollfragen:

1. Welche zwei Hauptbestandteile einer Theorie unterscheidet Stegmüller?
2. Was bedeuten die von Stegmüller verwendeten Begriffe Strukturkern K, Menge I der intendierten Anwendung, Kernerweiterung E und Teilmenge I_0?
3. Wie begründet Stegmüller seine These, daß die Tätigkeiten in der normalen und außerordentlichen Wissenschaft rational ablaufen bzw. rational nachvollziehbar sind?
4. Warum sind – so Stegmüllers These – Theorien dreifach immun?

Rückblick

Wenn man sich zum Abschluß unserer Beschäftigung mit einigen wissenschaftstheoretischen Problemkreisen noch einmal einen Überblick zu verschaffen versucht, der weniger die behandelten Details, sondern die verfolgte Generallinie im Blick hat, dann können wir den roten Faden dieser Einführung folgendermaßen zusammenfassen.

In den ersten acht Kapiteln haben wir eine ganze Reihe von „Bausteinen" kennengelernt, also einzelne Begriffe (z.B. generelle Sätze, Theorie), Relationen zwischen Begriffen (z.B. deduktivnomologisches Schema, Induktion, Deduktion), Gütekriterien empirischer Forschung, Planung und Ablauf von Experimenten.

Diese Bausteine erlaubten uns im zweiten systematisch ausgerichteten Teil dieser Einführung grundlegende wissenschaftstheoretische Sachverhalte zu behandeln. Dabei sind wir zunächst auf das Werturteilsfreiheitspostulat Max Webers (9. Kapitel) gestoßen. Die in diesem Zusammenhang eingeführten Begriffe „Theorie" und „Metatheorie" und die Unterscheidung von deskriptiven und normativen Sätzen auf jeder dieser beiden Theoriestufen ermöglichte uns, zwei erziehungswissenschaftliche Positionen darzustellen: die Metatheorie der Erziehung W. Brezinkas und die Didaktik F. v. Cubes. Beide Konzeptionen sind dem Prinzip der Wertfreiheit verpflichtet und sehen es als die entscheidende Aufgabe der Erziehungswissenschaft bzw. Didaktik an, nomothetisches Wissen bereitzustellen, das Erklärungen, Prognosen und die technologische Anwendung des Wissens im erzieherischen Handlungsfeld ermöglichen soll.

War der bis dort verfolgte Gedankengang im wesentlichen auf die Frage gerichtet, *wie* wissenschaftliches Wissen im einzelnen generiert werden kann und soll, so befassen sich alle folgenden Kapitel mit der grundsätzlichen Frage der *Möglichkeit,* solches Wissen zu generieren. Im 11. Kapitel haben wir mit Hans Albert und Karl Raimund Popper die Frage aufgeworfen, wie sicher wissenschaftliches Wissen eigentlich sei. Das „Problem der Begründung" (Albert) führte uns zur Erkenntnis, daß es kein sicheres, wahres Wissen gibt, sondern immer nur vorläufig bewährtes, sozusagen ein „Wissen auf Zeit". Auch Popper geht vom bloß hypothetischen Charakter unseres empirischen Wissens aus und fordert als Abgrenzungskriterium zwischen wissenschaftlichen und nicht-wissenschaftlichen Aussagen deren Falsifizierbarkeit ein. Zur Prüfung solcher (generellen) Aussagen schlägt er entsprechende metatheoretischen Regeln vor. Diese Regeln sind nichts anderes als Konventionen, die Entscheidungen verlangen, weil man sie akzeptieren, verändern oder gänzlich verwerfen kann bzw. muß.

Albert und Popper sind insofern die Wegbereiter aller weiteren wissenschaftheoretischen Überlegungen und Auseinandersetzungen, weil sie insbeondere das initiiert haben, was man als *Pragmatisierung wissenschaftlichen Denkens* bezeichnen könnte: Wenn es nämlich keine Wahrheit (im Sinne von sicherem Wissen) gibt und wenn das alltägliche Geschäft der wissenschaftlichen Forschung in mehr oder weniger hohem Maße durch das permanente Treffen von Entscheidungen geprägt ist (Entscheidungen im Operationalisierungsprozeß, Entscheidung für die Relevanz erhobener Daten, Definition von Anomalien, Akzeptanz von Ad-hoc-Hypothesen usw.), dann wird deutlich, daß es in der Forschung nie um „alles oder nichts", also nie um die optimale und unbestreitbare Lösung aller Probleme geht, sondern daß im Forschungsprozeß durch vernünftige Abwägungen, durch möglichst gut begründete Entscheidungen Wissen generiert wird, das jederzeit wieder aufs Spiel gesetzt werden kann und muß, also sich ständig der Kritik stellen muß. Das ist, wie wir gesehen haben, das Credo des Kritischen Rationalismus. Die Arbeiten von Lakatos (12. Kapitel), Kuhn (13. Kapitel) und Stegmüller (14. Kapitel) sind keineswegs als *ausschließliche* Kritik an den Überlegungen Alberts und Poppers zu sehen. Sie sind vor allem auch als Ausdifferenzierung der von Albert und Popper benannten Probleme und als weiterführende Lösungsvorschläge zu verstehen, wobei die pragmatische Komponente wissenschaftheoretischen Denkens permanent verschärft wird.

Lakatos stützt Poppers These der Theoriegetränktkeit aller Erfahrung und verweist auf die nicht zu umgehende Notwendigkeit, Entscheidungen treffen zu müssen. Er unterscheidet dann drei Spielarten des Falsifikationismus und betont mit dem von ihm präferierten raffinierten Falsifikationismus, daß es in der Forschung nicht allein um isolierte Falsifikationsversuche einer einzelnen Theorie geht. Eine Theorie, die (evtl. mehrfach) falsifiziert wurde, gibt man nur dann preis, wenn eine Alternative, eine andere Theorie, bereitsteht.

Kuhn radikalisiert die Notwendigkeit der Entscheidung: Es geht im Forschungsprozeß nicht nur um die „kleinen" Entscheidungen (Methodenwahl, Stichprobenfestlegung usw.), sondern um die Wahl zwischen sich grundlegend unterscheidenden Paradigmata. Sie sprechen eine unterschiedliche Sprache und sind deshalb nicht übersetzbar in die andere, sind also inkommensurabel. Damit fällt dann allerdings auch eine wichtige Forderung von Popper und Lakatos: Theorien sind nicht falsifizierbar, sondern immun gegenüber jeglichen Falsifikationsversuchen. Vor diesem Hintergrund scheint Kuhns These, daß Wissenschaft bezüglich solcher Entscheidungsprozesse eine mehr oder weniger irrationale Tätigkeit sei, zunächst plausibel.

Stegmüller hat aber zeigen können, daß wissenschaftliche Tätigkeit ein durchaus rationales Unternehmen in den einzelnen von Kuhn benannten Phasen der Forschung (normale Wissenschaft, außerordentliche Wissenschaft, Krise) ist. Zum Beleg dieser These führt Stegmüller weitere notwendige Unterscheidungen ein: Die logische Komponente einer Theorie setzt sich aus dem als nicht falsifizierbar definierten Strukturkern K und der Kernerweiterung E zusammen. In der Kernerweiterung fallen die Entscheidungen über akzeptable Nebenbedingungen, Ad-hoc-Hypothesen usw. Aber nicht nur hier, sondern auch hinsichtlich der empirischen Komponente sind laufend Entscheidungen zu treffen; zwar liegt auch hier eine unveränderliche, mit dem Paradigma des Strukturkerns unablösbar verbundene Komponente vor, nämlich die Menge I_0 der paradigmatischen Anwendungen. Aber alle anderen gegenwärtigen und potentiellen Anwendungsmöglichkeiten einer Theorie stehen prinzipiell zur Disposition, wenn empirische Belege dazu zwingen.

Die Tätigkeiten des Wissenschaftlers sind also im Bereich der Kernerweiterungen und bei der Suche nach weiteren Anwendungen von permanentem Entscheidungsdruck gekennzeichnet. Das unterstreicht die Notwendigkeit *pragmatischen* Vorgehens. Aber irrational ist die Tätigkeit des Wissenschaftlers insbesondere deshalb nicht, weil er sich *innerhalb* dieser Entscheidungsprozesse seiner Mittel (Methoden, Argumantationsanalyse, Falsifizierungsversuche usw.) streng rational bedient.

In der folgenden Grafik sollen die gerade noch einmal thematisierten Zusammenhänge überschaubar dargestellt werden. Die unterschiedlichen Pfeilvarianten stellen die spezifischen Zuordnungen dar, die in den einzelnen Kapiteln explizit vorgenommen werden konnten.

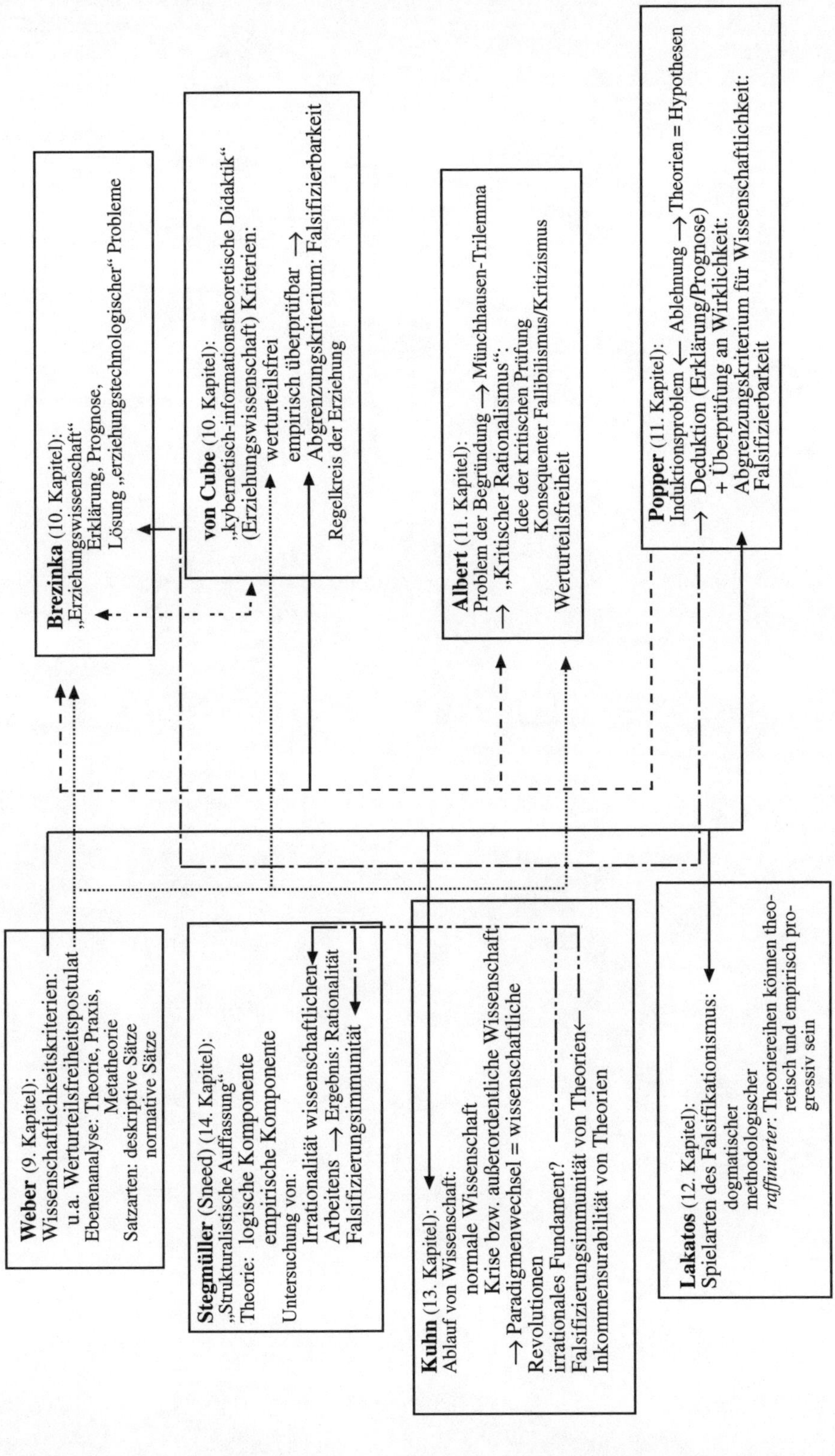

Abbildung 19: Zusammenhänge zwischen einzelnen Aspekten der verschiedenen wissenschaftstheoretischen Positionen

Antworten zu den Kontrollfragen

Kapitel 1

1. Was ist der Unterschied zwischen einem generellen und einem partikulären Satz?

Generelle Sätze, auch All-Sätze genannt, beziehen sich auf alle Elemente einer Menge. Dagegen beziehen sich partikuläre Sätze auf mindestens ein Element, aber nicht auf alle Elemente einer Menge. Beispiele für generelle Sätze: Immer wenn es regnet, wird die Straße naß. Immer wenn Wunden mit „Leichensubstanz" in Berührung kommen, führt dies zu einer tödlich verlaufenden Infektion.
Beispiele für partikuläre Sätze: Manchmal regnet es. Hin und wieder lernt man im Leben etwas. Es gibt fleißige Schüler.

2. Wie verläuft der induktive Weg der Gewinnung einer Theorie?

In dem im Text vorliegenden Beispiel der induktiven Theoriegewinnung von Semmelweis wird aus besonderen Phänomenen, also den einzelnen tödlich verlaufenden Ereignissen, eine Theorie (etwas Allgemeines) hergeleitet. Es handelt sich um ein Verfahren, bei dem von singulären Aussagen (den besonderen Fällen) auf generelle Aussagen (die Theorie) geschlossen wird.

3. Wie bezeichnet man die Herleitung einer Erklärung bzw. Prognose aus einer Theorie?

Erklärungen und Prognosen werden aus einer Theorie über den Weg der *Deduktion* (deducere, lat.: herabführen) abgeleitet. Bei diesem Verfahren wird von den allgemeinen Aussagen der Theorie auf besondere Fälle geschlossen.

4. Was unterscheidet eine Erklärung von einer Prognose?

Eine Erklärung kann ein in der *Vergangenheit* geschehenes Ereignis begründen und deuten, eine Prognose liefert dagegen Aussagen über Begebenheiten, die sich in der *Zukunft* ereignen können.

5. Welche strukturelle Gemeinsamkeit teilen Erklärung und Prognose?

Erklärungen und Prognosen lassen sich auf eine einheitliche logische Struktur zurückführen: Man benötigt zur Herleitung von Erklärungen und Prognosen einerseits mindestens einen generellen Satz (die Theorie) und zum anderen Angaben über raum-zeitliche Bedingungen, die Antecedenzbedingungen. Neben dieser strukturellen Gemeinsamkeit von Erklärungen und Prognosen ist aber ein Unterschied festzuhalten, wenn man danach fragt, was jeweils *gegeben* bzw. *gesucht* ist.

	Erklärungen	**Prognosen**
gegeben	Explanandum	Explanans
gesucht	Explanans	Explanandum

Kapitel 2

1. Welches Phänomen stellte den Ausgangspunkt der Überlegungen von R. Spitz dar?

Über das Recherchieren von Literatur wurde Spitz darauf aufmerksam, daß die Säuglingssterblichkeit in den Findelhäusern wesentlich höher lag als diejenige in den Strafanstalten. Dieses Phänomen veranlaßte ihn, nach den möglichen Gründen dieser hohen Sterblichkeit zu suchen.

2. Wie versuchte Spitz, seine Vermutung empirisch zu prüfen?

Um seine Vermutung empirisch zu überprüfen, stellte Spitz systematische Vergleichsbeobachtungen in zwei Kinderheimen an. Die Untersuchung umfaßte vier Beobachtungsstunden pro Woche und Kind und erstreckte sich über einen Zeitraum von ca. 5 Jahren. Sie bezog sich auf die Motorik, die Entwicklung im allgemeinen, die Sprachentwicklung und die Sterblichkeit.

3. Wie könnte man seine Theorie formulieren?

Immer wenn Kinder unter Vernachlässigung der Interaktion und Kommunikation zwischen „Mutter" und Kind aufwachsen, ist die Sterblichkeitsrate höher und der psychische und physische Entwicklungsstand niedriger als bei Kindern, die in intensiven Austauschbeziehungen mit Bezugspersonen stehen.

4. Welche Unterschiede kann man im Vergleich zur Vorgehensweise von Semmelweis feststellen?

Während Spitz einen Zusammenhang herzustellen versuchte, der zeitlich bereits abgeschlossen war, untersuchte Semmelweis Ereignisse, die sich in seiner unmittelbaren Gegenwart abspielten. Spitz hatte also keine Möglichkeit mehr, diejenigen Umstände zu beeinflussen, die zu den beobachteten Ereignissen führten.

3. Wann kann man von einem (echten) Experiment sprechen?

Ein echtes Experiment liegt dann vor, wenn alle Variablen außer einer konstant gehalten werden und Aussagen darüber gefällt werden, wie die unabhängige Variable die abhängige bestimmt. Weiterhin wird ein echtes Experiment durch die Kriterien der Kontrollierbarkeit, Variierbarkeit und Wiederholbarkeit der Bedingungen bestimmt.

4. Was unterscheidet diese Experimente von ex-post-facto-Studien?

Ex-post-facto-Studien (lat.: nachträglich aus dem bereits Geschehenen heraus) beziehen sich im Gegensatz zu echten Experimenten auf Geschehnisse, die sich bereits in der Vergangenheit ereignet haben, bei denen der Untersucher also die unabhängige Variable nicht mehr beeinflussen kann.

5. Was versteht man unter einer Nullhypothese?

Vor der Durchführung eines Experimentes stellt sich die Frage, ob sich ein Zusammenhang zwischen unabhängiger und abhängiger Variable feststellen lassen wird oder nicht. Vermutet man keinen Zusammenhang zwischen abhängiger und unabhängiger Variable, so spricht man von einer Nullhypothese.

6. Was bedeutet Operationalisierung?

Unter Operationalisierung versteht man eine Definition von Begriffen, die aus einer Angabe exakt beobacht- und meßbarer Handlungen bzw. Verhaltensweisen besteht.

Kapitel 3

1. Wie definiert man den Begriff Variable?

Variablen sind Faktoren, die im Experiment verändert werden können. Im dargestellten Experiment werden als veränderbare Größen die Länge und der Durchschnitt des Leiters sowie die Leitfähigkeit genannt.

2. Was ist eine abhängige, was eine unabhängige Variable?

Die unabhängige Variable wird vom Experimentator manipuliert, die Variation der abhängigen Variable wird als Folge dieser Manipulation angesehen.

Kapitel 4

1. Welche vier Kriterien lassen sich als Gütemaßstäbe für empirische Forschung ansetzen?

Kriterien für empirische Forschung sind Objektivität bzw. Intersubjektivität, Verläßlichkeit bzw. Reliabilität, interne Validität und Generalisierbarkeit.

2. Was versteht man unter Reliabilität?

Reliabilität ist ein Maß für die Übereinstimmung von Meßwerten bei wiederholter Durchführung von Experimenten unter gleichen Bedingungen.

3. Was versteht man unter (interner) Validität?

Das Kriterium der internen Validität bezeichnet die Gültigkeit einer Messung, die sich dadurch bestimmt, daß das Meßinstrument tatsächlich das mißt, was es messen soll. Sie verweist also auf einen eindeutigen Zusammenhang zwischen unabhängiger und abhängiger Variable. Validität läßt sich bei physikalischen Experimenten weitaus leichter herstellen als bei Experimenten, die sich auf *menschliches* Erleben, Denken oder Handeln beziehen.

4. Wodurch unterscheiden sich interne und externe Validität und in welcher Relation stehen sie zueinander?

Externe Validität liegt vor, wenn die in einer empirischen Untersuchung festgestellten Zusammenhänge zwischen unabhängiger und abhängiger Variable für andere (ähnlich strukturierte) Situationen gelten. Das ist aber nur der Fall, wenn in der betreffenden Untersuchung die Komplexität des alltäglichen Handlungsfeldes durch die Vielzahl der darin wirkenden Variablen wiedergegeben wird.
Je mehr Variablen berücksichtigt werden, desto größer wird also die externe Validität. Umgekehrt gilt: Die interne Validität fällt deutlich ab, da man keine eindeutigen Aussagen darüber machen kann, welche unabhängige Variable im einzelnen welche abhängige Variable bestimmt.

5. Was konnte Sherif in seinem Experiment zeigen, und wie lautet die Alternativhypothese?

Sherif konnte in seinem Experiment die Entstehung von Gruppennormen nachweisen, indem er die Alternativhypothese, die besagt, daß in der Gruppe geltende Normen einen Einfluß auf das individuelle Verhalten der Gruppenmitglieder haben, durch seine Versuche bestätigte.

6. Welche wichtigen Merkmale kennzeichnen ein Laborexperiment?

Zum einen zählt die Reduktion des komplexen Bedingungsgefüges und zum anderen die Isolierung einzelner Variablen und deren systematische Manipulation zu den wichtigen Kennzeichen von Laborexperimenten.

7. Welche Bedeutung haben Störvariablen in einem Experiment?

Störvariablen sind Faktoren, die – zusätzlich zur Wirkung der unabhängigen Variablen – die Ergebnisse eines Experiments beeinflussen. Sie mindern die Validität der Ergebnisse, weil der erzielte Effekt nicht eindeutig auf eine bestimmte Ursache – die unabhängige Variable – zurückgeführt werden kann.

Kapitel 5

1. Welcher grundlegende Sachverhalt ist für die menschliche Wahrnehmung kennzeichnend?

Der Mensch selektiert immer nur einen vergleichsweise kleinen Ausschnitt aus der reichen, potentiell unbegrenzten Menge an Reizen. Die Selektion ist abhängig vom Vorwissen, von Interessen usw.

2. Wie läßt sich anhand des Popperschen Kübel- bzw. Scheinwerfermodells menschliche Erkenntnis erklären?

Das Kübelmodell erklärt die Entstehung menschlicher Erkenntnis dadurch, daß Gegenstände der Außenwelt über die Sinnesorgane in unseren Erkenntnisapparat eindringen und dort wie in einem Behälter – einem „Kübel" – angehäuft werden. So soll sich im Laufe der Zeit ein umfangreiches empirisches Wissen über die Wirklichkeit ansammeln. Dem Scheinwerfermodell liegt dagegen die Annahme zugrunde, daß menschliche Wahrnehmung ein aktiver Prozeß ist. Der Funktion eines Scheinwerfers gleich, setzen Menschen nach individuellem Selektionsmuster das ins „rechte" Licht, worauf sie ihre Scheinwerfer – also ihre selektive Wahrnehmung – fokussieren.

3. Wie lauten die Grundgesetze der Skinnerschen Lerntheorie?

Insgesamt besteht der Kern der Skinnerschen Lerntheorie aus vier Gesetzen:
1. dem Gesetz der Verstärkung: Eine Verstärkung liegt vor, wenn ein Reiz auf ein Verhalten folgt und sich dadurch die Auftretenswahrscheinlichkeit des Verhaltens erhöht.
2. dem Gesetz der Bestrafung: Eine Bestrafung liegt vor, wenn ein auf ein Verhalten erfolgender Reiz die Auftretenswahrscheinlichkeit dieses Verhaltens verringert.
3. dem Gesetz der sukzessiven Annäherung, auch shaping genannt, wonach der Lernerfolg durch Minimalisierung der Lernschritte und Maximalisierung der Verstärkungen erreicht wird.

4. der intermittierenden Verstärkung, die entweder als Quoten- oder Intervallverstärkung erfolgt.

4. Was unterscheidet eine Setzung von einer Tatsache?

Unter einer Setzung versteht man eine Festlegung oder Grundannahme, die akzeptiert oder verworfen, nicht aber – wie eine Tatsache – empirisch bestätigt oder widerlegt werden kann.

5. Erläutern Sie anhand der Lerntheorie Skinners, wie Theorie und Empirie wahrnehmungspsychologisch zusammenhängen?

Skinners Experimente lassen erkennen, daß bereits ihr Aufbau durch die Grundannahmen und Lerngesetze des Behaviorismus geprägt ist. Seine Setzungen und die Gesetze des operanten Konditionierens bilden den Rahmen sowohl für die Durchführung als auch für die Interpretation der Versuche. So bestätigt der Blick in die Wirklichkeit die Theorie, wie umgekehrt die Theorie die Beobachtung der Realität leitet, so daß hier also ein wechselseitiger Zusammenhang von Theorie und Empirie vorliegt.

Kapitel 6

1. Welche Rolle teilt ein Behaviorist seinen menschlichen Versuchsobjekten zu?

Der Behaviorist behandelt seine menschlichen Versuchsobjekte (ebenso wie der Physiker, der seine Versuchsgegenstände als Objekte betrachtet) wie „Dinge", so daß sie für ihn technisch verfügbar werden.

2. Welches Menschenbild impliziert die behavioristische Auffassung von Wissenschaft?

Das der behavioristischen Auffassung zugrundeliegende Menschenbild ist ein dualistisches, das sich durch zwei unterschiedliche Menschentypen charakterisieren läßt. Die Differenz zwischen ihnen ist durch unterschiedliche Machtverteilungen und Manipulationskompetenzen gekennzeichnet: Der eine Typ durchschaut die Absichten der anderen, kennt ihre Wünsche und die Möglichkeiten, diese durch entsprechende Verstärkungen hervorzurufen. Der andere verfügt über diese Eigenschaften und Fähigkeiten nicht und scheint nicht zu bemerken, daß seine Wünsche und Handlungen manipulativ herbeigeführt werden. Er unterliegt der Trugvorstellung, sie seien Resultate seiner freien Enscheidung. So gliedert sich die Gesellschaft in Manipulierende und Manipulierte, in Freie und Unfreie.

3. In diesem Kapitel haben wir das implizite Menschenbild empirischer Forschung als wissenschaftstheoretisches Problem behandelt. Erinnern Sie sich an weitere wissenschaftstheoretische Probleme, mit denen wir uns in den vorausgegangenen Kapiteln beschäftigt haben?

Bisher konnten wir folgende Probleme aufdecken:
1. Experimentelle Situationen sind nicht beliebig produzierbar.
2. Ihre Arrangements bedürfen der ethischen Rechtfertigung.
3. Nicht selten ergeben sich Schwierigkeiten bei der Übertragbarkeit und Verallgemeinerung von Ergebnissen.
4. Die theoretische und empirische Arbeit basiert auf einer Reihe von Festlegungen und Setzungen.
5. Empirische Erkenntnisse zeigen sich nicht als „reine Fakten" oder „nackte" Tatsachen, sondern als theoriegetränkt.

Kapitel 7

1. Von welchen Voraussetzungen gehen Meyer und Plöger aus?

Meyer und Plöger nehmen an, daß Sanktionen (Lob und Tadel) nicht immer, sondern nur unter bestimmten Bedingungen eine Person veranlassen, ihr Selbstkonzept (dazu gehört auch die eigene wahrgenommene Begabung) zu ändern.

2. Was erscheint am Ergebnis des „Experiments" paradox?

Das (zunächst überraschende) Ergebnis des Experiments erscheint paradox: Die Versuchspersonen, die vom „vertrauten" Lehrer gelobt wurden, erwarten, im zweiten Durchgang weniger Aufgaben zu lösen als im ersten, wogegen die Versuchspersonen, die kritisiert wurden, während ihr Mitschüler gelobt wurde, erwarten, mehr Aufgaben zu lösen als im ersten Durchgang. Aufgrund unserer alltäglichen Erfahrung hätten wir erwartet, daß das Lob des Lehrers das Selbstkonzept eines Schülers bestärkt und ihn für die Bewältigung kommender Aufgaben optimistisch stimmt; dagegen hätten wir nicht erwartet, daß Lob Verhalten beeinträchtigen kann.

3. Welche problematischen Aspekte zeigte die Analyse der Untersuchung von Meyer und Plöger?

Zum einen stellt sich heraus, daß die von Meyer und Plöger verwendeten Begriffe „Lob und Tadel" nicht (völlig) kongruent mit unserer Alltagserfahrung sind. So kann keinesfalls nur der Sanktionierende bestimmen, was ein echtes Lob oder was ein echter Tadel ist, vielmehr ist die Auffassung der Bedeutung dieser Begriffe in hohem Maße von dem Selbstkonzept des Sanktionierten abhängig. Zum anderen wird deutlich, daß es sich beim Zutreffen dieser Annahme um eine für Meyer/Plöger überraschende Wirkung von Lob und Tadel auf die wahrgenommene eigene Begabung handelt, während wir diesen Sachverhalt als einen Wirkungszusammenhang sahen, der uns aus unseren alltäglichen Erfahrungen vertraut ist.

4. Welche verallgemeinerbare Erkenntnis läßt sich aus den aufgezeigten problematischen Aspekten herleiten?

An diesem konkreten Versuchsdesign kann der allgemeine Sachverhalt verdeutlicht werden, daß die in Hypothesen verwendeten Begrifflichkeiten (die operationalisierten Begriffe) und die in Hypothesen behaupteten Zusammenhänge auf unsere Alltagserfahrung verweisen, die das unhintergehbare Fundament für unsere Begriffsbildungen darstellt. Die Operationalisierung soll das alltägliche Vorverständnis ins Bewußtsein heben und uns Klarheit über das betreffende Phänomen verschaffen.

5. Inwiefern bedarf die empirische Methode der Ergänzung durch die hermeneutische?

Die empirische Methode muß in dreifacher Hinsicht durch die hermeneutische ergänzt werden:

1. *Vor* einer empirischen Untersuchung muß das Vor-Verständnis der Sache (die Fragestellung) geklärt werden.
2. *Während* einer Untersuchung können Daten (Fakten) nur über vorausgehende Verstehens-/Interpretationsleistungen erhoben werden.
3. Verstehensleistungen sind aber nicht nur für die Hypothesenbildung (Operationalisierung) und die Datenerhebung, sondern auch für die *abschließende* Interpretation von Fakten erforderlich.

Kapitel 8

1. Was macht das Spezifische der quantitativen, was das Typische der qualitativen Forschung aus?

Für die quantitative Forschung ist die Suche nach mehr oder weniger eindeutigen kausalen Beziehungen zwischen Variablen und die Anführung entsprechender Meßergebnisse typisch. Qualitiative Verfahren sollen demgegenüber den Sinn von Situationen, Handlungen, Institutionen usw. interpretativ bestimmen.

2. Warum genügen qualitative Verfahren anderen Maßstäben als quantitative Vorgehensweisen?

Zum einen lassen sich die Ergebnisse einer qualitativen Analyse nicht verallgemeinern (der Maßstab der externen Validität kann folglich nicht angesetzt werden); zum anderen kann man nicht auf das Gütekriterium der Objektivität zurückgreifen, da der Forscher durch die subjektive Mitteilung der Probanden an seine Daten gelangt. Als Gütekriterium qualitativer Forschung gilt die sogenannte kommunikative Validierung: die Bestätigung der Ergebnisse im wissenschaftlichen Diskurs.

3. Wie ist das Verhältnis von Forscher und „Beforschtem" aus der Sicht klassischer empirischer Forschung und wie aus der Sicht qualitativer Forschung zu bestimmen?

In der klassischen Forschung (z.B. der Skinnerschen Lernexperimente) führt der Forscher Stimuli in die Situation ein, die das Verhalten des Probanden verändern sollen. Das Verhältnis ist also als Subjekt-Objekt-Verhältnis bestimmt, für das die Aussagen zutreffen, die wir über das bei Skinner aufweisbare dualistische Menschenbild machen konnten.

In der qualitativen Forschung setzt man die Strukturparallelität der Eigenschaften von Forscher und Beforschtem, also ein monistisches Menschenbild voraus. Forscher *und* Proband unterstellt man die

Eigenschaften, sich Ziele setzen und diese in konkreten Handlungen verfolgen zu können. Im Hinblick auf das Erleben von Situationen ist ihnen gemein, diesen Situationen einen Sinn zu unterstellen (die Situation wird als bedrohlich, als heiter, als stimulierend etc. empfunden).

Kapitel 9

1. Was besagt die von Max Weber formulierte These der Werturteilsfreiheit der Wissenschaft?

Das Postulat der Werturteilsfreiheit sagt aus, daß es nicht Aufgabe einer Erfahrungswissenschaft sein kann, bindende Normen und Ideale aufzustellen. Der Wissenschaftler soll also empirische Gesetzmäßigkeiten erforschen, aber keine Anweisung darüber formulieren, wie sich Menschen verhalten und was sie tun sollen.

2. Was zeichnet deskriptive, was normative Sätze aus?

Während sich deskriptive Sätze auf einen Ist-Zustand beziehen und einen Sachverhalt beschreiben (describere, lat.: beschreiben), werten normative Sätze eine Gegebenheit oder stellen eine Handlungsanweisung dar, sie beziehen sich also auf einen Soll-Zustand (norma, lat.: Regel, Vorschrift).

3. Was ist unter den Begriffen Praxis, Theorie (= Objekttheorie) und Metatheorie zu verstehen?

Wird Praxis als die Summe aller lebensweltlichen Vollzüge, als das, was also unsere Wirklichkeit ausmacht, definiert, so ist das Definitionsmerkmal der Theorie, daß sie Aussagen (generelle Sätze) enthält, die sich auf einen nicht-sprachlichen Gegenstand, d.h. auf die Praxis beziehen. Im Unterschied zu einer Theorie zielen die Aussagen einer Metatheorie auf sprachliche Gegenstände ab.

4. Welche Satzkonstellationen lassen sich im Sinne der Aufgaben zwei und drei unterscheiden?

Es lassen sich deskriptiv theoretische, normativ theoretische, deskriptiv metatheoretische und normativ metatheoretische Sätze zusammenstellen (siehe dazu die Beispielsätze bzw. Übungsaufgaben auf Seite 70).

5. Wie läßt sich die scheinbare Paradoxie der Forderung Webers durch die Unterscheidung der beiden Ebenen – Theorie und Metatheorie – auflösen?

Webers Wertfreiheitspostulat ist als normativer Satz auf *metatheoretischer* Ebene formuliert und soll zum Ausdruck bringen, daß auf *theoretischer* Ebene keine Werturteile gefällt werden dürfen. Die scheinbare Paradoxie besteht also in der Vermengung dieser beiden Ebenen (der normativ metatheoretischen und der normativ theoretischen).

6. Welche Konsequenz resultiert aus Webers These für die Anwendung empirischer Ergebnisse?

Der Wissenschaftler hat die Aufgabe, empirische Gesetzmäßigkeiten aufzudecken; da er nach Webers Wertfreiheitspostulat aber nicht darüber entscheiden darf, wie dieses Wissen (z.B. in politischen und ökonomischen Kontexten) angewendet werden soll, trägt er für die Verwendung des von ihm generierten Wissens keine Verantwortung.

7. Welcher Art von Aussagen gesteht Weber Wissenschaftlichkeit zu und woran bemißt er sie?

Als wissenschaftlich akzeptierbar gelten nur deskriptive theoretische Sätze, die nomologischen (= gesetzmäßigen) Charakter haben und intersubjektiver Prüfung standhalten.

8. Wie definiert Weber menschliches Handeln, und welche Aufgaben sieht er vor diesem Hintergrund für eine an die These der Werturteilsfreiheit gebundene wissenschaftliche Behandlung von normativen Aussagen vor?

Unter der Prämisse, daß das menschliche Handeln als Zweck-Mittel-Relation zu bestimmen sei, ist die Wissenschaft nach Webers Ansicht insbesondere mit drei Aufgaben betraut: Im Hinblick auf normative Aussagen kann wissenschaftliches Denken diese *erstens* einer technischen Kritik aussetzen; diese Kritik fragt danach, a) „welche Mittel zu einem vorgestellten Zweck zu führen geeignet oder ungeeignet sind", b) welche Folgen der Einsatz bestimmter Mittel nach sich ziehen kann und c) inwiefern die nie zu unterbindenden ungewollten Handlungsfolgen der Realisierung der gesetzten Zwecke widerstreben. *Zweitens* soll Wissenschaft dazu beitragen, den Sinn von bestimmten Normen zu klären, wobei *drittens* eine wissenschaftliche

Behandlung von Werturteilen diese sogar beurteilen helfen kann, und zwar im Sinne einer „Prüfung der Ideale an dem Postulat der inneren Widerspruchslosigkeit des Gewollten."

Kapitel 10

1. Nennen Sie die beiden zentralen Vorwürfe, die Brezinka gegen die traditionelle Pädagogik erhebt!

Der erste Vorwurf richtet sich gegen die Geisteswissenschaftliche Pädagogik, die sich als eine Kulturwissenschaft verstand und dabei die Probleme gegenwärtiger und zukünftiger Erziehungspraxis (wie können entsprechende Maßnahmen erzieherische Praxis verbessern?) weitgehend unbearbeitet gelassen habe. Zum anderen wirft er der früheren empirischen Pädagogik vor, sie sei in der bloßen Beschreibung von Erziehungsvorgängen steckengeblieben und habe diese faktischen Abläufe getrennt von den entsprechenden Zielen behandelt.

2. Worin besteht nach Brezinka der Hauptproblemkreis der Erziehungswissenschaft?

Der Hauptproblemkreis der Erziehungswissenschaft besteht nach Brezinka darin, die Bedingungen für die Erreichung von Erziehungszielen zu erforschen. Die Erziehungswissenschaft ist nach seinen Aussagen nicht nur eine Tatsachen beschreibende, sondern eine teleologisch-kausalanalytische Wissenschaft.

3. Inwieweit können Theorien zur Lösung „erziehungstechnologischer Probleme" herangezogen werden?

Neben dem schon im ersten Kapitel kennengelernten H-O-Schema der Erklärung und Prognose lassen sich Theorien diesem Muster folgend auch zur Lösung erziehungstechnologischer Probleme anwenden. Dabei lautet die technologische Fragestellung: „Was kann getan werden, um das Ziel x zu erreichen?" Sie bezieht sich also auf die Mittel, die geeignet sind, gesetzte Zwecke (gewollte Zustände oder Ereignisse) zu verwirklichen.

4. Worin liegt der Unterschied zwischen einer Erklärung, einer Prognose und der technologischen Anwendung einer Theorie?

Während bei der Erklärung das Explanandum gegeben und das Explanans gesucht, bei der Prognose aber unter dem gegebenen Explanans nach dem Explanandum gefragt wird, sind bei der technologischen Verwendung einer Theorie die Gesetzeshypothese des Explanans und der singuläre Schlußsatz, das Explanandum, vorhanden, während die Antecedenzbedingungen, die zum Eintreten des gewollten Zustandes führen, gesucht werden.

5. Welche Aufgabe fällt der Erziehungswissenschaft nach Brezinkas Auffassung von Erziehung zu?

Die Erziehungswissenschaft muß die Bedingungen und Ursachen für das Eintreten eines gewünschten Zustandes erforschen und das dabei gesammelte Wissen dem Praktiker zur Verfügung stellen. Ihre Hauptaufgabe besteht also darin, Ursachen für den Erfolg und Mißerfolg der Erziehung aufzuzeigen und entsprechende Theorien zu formulieren.

6. Welcher wissenschaftstheoretische Standpunkt liegt von Cubes Auffassung von Erziehungswissenschaft zugrunde?

Seiner Meinung nach kann Erziehungswissenschaft nur dann den Anspruch auf Wissenschaftlichkeit erheben, wenn sie als wertfreie Wissenschaft im Sinne Max Webers betrieben wird und sich folglich auf deskriptive nomologische Aussagen beschränkt.

7. Was ist nach von Cube die Aufgabe der Didaktik?

Didaktik als Teildisziplin der Erziehungswissenschaft hat die Aufgabe, Strategien für solche Ziele zu erstellen, die ihr bereits vorgegeben sind. Nach von Cube soll im Vordergrund didaktischer Theoriebildung das Bemühen um optimale Lehr-/Lernstrategien stehen.

Kapitel 11

1. Welche zwei Charakteristika kennzeichnen eine deduktive Argumentation?

Zum einen kann durch die deduktiv-logische Begründung kein empirisches Wissen produziert werden. Zum anderen ist die Deduktion unabhängig vom Wahrheitsgehalt der verwendeten Sätze. Deshalb kann eine Konklusion logisch gültig sein, obwohl die Prämissen teilweise oder gänzlich falsch sind.

2. In welches Problem mündet der Versuch der zureichenden Begründung, also die Suche nach Gewißheit und Wahrheit der Erkenntnis?

Alle Begründungsversuche führen zu drei unakzeptablen Möglichkeiten, die Albert als das sog. Münchhausen-Trilemma beschreibt. Das Begründungsverfahren kann *erstens* zu einem infiniten Regreß führen, einer immer weitergehenden Fortsetzung der Suche nach Gründen, die praktisch nicht abschließbar ist. *Zweitens* kann es zu einem logischen Zirkel in der Deduktion führen. Er resultiert daraus, daß man auf bereits vorher schon als begründungsnotwendig deklarierte Aussagen zurückgreift. Die *dritte* unbefriedigende Möglichkeit bietet der Abbruch des Verfahrens an einem bestimmten Punkt, der in der Praxis häufig gewählt wird. Geschieht der Abbruch mit dem Verweis auf die Evidenz bzw. Wahrheit der zuletzt angeführten und für nicht weiter erläuterungsbedürftig gehaltenen Begründung, also der Behauptung ihrer Gewißheit, so nennt Albert dies einen Rekurs auf ein „Dogma".

3. Durch welche Idee glaubt Albert das Prinzip der Begründung überwunden zu haben, und warum nennt er seine Auffassung von Philosophie bzw. Erkenntnistheorie „Kritischen Rationalismus"?

Albert setzt an die Stelle der Begründungsidee die Idee der kritischen Prüfung, mit der er jeden Unfehlbarkeitsanspruch irgendeiner wissenschaftlichen Theorie zurückweist zugunsten eines „konsequenten Fallibilismus" bzw. „konsequenten Kritizismus". Die Aufgabe des Wissenschaftlers liegt also darin, Theorien zu *kritisieren*, und zwar auf eine für andere *rational* nachvollziehbare Weise.

4. Was versteht Popper unter dem sog. Induktionsproblem?

Durch Induktion wird (zum Zwecke der Verallgemeinerung) von besonderen Fällen auf alle anderen relevanten Fälle und damit auf die (allgemein formulierte) Theorie geschlossen. Von der logischen Problematik dieses Vorgehens abgesehen stellt sich für Popper hierbei das Problem, daß man über den Schluß vom Besonderen zum Allgemeinen keine empirische Gewißheit für künftige empirische Erfahrung erhält. Sein Standardbeispiel lautet: Die immer wieder gemachte Erfahrung, alle Schwäne seien weiß, veranlaßt eine Person zur Aufstellung der Theorie: Alle Schwäne sind weiß. Diese Theorie basiert aber nur auf einer *endlichen* Menge von Erfahrungsdaten; schon morgen kann diese Person einen nicht-weißen Schwan sehen.

5. Wie können Theorien deduktiv geprüft werden?

Das Kernstück der deduktiven Überprüfung besteht darin, daß aus generellen, gesetzesmäßigen Aussagen (Theorien) unter Berücksichtigung bestimmter raum-zeitlicher Bedingungen (sie sind als singuläre Sätze formuliert) singuläre Folgen abgeleitet werden, die man dann einer empirischen Überprüfung unterzieht.
Werden die singulären Folgen falsifiziert (sind sie also falsch), gilt auch die Theorie als falsifiziert. Bestätigen sich die abgeleiteten Folgen in der empirischen Überprüfung (sind sie also wahr), so gilt die Theorie bis auf weiteres als bewährt.

6. Durch welches Abgrenzungskriterium will Popper wissenschaftliche von nichtwissenschaftlichen Aussagen unterscheiden?

Das Abgrenzungskriterium der Wissenschaftlichkeit von Theorien sieht Popper in deren Falsifizierbarkeit.

7. Was gilt für die drei schon im 1. Kapitel vorgestellten Satzarten (singuläre, partikuläre und generelle Sätze) im Hinblick auf deren Falsifizierbarkeit bzw. Verifizierbarkeit?

Singuläre Sätze sind sowohl verifizierbar als auch falsifizierbar, partikuläre Sätze können dagegen verifiziert, aber nicht falsifiziert werden, und generelle Sätze sind ausschließlich falsifizierbar.

Kapitel 12

1. Welche Eigenschaften schreibt Popper „großen" Wissenschaftlern zu?

Nach Auffassung Poppers versuchen große Wissenschaftler, mutige Hypothesen aufzustellen, die dann besonders kühn sind, wenn sie ein großes Risiko eingehen, falsch zu sein. Ihren eigenen Ideen stehen diese Forscher dann höchst kritisch gegenüber: Sie versuchen stets herauszufinden, ob ihre Ideen richtig sind, indem sie danach fragen, ob sie falsch sind.

2. Welche Schlüsse können aus den Tolmanschen Versuchen gezogen werden?

Die Versuchsergebnisse Tolmans veranlaßten ihn zu einer Revision einer zentralen Grundannahme des Behaviorismus: Das black-box-Modell mußte revidiert werden, indem an dessen Stelle sogenannte intervenierende Variablen traten, die den Zusammenhang von Input (unabhängiger Variable) und Output (abhängiger Variable) plausibel erklären konnten.

3. Welche Spielarten des Falsifikationismus unterscheidet Lakatos?

Lakatos unterscheidet drei Varianten des Falsifikationismus: den dogmatischen, den methodologischen und den raffinierten. Der *dogmatische* Falsifikationismus hält Theorien für fehlbar, die empirische Basis dagegen nicht. Der *methodologische* Falsifikationismus erkennt dagegen unter Berücksichtigung des grundlegenden Zusammenhanges von Theorie und empirischen Daten (s. 5. Kapitel) die Notwendigkeit von Setzungen für die Feststellung empirischer Aussagen an. Da diese Position ihre Kritik aber lediglich auf eine einzelne Theorie richtet, bringt Lakatos in dem von ihm vertretenen *raffinierten* Falsifikationismus die notwendige Betrachtung von miteinander konkurrierenden Theorien ins Spiel. Dadurch läßt sich die Leistung der einen Theorie gegenüber einer anderen differenzierter beschreiben.

4. Welchen Sachverhalt kennzeichnet Lakatos durch die Differenzierung von theoretischer und empirischer Progressivität bzw. Degenerativität?

Als *theoretisch* progressiv definiert Lakatos eine solche Reihe von Theorien, in der jede neue Theorie einen empirischen Gehaltsüberschuß ihrer Vorläuferin gegenüber besitzt, also mindestens eine neue, bis dahin unerwartete Tatsache voraussagt. Diese Art von Theorienreihe wird dann *empirisch* progressiv genannt, wenn sich ein Teil dieses empirischen Gehaltsüberschusses auch bewährt, wenn also jede neue Theorie auch zur Entdeckung mindestens einer neuen Tatsache führt. Schließlich ist eine Reihe *insgesamt* progressiv zu nennen, wenn sie sowohl theoretisch als auch empirisch progressiv ist, und degenerativ, wenn dies nicht der Fall ist.

5. Welche zwei Arten von methodologischen Regeln schlägt Lakatos für Forschungsprogramme vor?

Forschungsprogramme setzen sich aus der sogenannten positiven und/oder der negativen Heuristik zusammen. Die Regeln der negativen Heuristik beschreiben zu vermeidende Forschungswege, die der positiven dagegen Wege, denen gefolgt werden soll.

6. Welche Tätigkeit des Wissenschaftlers bezeichnet Lakatos als „ausdrücklich erwünscht"?

Die ausdrücklich erwünschte Tätigkeit des Wissenschaftlers ist nach Lakatos die in den Aufgabenbereich der positiven Heuristik fallende Einführung neuer Hilfshypothesen. Diese Hilfshypothesen zielen darauf ab, einen Schutzgürtel um den Theoriekern zu konstruieren, wobei dieser Schutzgürtel – im Gegensatz zu dem unwiderlegbaren Kern selbst – als widerlegbar eingestuft wird.

Kapitel 13

1. Worin unterscheiden sich Kuhns und Poppers Auffassungen von Wissenschaft?

Thomas Kuhn entwirft ein Bild der Wissenschaft, daß sich durch vier Merkmale kennzeichnen läßt. *Erstens* zeige das Studium der Wissenschaftsgeschichte, daß es niemals Falsifikationen von Theorien gegeben habe, da der Wettstreit zwischen Theorien durch experimentelle Überprüfung überhaupt nicht entschieden werden könne. *Zweitens* ist für Kuhn das, was Popper als Falsifikationsversuch betrachtet, die Ablehnung einer Theorie und die daran unbedingt gekoppelte Annahme einer anderen Theorie: Sich gegen eine bestimmte Theorie zu entscheiden bedeutet also auch immer die gleichzeitige Entscheidung für eine andere Theorie. *Drittens* könne Wissenschaftsgeschichte nicht durch ein Modell linearer Entwicklung beschrieben werden, da sie vielmehr in Sprüngen verlaufe, wobei es zu Brüchen in der wissenschaftlichen Tradition komme (Revolutionen). *Viertens* ruhe die rationale Tätigkeit der Überprüfung von Theorien auf einem zum Teil irrationalen Fundament, da sie auf Konventionen (metatheoretische Regeln) zurückgehe, für die es keine Letztbegründungen gebe, sondern zu deren Akzeptanz man sich entschließen müsse.

2. Wie umschreibt Kuhn den Begriff des Paradigmas?

Unter Paradigmata (griechisch: parádeigma = Beispiel, Muster) versteht Kuhn anerkannte Grundlagen wissenschaftlichen Arbeitens, die sich aus wissenschaftlichen Leistungen der Vergangenheit zusammensetzen. Für ein bestimmtes Paradigma gibt es einen anerkannten Kanon von Beispielen, Gesetzen, Theorien, Experimenten, Anwendungen und Hilfsmitteln. Es bildet sozusagen das „Glaubensbekenntnis" des Forschers, da es diesen an bestimmte „Weltauffassungen und Regeln" bindet und auf diese Weise Traditionszusammenhänge schafft. Es bietet Auswahlkriterien für die Bestimmung der Relevanz der zu untersuchenden Probleme. Darüber hinaus bildet das Paradigma eine Rechtfertigungsgrundlage, die den einzelnen Wissenschaftler entlastet, sein Fachgebiet von den Grundprinzipien her ständig neu legitimieren zu müssen.

3. Durch welche zwei Phasen ist der Ablauf von Wissenschaft nach Th. Kuhn gekennzeichnet?

Der Ablauf von Wissenschaft vollzieht sich in den zwei Phasen der „normalen Wissenschaft" und der „außerordentlichen Wissenschaft".

4. Was zeichnet normale Wissenschaft aus?

Die normale Wissenschaft ist diejenige Phase von Wissenschaft, die an einem bestimmten Paradigma orientiert ist.

5. In welche drei Klassen von Problemen läßt sich die gesamte Tätigkeit normaler Wissenschaft einteilen?

Die gesamte Tätigkeit normaler Wissenschaft läßt sich in drei Klassen von Problemen unterteilen, die Kuhn mit dem Sammelbegriff „Rätsellösen" umschreibt: Die erste Klasse von Problemen wird durch die Bestimmung bedeutsamer Tatsachen gebildet. Hier geht es insbesondere um „Genauigkeit und Ausmaß" der Kenntnis. Die zweite Klasse von Problemen betrifft die wechselseitige Anpassung von Fakten und Theorie, durch die man versucht, die Übereinstimmung von Theorie und empirischen Fakten zu demonstrieren. Die dritte Klasse von Problemen bezieht sich auf eine differenziertere Artikulierung der Theorie. Dadurch soll die Stimmigkeit und Exaktheit der Theorie erhöht werden.

6. Was ist die globale Wirkung eines Paradigmas?

Die globale Wirkung eines Paradigmas besteht darin, daß es den Wissenschaftler in einer wissenschaftlichen Gemeinschaft bindet und daß es ein Netz von Verpflichtungen begrifflicher, theoretischer, instrumenteller und methodologischer Art darstellt.

7. Welche vier Gründe führt Kuhn zur Erklärung der ‚Priorität der Paradigmata' gegenüber den ‚Regeln' an?

Dafür, daß sich Regeln von Paradigmata herleiten, Paradigmata aber die Forschung selbst noch bei fehlenden Regeln leiten können, führt Kuhn die folgenden vier Gründe an: 1. Es ist sehr schwierig, die Regeln zu erkennen, welche die normalwissenschaftliche Tätigkeit leiten. In den einzelnen Tätigkeiten können höchstens (in Anlehnung an Wittgenstein) „Familienähnlichkeiten", nicht aber klar abgrenzbare Regeln erkannt werden. 2. Wissenschaftler lernen in ihrer Ausbildung niemals Begriffe, Gesetze und Theorien *in abstracto* und an sich kennen, sondern begegnen diesen „geistigen Werkzeugen" vielmehr von Anfang an innerhalb eines historisch und pädagogisch gegebenen Kontextes. 3. Ein verstärktes Bedürfnis nach explizit formulierten Regeln ist normalerweise erst dann festzustellen, wenn das vorherrschende Paradigma nicht mehr als zuverlässig und tragfähig angesehen wird. 4. Während Regeln gewöhnlich einer sehr breiten wissenschaftlichen Gruppe gemeinsam sind, muß dies für Paradigmata aber nicht zutreffen.

8. Wie charakterisiert Kuhn eine wissenschaftliche Krise?

Die im fortgeschrittenen Stadium der normalen Wissenschaft hochspezialisierte Forschung trägt dazu bei, daß Entdeckungen und Erfindungen (neue Tatsachen und Theorien) Anomalien des Paradigmas zum Vorschein bringen. Denn je exakter und umfassender ein Paradigma ist, desto empfindlicher wird es für die Registrierung von Anomalien und desto wahrscheinlicher führt es zu einer Paradigmenveränderung. Das Auftreten von Anomalien und andere Entdeckungen führen aber niemals sofort zur Erfindung, zur Formulierung einer neuen Theorie. Zunächst bemühen sich Wissenschaftler in der Phase der Krise darum, Konflikte, die durch diese Anomalien und Entdeckungen entstehen, durch zahlreiche Artikulierungen und *ad hoc*-Modifizierungen ihrer Theorien zu eliminieren. Nimmt allerdings im Laufe der Zeit die Zahl von Anomalien zu, so wächst auch der Grad der Bewußtheit – was ein weiteres Symptom für eine Krise ist –, mit dem sie wahrgenommen werden. Dies hat zur Folge, daß in theoretischer Hinsicht eine „Wucherung von Versionen einer Theorie" festzustellen ist.

9. Welche wichtigen Merkmale kennzeichnen die Phase der außerordentlichen Wissenschaft?

Für den Status der außerordentlichen Wissenschaft können fünf besonders wichtige Merkmale hervorgehoben werden: 1. Der Forscher, der zwar um die Fehlerhaftigkeit der Regeln der normalen Wissenschaft weiß, hält sich bewußter an sie, um die Möglichkeiten ihrer Anerkennung im Bereich der Störung zu untersuchen. 2. Der Wissenschaftler bemüht sich, Mittel zu finden, die die Instabilität der Theorie erhöhen und so zu ihrem „Zerfall" beitragen können. 3. Um einen Ausweg aus einer Krise heraus zu finden, entwerfen Forscher – da Experimentieren ohnehin stets theoriegeleitet geschieht – spekulative Theorien, die, sollten sie erfolgreich sein, zu einem neuen Paradigma führen könnten und die, sollten sie erfolglos bleiben, relativ unproblematisch verworfen werden können. 4. Die nun einsetzende erhöhte experimentelle Tätigkeit wirkt hektisch und zufallsbedingt. 5. Schließlich ist festzustellen, daß Wissenschaftler ihre jeweilige Forschungstradition einer grundlegenden philosophischen Analyse unterziehen, die sie durch Gedankenexperimente zu begründen versuchen, wenn noch keine relevanten tatsächlichen Experimente vorhanden sind.

10. Was versteht Kuhn unter einem Paradigmenwechsel?

Paradigmenwechsel bedeuten für Kuhn wissenschaftliche Revolutionen, d.h. Brüche in wissenschaftlichen Traditionen.

11. Erläutern Sie den Begriff der Inkommensurabilität?

Kuhns Begriff der Inkommensurabilität bedeutet *Unvergleichbarkeit* verschiedener Theorien: Theorien lassen sich nicht vergleichen, da – wie Popper schon gezeigt hatte – jegliche sinnliche Erfahrung „theoriegetränkt" ist und es so weder neutrale sinnliche Erfahrung noch eine theorieneutrale Sprache gibt. Damit ist kein Terminus der einen Theorie identisch mit irgendeinem Terminus der anderen.

Kapitel 14

1. Welche zwei Hauptbestandteile einer Theorie unterscheidet Stegmüller?

Stegmüller unterscheidet eine logische und eine empirische Komponente. Ist eine Theorie stringent axiomatisiert, besteht ihre logische Komponente aus einer sogenannten mathematischen Fundamentalstruktur, was bedeutet, daß die axiomatisierte Theorie mit Hilfe von mathematischen Strukturbegriffen beschrieben werden kann.
Die empirische Komponente einer Theorie setzt sich aus der von Stegmüller so bezeichneten Menge I der intendierten Anwendungen zusammen.

2. Was bedeuten die von Stegmüller verwendeten Begriffe Strukturkern K, Menge I der intendierten Anwendung, Kernerweiterung E und Teilmenge I_0?

Der Begriff des „Strukturkerns K" gehört zur logischen Komponente einer Theorie. Er enthält das Fundamentalgesetz bzw. die Fundamentalgesetze. Auch der Begriff der „Kernerweiterung E" ist zu der logischen Komponente zu zählen. Die „Kernerweiterung E" erweitert den „Strukturkern K" durch Einführung spezieller Gesetze und spezieller Nebenbedingungen; dabei muß auch festgelegt werden, in welchen Anwendungsbereichen diese speziellen Nebenbedingungen gelten sollen.
Die „Menge I der intendierten Anwendung" und die „Teilmenge I_0" bilden die empirische Komponente einer Theorie: Die „Menge I der intendierten Anwendungen" umfaßt die Gesamtmenge, auf die sich der Strukturkern anwenden läßt. Die „Teilmenge I_0" (auch paradigmatische Beispielsmenge) stellt die beispielhafte Anwendung des Paradigmas dar.

3. Wie begründet Stegmüller seine These, daß die Tätigkeiten in der normalen und außerordentlichen Wissenschaft rational ablaufen bzw. rational nachvollziehbar sind?

Stegmüller weist nach, daß die Tätigkeit des Wissenschaftlers sowohl in der Phase der normalen als auch in der Phase der außerordentlichen Wissenschaft durch Rationalität gekennzeichnet ist. In der Phase der normalen Wissenschaft richtet der Forscher nämlich seine rationale Tätigkeit auf die Möglichkeiten der Erweiterung bzw. Revision des Strukturkerns K und/oder der Menge I. So wird alle Energie darauf verwandt, die bestmögliche Kernerweiterung zu finden und diese auf eine möglichst umfangreiche Menge I anzuwenden.

Auch in der Phase der außerordentlichen Wissenschaft müssen Forscher sehr wohl rational arbeiten, da sie es sich in dieser Phase zur Aufgabe machen, einen neuen Strukturkern (verbunden mit entsprechenden Kernerweiterungen) zu formulieren.

4. Warum sind – so Stegmüllers These – Theorien dreifach immun?

Stegmüller stärkt Kuhns Immunitätsthese, indem er erklärt, daß Theorien dreifach immun seien: *Erstens* zeigt er, daß eine Kernerweiterung, die an der Erfahrung scheitert, nicht die Untauglichkeit des Strukturkerns, sondern lediglich die Untauglichkeit der betreffenden Kernerweiterung beweist. *Zweitens* führt Stegmüller an, daß im Falle des Nicht-Eintreffens eines prognostizierten Ereignisses nicht der Theoriekern als falsifiziert gelte, sondern daß die Menge I um die betreffenden Anwendungsmöglichkeiten gekürzt werden müsse. Die *dritte* Form der Immunität von Theorien sieht Stegmüller in der Tatsache, daß man beim Testen einer Theorie T die Gültigkeitsannahme von T voraussetzen müsse, wodurch ein Zirkel von Theorie und empirischem Faktum entstehe, der sich aber prinzipiell nicht durchbrechen lasse: Theorie und empirisches Faktum bilden somit eine Einheit, die die Theorie vor Falsifizierung immunisiert.

Glossar

A

Alternativhypothese

Vor Beginn eines Experimentes werden Hypothesen formuliert, die Aussagen darüber machen, ob ein Zusammenhang zwischen abhängiger und unabhängiger Variable besteht. Wird ein Zusammenhang zwischen abhängiger und unabhängiger Variable vermutet, dann nennt man die daraus formulierte Hypothese Alternativhypothese (siehe auch Nullhypothese).

Antecedenzbedingungen
(antecedens, lat.: vorausgehend)

Angaben über besondere raum-zeitliche Bedingungen die für den Eintritt bestimmter Ereignisse gegeben sein müssen, nennt man Antecedenzbedingungen. Sie werden in Form singulärer Sätze formuliert.

D

Deduktion (deducere, lat.: herabführen)

„Schluß vom Allgemeinen auf das Besondere"; Ableitung speziellerer Aussagen aus allgemeineren mittels logischer Schlußregeln

Deskriptive Sätze (describere, lat.: beschreiben)

Deskriptive Sätze *beschreiben* einen Sachverhalt; sie beziehen sich auf einen Ist-Zustand. Beispiele: Das Buch ist rot. Hans fühlt sich nicht wohl. Der Lehrer tadelt den Schüler.

E

Erklärung (deduktiv-nomologische)

Eine Erklärung soll Aufschluß darüber geben, warum ein bereits vorliegendes Ereignis eintreten konnte. Man sucht dabei das „Erklärende", das Explanans.

Explanans (Explanans, lat.: das Erklärende)

Das Explanans wird gebildet aus den generellen Sätzen (der Theorie) und den Antecedenzbedingungen.

Explanandum
(Explanandum, lat.: das, was erklärt werden soll)

Sätze, die ein zu erklärendes/zu prognostizierendes Phänomen beschreiben, werden als Explanandum bezeichnet.

Experiment

In einem Experiment werden alle (in Betracht kommenden) unabhängigen Variablen *außer einer* konstant gehalten, um so Aussagen darüber machen zu können, wie die unabhängige Variable die abhängige bestimmt.
Der Zusammenhang zwischen unabhängiger und abhängiger Variable wird vor Durchführung des Experiments in einer Hypothese formuliert. Nimmt man dabei an, daß sich kein Zusammenhang zwischen unabhängiger und abhängiger Variable feststellen lassen wird, dann bezeichnet man diese Hypothese auch als *Nullhypothese* (H_0), vermutet man einen Zusammenhang, dann nennt man die formulierte Hypothese *Alternativhypothese* (H_1).
Experimente müssen u.a. den Prinzipien der *Kontrollierbarkeit* und *Variierbarkeit* der Bedingungen und der *Wiederholbarkeit* genügen.
Um unter gleichen Bedingungen gleiche Ergebnisse erzielen zu können, müssen die Variablen *exakt* definiert sein. Man spricht dann von der *Operationalisierung* der Variablen. Eine Operationalisierung liegt vor, wenn Begriffe und Aussagen durch hinreichend genaue Handlungen (operation, engl.: Tätigkeit) bzw. Verhaltensweisen definiert sind, mit denen diese gemessen bzw. festgestellt werden. Im dargestellten physikalischen Experi-

ment ist die Operationalisierung der Stromstärke durch Anwendung des Amperemeters (richtige Anordnung im Stromkreis, Einstellen des Meßwertebereiches, Ablesen der Skala) gegeben.

Ex-post-facto-Studien

(ex-post-facto, lat.: nachträglich aus dem bereits Geschehenen heraus): Es handelt sich hierbei um Studien, in denen der Forscher die Bedingungen, die zu bestimmten Ereignissen geführt haben (könnten), nicht experimentell herstellen kann. Deshalb muß er aus gegenwärtig vorliegenden Daten Rückschlüsse auf die (vermuteten) Bedingungen ziehen, die die betreffenden Ereignisse verursacht haben. Die Erklärung (die Suche nach den Bedingungen) erfolgt also *nachträglich aus dem bereits Geschehenen.*

G

Genereller Satz

Ein genereller Satz bezieht sich auf alle Elemente („Fälle") einer Menge. Beispiel: Immer wenn es regnet, wird die Straße naß.

Generalisierbarkeit

Empirische Untersuchungen können immer nur an einer begrenzten Zahl von „Objekten" und unter kontrollierten, d.h. eingeschränkten Bedingungen durchgeführt werden. Dennoch liegt das Ziel des Forschers darin, daß sich die gewonnenen Daten auf andere Zielgruppen und für ähnliche Bedingungen verallgemeinern (generalisieren) lassen.

H

Hempel-Oppenheim-Schema

Das Hempel-Oppenheim-Schema (H-O-Schema) bietet die Möglichkeit, ein bestimmtes Ereignis zu erklären. Dieses Ereignis, das die Form eines singulären Satzes hat, wird als Explanandum bezeichnet. Das H-O-Schema erlaubt nun, das Explanandum deduktiv aus einer (oder mehreren) Gesetzesaussage(n) (generelle Sätze) und einer (oder mehreren) Antecedenzbedingung(en) logisch gültig abzuleiten und damit zu erklären.

Hermeneutik

Hermeneutik ist die Lehre des Verstehens, des Auslegens und Interpretierens.

Heuristik, negative und positive

Die positive Heuristik eines Forschungsprogrammes zielt darauf, einen Schutzgürtel um den harten Kern einer Theorie zu konstruieren. Nur die in diesem Schutzgürtel verwendeten Verfeinerungen des Kerns werden als widerlegbar eingestuft, der Kern selbst dagegen als unwiderlegbar.
Die negative Heuristik bezieht sich dagegen auf den harten Kern eines Forschungsprogramms und verbietet dessen Falsifikation.

I

Induktion (inducere, lat.: hineinführen)

Schluß vom Besonderen auf das Allgemeine

Intendierte Anwendungen einer Theorie

Die Menge *I* der *intendierten Anwendungen* umfaßt die Objekte, auf die sich der Strukturkern und die Kernerweiterung einer Theorie anwenden lassen.

K

Kritischer Rationalismus

Der Kritische Rationalismus setzt bei der Frage nach der Sicherheit bzw. Wahrheit empirischen Wissens an. Im Hinblick auf dieses Begründungsproblem lehnt Popper eine induktive Rechtfertigung (= den Schluß von singulären Aussagen auf generelle Aussagen [= Theorien]) ab. Er setzt ihr die deduktive Überprüfung von Theorien entgegen, die auf deren ständige Kritik zielt. Diese *kritische* Arbeit darf allerdings nicht willkürlich verlaufen, sondern muß *rational* nachvollziehbaren methodologischen Regeln folgen. Im Sinne dieser beiden Attribute (kritisch, rational) wählt Popper für seine Wissenschaftslehre die Bezeichnung *Kritischer Rationalismus.*

M

Metatheorie

Eine Metatheorie macht Aussagen über sprachliche Gegenstände (dazu gehören auch wissenschaftliche Theorien).

Methoden der empirischen Forschung

Methoden sind Verfahrensweisen, die ein für jedermann überprüfbares und nachvollziehbares Vorgehen darstellen. Beispiele für empirische Methoden sind das Experiment, die Beobachtung, die Befragung und der Test.

N

Normative Sätze (norma, lat.: Regel, Vorschrift)

Normative Sätze werten einen Sachverhalt oder stellen eine Handlungsanweisung dar; sie beziehen sich auf einen Soll-Zustand. Beispiele: Dieser Buchumschlag ist zu rot. Das hast du gut gemacht.

Nullhypothese

Um Aussagen über den Zusammenhang von abhängiger und unabhängiger Variable in einem Experiment zu machen, werden vor dessen Beginn Hypothesen formuliert. Nimmt man dabei an, dass sich kein Zusammenhang zwischen den beiden Variablen feststellen lassen wird, dann bezeichnet man diese Hypothese als Nullhypothese. Sie wird vor dem Hintergrund statistischer Entscheidungsmodelle überprüft. Diese Überprüfung besteht in einem Falsifikationsversuch der Alternativhypothese.

O

Operationalisierung

Variablen müssen exakt definiert sein, um im Experiment unter gleichen Bedingungen gleiche Ergebnisse erzielen zu können. Eine Operationalisierung liegt dann vor, wenn Begriffe und Aussagen durch hinreichend genaue Handlungen bzw. Verhaltensweisen definiert sind, mit denen diese gemessen bzw. festgestellt werden.

P

Paradigma

(griechisch: parádeigma = Beispiel, Muster)

Unter Paradigmata versteht Kuhn anerkannte Grundlagen wissenschaftlichen Arbeitens, die sich aus wissenschaftlichen Leistungen der Vergangenheit zusammensetzen. Für ein bestimmtes Paradigma gibt es einen anerkannten Kanon von Beispielen, Gesetzen, Theorien, Experimenten, Anwendungen und Hilfsmitteln. Es bildet sozusagen das „Glaubensbekenntnis" des Forschers, da es diesen an bestimmte „Weltauffassungen und Regeln" bindet und auf diese Weise Traditionszusammenhänge schafft. Es bietet Auswahlkriterien für die Bestimmung der Relevanz der zu untersuchenden Probleme. Darüber hinaus bildet das Paradigma eine Rechtfertigungsgrundlage, die den einzelnen Wissenschaftler entlastet, sein Fachgebiet von den Grundprinzipien her ständig neu legitimieren zu müssen.

Partikulärer Satz

Partikuläre Sätze beziehen sich auf mindestens ein Element, aber nicht auf alle Elemente einer Menge. Beispiele: Manchmal regnet es. Hin und wieder lernt man etwas im Leben.

Prognose

Eine Prognose hat die gleiche logische Struktur wie eine Erklärung, aber bei ihr wird das Explanandum zu einem gegebenen Explanans gesucht.

Q

Qualitative Forschung

In der qualitativen oder „weichen" Forschung werden interpretative Verfahrensweisen, wie z.B. die Analyse einer Lebensgeschichte in einer therapeutischen Sitzung, angewendet.

Quantitative Forschung

Diese „klassische" Art der Forschung fragt nach den kausalen Beziehungen zwischen Variablen und führt dafür quantitative Meßergebnisse an. Sie wird auch als „harte" Forschung bezeichnet, da sie mit Zahlenmaterial arbeitet, das intersubjektiver Überprüfung standhalten soll.

R

Reliabilität

Unter Reliabilität wird in der sozial- und naturwissenschaftlichen Forschung die Verläßlichkeit von Meßinstrumenten verstanden; sie zielt auf eine möglichst hohe Reproduzierbarkeit von Meßergebnissen mit geringen Toleranzen.

S

Setzungen

Wichtige Grundannahmen und Festlegungen einer Theorie, die man akzeptieren oder verwerfen, aber nicht empirisch beweisen oder widerlegen kann. Es handelt sich bei Setzungen um normative, also wertende Sätze.

Singulärer Satz

Singuläre Sätze sind Sätze, die sich auf genau ein Element einer Menge beziehen. Beispiele hierfür: Hans ist ein schlechter Schüler. Lehrer X bereitet seine Unterrichtsstunden gewissenhaft vor.

Störvariablen

Störvariablen sind hemmende oder fördernde Einflüsse im Experiment. Diese „stören", weil der erzielte Effekt nicht eindeutig auf eine bestimmte Ursache – die unabhängige Variable – zurückgeführt werden kann.

Strukturkern – Kernerweiterung

Der Strukturkern *K* einer Theorie enthält das Fundamentalgesetz bzw. die Fundamentalgesetze. Zum Strukturkern *K* tritt eine Kernerweiterung *E* hinzu, die Aussagen macht über spezielle Gesetze sowie spezielle Nebenbedingungen und darüber, in welchen Anwendungsbereichen diese speziellen Nebenbedingungen gelten sollen. Die speziellen Gesetze und Nebenbedingungen haben im Vergleich zum festgesetzten Kern *hypothetischen* Charakter und bedürfen einer strengen empirischen Überprüfung.

T

Theorie

Eine Theorie hat den formalen Status eines generellen Satzes; sie enthält Aussagen, die sich auf einen nicht-sprachlichen Gegenstand, und das heißt auf die Praxis beziehen. In empirischen Theorien haben diese generellen Sätze gesetzmäßigen Charakter.

Technologische Fragestellung

Die logische Struktur einer technologischen Fragestellung entspricht der einer Erklärung. Allerdings sind bei der technologischen Fragestellung der nomologische Gesetzeskern (also der eine Teil des Explanans) und das Explanandum gegeben, so daß nach den Antecedenzbedingungen gesucht wird.

V

Variablen

Veränderbare Größen in einem Experiment werden als Variablen bezeichnet. Es wird zwischen abhängigen und unabhängigen Variablen unterschieden, wobei durch Veränderung der Größe der unabhängigen Variable die Größe der abhängigen verändert werden kann.

Validität, interne und externe

Besteht im Experiment ein eindeutiger Zusammenhang zwischen unabhängiger und abhängiger Variable, dann genügen sie dem Kriterium der Validität. Diese Validität bezeichnet man auch als interne Validität, um sie so von der externen (der Generalisierbarkeit der Ergebnisse) abzugrenzen.

Zitierte Literatur

Adorno, Th.W. u.a. (1979²): Der Positivismusstreit in der deutschen Soziologie, Neuwied.

Albert, H. (1980⁴): Traktak über kritische Vernunft, Tübingen.

Apel, K.-O. (1973): Transformation der Philosophie, Bd. 2, Frankfurt/Main.

Binneberg, K. (1985): Grundlagen der pädagogischen Kasuistik. Überlegungen zur Logik der kasuistischen Forschung. In: Zeitschrift für Pädagogik 31, S. 773-788.

Bois-Reymond du, M./Schonig, B. (1980): Lehrerleben. In: Ästhetik und Kommunikation, Heft 39.

Bollnow, O. F. (1962): Maß und Vermessenheit des Menschen. Philosophische Aufsätze, Göttingen

Bollnow, O. F. (1975): Das Doppelgesicht der Wahrheit. Philosophie der Erkenntnis, Zweiter Teil, Stuttgart.

Bollnow, O. F. (1981²): Philosophie der Erkenntnis, Erster Teil: Das Vorverständnis und die Erfahrung des Neuen, Stuttgart.

Borchert, W. (1949), Lesebuchgeschichten. In: Ders.: Das Gesamtwerk. Mit einem biographischen Nachwort von Bernhard Meyer-Marwitz. Hamburg.

Brezinka, W. (1978): Metatheorie der Erziehung. Eine Einführung in die Grundlagen der Erziehungswissenschaft, der Philosophie der Erziehung und der Praktischen Pädagogik, München/Basel.

Cube, F. von (1977): Erziehungswissenschaft. Möglichkeiten – Grenzen – Politischer Mißbrauch, Stuttgart.

Cube, F. von (1982⁴): Kybernetische Grundlagen des Lernens und Lehrens, Stuttgart.

Dilthey, W. (1958): Gesammelte Werke, Bd. VII: Der Aufbau der geschichtlichen Welt in den Geisteswissenschaften, hrsg. von B. Groethuysen, Stuttgart.

Dürrenmatt, F. (1962): Die Physiker. Eine Komödie in zwei Akten, Zürich.

Fischer, H./Bubolz, G. (1984): Entwicklung und Sozialisation unter anthropologischen, psychologischen und gesellschaftswissenschaftlichen Aspekten, Frankfurt/M.

Gehlen, A. (1964²): Urmensch und Spätkultur. Philosophische Ergebnisse und Aussagen, Frankfurt/Main.

Groß, E. (1978): Lernen: Begriff – Bedingungen – Theorien. (Dimensionen der Pädagogik 9), Düsseldorf.

Habermas, J. (1971): Vorbereitende Bemerkungen zu einer Theorie der kommunikativen Kompetenz. In: Habermas, J. / Luhmann, N. (Hg.): Theorie der Gesellschaft oder Sozialtechnologie – Was leistet die Systemforschung? Frankfurt / Main, S. 101-141.

Hempel, C.G. (1977²): Philosophie der Naturwissenschaften, München (erste Aufl.: 1974).

Henningsen, J. (1982): Kasuistik. Beispielerzählen in der Streitsituation. In: Lenzen, D. (Hg.): Jahrbuch für Erziehungswissenschaft, Bd. 4: Erziehungswissenschaft im Übergang – verlorene Einheit, Selbstteilung und Alternativen, Stuttgart, S. 205-226.

Hentig, H. von (1976): An dem, was wirklich ist, erkennen, was möglich ist. In: Neue Sammlung 16, S. 195-214.

Hofstätter, Peter R. (1968¹⁰): Gruppendynamik. Kritik der Massenpsychologie, Hamburg.

Holland, J.G./B.F. Skinner (1971): Analyse des Verhaltens, München/Berlin/Wien.

Holzkamp, K. (1972): Kritische Psychologie. Vorbereitende Arbeiten, Frankfurt/M.

Hurrelmann, K. (1993): Familien heute – neue Herausforderungen für die Politik. In: Bertram, H./ Fthenakis, W.E./Hurrelmann, K. u.a.: Familien: Lebensformen für Kinder, Weinheim/Basel, S. 60-79.

Kerlinger, F.N. (1979a): Grundlagen der Sozialwissenschaften, Band 1, Weinheim/Basel.

Kerlinger, F.N. (1979b): Grundlagen der Sozialwissenschaften, Band 2, Weinheim/Basel.

Klafki, W. (1979): Hermeneutische Fragen in der Erziehungswissenschaft. In: Funk-Kolleg Erziehungswissenschaft. Erziehungswissenschaft 3. Eine Einführung. Frankfurt a.M., Weinheim, S. 126-153.

Koeck, R. (1977): Grenzen von Falsifikation und Exhaustion – der Fall der Frustrations-Aggressions-Theorie. In: Psychologische Beiträge 19, S. 391-419.

König, E. (1975): Theorie der Erziehungswissenschaft, Bd. 2: Normen und ihre Rechtfertigung, München.

Kratzmeier, Heinrich (1994): HIT 1-2. Heidelberger Intelligenztest. Sprachfreier Test für den Primarbereich, hrsg. von Karlheinz Ingenkamp, Weinheim/Basel.

Kuhn, Th. S. (1967, 1979[4]): Die Struktur wissenschaftlicher Revolutionen, Frankfurt a.M.

Lakatos, I. (1974): Falsifikation und die Methodologie wissenschaftlicher Forschungsprogramme. In: I. Lakatos/A. Musgrave (Hrsg.): Kritik und Erkenntnisfortschritt, Braunschweig.

Mason, St. F. (1961): Geschichte der Naturwissenschaft. In der Entwicklung ihrer Denkweisen, unter Mitwirkung von Klaus M. Meyer-Abich, besorgt von Bernhard Sticker, Stuttgart.

Moosbrugger, H./Oehlschlägel, J. (1996): FAIR. Frankfurter Aufmerksamkeits-Inventar. Testmanual. Bern/Göttingen/Toronto/Seattle.

Mertens, W./Fuchs, G. (1978): Krise der Sozialpsychologie? Zur Krisendiskussion über die theoretischen und methodischen Grundlagen der Sozialpsychologie, München.

Meyer, W.-U./Plöger, F.O. (1979): Scheinbar paradoxe Wirkungen von Lob und Tadel auf die wahrgenommene eigene Begabung. In: Filipp, S.-H. (Hg.): Selbstkonzeptforschung. Probleme, Befunde, Perspektiven, Stuttgart, S. 221-235.

Nauck, B. (1993): Regionale und sozialstrukturelle Differenzierung der Kindschaftsverhältnisse in Deutschland. In: Zeitschrift für Pädagogik, 39, S. 953-970.

Popper, K.R. (1974[2]): Objektive Erkenntnis. Ein evolutionärer Entwurf, Hamburg (1. Auflage: 1973).

Popper, K.R. (1976[6]): Logik der Forschung, Tübingen.

Popper, K.R. (1995): Ein Lesebuch. Ausgewählte Texte zu Erkenntnistheorie, Philosophie der Naturwissenschaften, Metaphysik, Sozialphilosopie, hrsg. v. David Miller, Tübingen.

Ruprecht, H. (1974): Einführung in die empirische pädagogische Forschung, Bad Heilbrunn /Obb.

Sime, M. (1978): So sieht ein Kind die Welt. Piaget für Eltern und Erzieher, Freiburg.

Skinner, B.F. (1972): Futurum Zwei. Hamburg.

Skinner, B.F. (1973): Wissenschaft und menschliches Verhalten, München.

Sneed, J. (1971): The Logical Structure of Mathematical Physics, Dordrecht.

Spitz, R.: (1975[2]): Beziehung. In: Schultz, H.J. (Hrsg.): Psychologie für Nichtpsychologen, Stuttgart/Berlin, S. 85f.

Stegmüller, W. (1979): Hauptströmungen der Gegenwartsphilosophie. Band II, Stuttgart, 6. erweiterte Auflage (insbesondere Kapitel 7).

Strauss, E. (1956): Vom Sinn der Sinne, Berlin.

Stumpf, H./Fay, E. (1983): Schlauchfiguren. Ein Test zur Beurteilung des räumlichen Vorstellungsvermögens. Handanweisung. Göttingen/Toronto/Zürich.

Szabadváry, F. (1973): Antoine Laurent Lavoisier. Der Forscher und seine Zeit. 1743-1794, Stuttgart.

Wimmer, H./Perner, J. (1979): Kognitionspsychologie. Eine Einführung, Stuttgart/Berlin/Köln/Mainz.

Winkel, R. (1991): Das Einzelkind. Beneidenswert? Bedauernswert? In: Pädagogik, Jg. 43, H. 7-8, S. 15-18.

Wittenbruch, W. (Hrsg.) (1989[2]): Das pädagogische Profil der Grundschule. Impulse für die Weiterentwicklung der Grundschule. Heinsberg.

Weber, M. (1968[3]): Die „Objektivität“ sozialwissenschaftlicher und sozialpolitischer Erkenntnis, aus: ders.: Gesammelte Aufsätze zur Wissenschaftslehre. Hg. v. J. Winckelmann, Tübingen, S. 146-161.

Wellendorf, F. (1973): Schulische Sozialisation und Identität. Zur Sozialpsychologie der Schule als Institution, Weinheim.

Literaturempfehlungen

zum weiteren Studium der Wissenschaftstheorie **(Auswahl)**

Abel, J./Möller R. & Treumann, K.P. (1998): Grundriß der Pädagogik. 2. Einführung in die Empirische Pädagogik. Stuttgart u.a.: Kohlhammer.

Schmidt, F. (Hrsg.) (1997): Methodische Probleme der empirischen Erziehungswissenschaft. Baltmannsweiler.

Balmer, H. (1982): Objektive Psychologie – Verstehende Psychologie: Perspektiven einer Kontroverse. In: Balmer, H. (Hrsg.): Geschichte der Psychologie: Band 1. Geistesgeschichtliche Grundlagen (Kindlers Psychologie des 20. Jahrhunderts, Band 1). Weinheim, S. 93-131.

Balzer, W. (1982): Empirische Theorien: Modelle – Strukturen – Beispiele. Die Grundzüge der modernen Wissenschaftstheorie. Braunschweig.

Balzer, W. (1997): Die Wissenschaft und ihre Methoden: Grundbegriffe der Wissenschaftstheorie. Freiburg.

Bredenkamp, J. (1969): Experiment und Feldexperiment. In: Graumann, C.F. (Hrsg.): Sozialpsychologie: 1. Halbband. Theorien und Methoden. (Handbuch der Psychologie, Band 7). Göttingen, S. 332-374.

Bredenkamp, J. (1980): Theorie und Planung psychologischer Experimente. Darmstadt.

Breuer, F. (19884): Wissenschaftstheorie für Psychologen. Münster.

Chalmers, A.F. (1994^3): Wege der Wissenschaft. Einführung in die Wissenschaftstheorie. Berlin.

Eberhard, K. (1987): Einführung in die Erkenntnis- und Wissenschaftstheorie: Geschichte und Praxis der konkurrierenden Erkenntniswege. Stuttgart u.a.

Erdfelder, E./Mausfeld, R./Meiser, T. & Rüdiger, G. (1996): Handbuch Quantitative Methoden. Weinheim.

Eye, A.v. (1994): Zum Verhältnis zwischen qualitativen und quantitativen Methoden in der empirisch-pädagogischen Forschung. In: Olechowski, R./Rollett, B. (Hrsg.): Theorie und Praxis. Aspekte empirisch-pädagogischer Forschung – quantitative und qualitative Methoden. Rrankfurt/Main.

Fricke, R. (1995): Empirische Pädagogik und Instruktionspsychologie. In: Fünfzig Jahre wissenschaftliche Lehrerbildung in Braunschweig. Festschrift. Braunschweig, S. 133-140.

Gadenne, V. (Hrsg.) (1998): Kritischer Rationalismus und Pragmatismus. Amsterdam.

Grewe, W./Wentura, D. (1991): Wissenschaftliche Beobachtung in der Psychologie: Eine Einführung. München.

Groeben, N. (1986): Handeln, Tun, Verhalten als Einheiten einer verstehend-erklärenden Psychologie. Tübingen.

Hager, W. (1992): Eine Strategie zur Entscheidung über psychologische Hypothesen. Psychologische Rundschau, 43, S. 18-29.

Herrmann, T. (1994): Forschungsprogramme. In: Herrmann T./ Tack, W.H. (Hrsg.): Methodologische Grundlagen der Psychologie (Enzyklopädie der Psychologie, Serie Forschungsmethoden der Psychologie, Band 1). Göttingen, S. 251-294.

Holzkamp, K. (1964): Theorie und Experiment in der Psychologie. Berlin.

Hoyningen-Huene, P. (1989): Die Wissenschaftsphilosophie Thomas S. Kuhns. Wiesbaden.

Huber, O. (1995^2): Das psychologische Experiment. Bern.

Kamlah, A. (1980): Wie arbeitet die analytische Wissenschaftstheorie? In: Zeitschrift für allgemeine Wissenschaftstheorie, 11, 23-44.

König, E./Zedler, P. (1998): Theorien der Erziehungswissenschaft. Einführung in Grundlagen, Methoden und praktische Konsequenzen. Weinheim.

Kriz, J./Lück, H.E. & Heidbrink, H. (1990^2): Wissenschafts- und Erkenntnistheorie. Eine Einführung für Psychologen und Humanwissenschaftler. Opladen.

Kron, F. (1999): Wissenschaftstheorie für Pädagogen. München u.a.

Kutschera, F.v. (1972): Wissenschaftstheorie: Bände I und II. München.

Lehner, H. (1994): Einführung in die empirisch-analytische Erziehungswissenschaft. Bad Heilbrunn/Obb.

Lüer, G. (Hrsg.) (1987): Allgemeine Experimentelle Psychologie. Stuttgart.

Manhart, K. (1995): Forschungsprogramm und Evolution der Balancetheorien: Eine diachrone Theorienanalyse auf Basis der strukturalistischen Wissenschaftstheorie. In: Zeitschrift für Sozialpsychologie, 26, 194-220.

Mittelstraß, J. (1998): Die Häuser des Wissens. Wissenschaftstheoretische Studien. Frankfurt/Main.

Opp, K.D. (1976^2): Methodologie der Sozialwissenschaften: Einführung in Probleme ihrer Theorienbildung. Reinbek.

Popper, K.R. (1994^{10}): Logik der Forschung. Tübingen.

Röhrs, H. (1968): Forschungsmethoden in der Erziehungswissenschaft. Stuttgart.

Saris, V. (1990): Methodologische Grundlagen der Experimentalpsychologie: Bände I und II. München.

Schneewind, K.A. (Hrsg.) (1977): Wissenschaftstheoretische Grundlagen der Psychologie. München, Basel.

Schuler, H. (1980): Ethische Probleme in der psychologischen Forschung. Göttingen.

Selg, H./Klapprott, J. & Kamenz, R. (1992): Forschungsmethoden der Psychologie. Stuttgart.

Sneed, J.D. (1979^2): The logical structure of mathematical physics. Dordrecht.

Speck, J. (Hrsg.) (1980): Handbuch wissenschaftstheoretischer Begriffe. Bände 1 bis 3. Göttingen.

Timmer, O. (1999): Die Wissenschaftstheorie Karl Poppers. In: Pädagogik der Naturwissenschaften – Physik, 4/48, S. 32ff.

Tschamler, H. (1983): Wissenschaftstheorie. Eine Einführung für Pädagogen (2. überarb. u. erw. Aufl.). Bad Heilbrunn/Obb.

Westermann, R./Gerjets, P. (1994): Induktion. In: Herrmann, T./ Tack, W.H. (Hrsg.): Methodologische Grundlagen der Psychologie (Enzyklopädie der Psychologie, Serie Forschungsmethoden, Band 1). Göttingen, S. 428-472.

Westermann, R. (1987): Strukturalistische Theorienkonzeption und empirische Forschung in der Psychologie. Berlin.

Westermann, R. (2000): Wissenschaftstheorie und Experimentalmethodik. Ein Lehrbuch zur Psychologischen Methodenlehre. Göttingen.

Westmeyer, H. (1981): Zur Paradigmendiskussion in der Psychologie. In: Michaelis, W. (Hrsg.): Bericht über den 32. Kongreß der Deutschen Gesellschaft für Psychologie in Zürich 1980: Band 1. Göttingen, S. 115-126.

Biographische Anmerkungen

Hans Albert

Der Sozialwissenschaftler, Philosoph und Wissenschaftstheoretiker Hans Albert wird am 8. Februar 1921 in Köln geboren. Nach seinem Dienst als Soldat nimmt er 1946 das Studium der Ökonomie in Köln auf. Im Anschluß an seine Promotion (1952) ist er als Assistent an der sozialpolitischen Abteilung des Forschungsinstituts für Sozial- und Verwaltungswissenschaften der Universität Köln tätig. 1957 habilitiert er sich. Ein Jahr später lernt er Karl Popper kennen und wendet sich dessen Lehre vom Kritischen Rationalismus zu. 1961 kommt es auf einer Tagung der deutschen Gesellschaft für Soziologie in Tübingen zum sogenannten »Positivismusstreit in der deutschen Soziologie«, an dem sich Albert maßgeblich beteiligt, indem er sich gemeinsam mit K. R. Popper vehement gegen die Gesellschaftstheorie der Frankfurter Schule (insbesondere in der Auseinandersetzung mit Th. W. Adorno) ausspricht. 1963 nimmt er einen Ruf an die Universität Mannheim an und lehrt dort Soziologie und Wissenschaftslehre.

Hans Albert wird als einer der deutschen Hauptvertreter des Kritischen Rationalismus angesehen, mit dem er sich sowohl unter sozialwissenschaftlichen als auch wissenschaftstheoretischen Fragestellungen beschäftigt.

Wichtige Werke sind unter anderem: Ökonomische Ideologie und politische Theorie (1954), Traktat über kritische Vernunft (1968), Plädoyer für kritischen Rationalismus (1971), Traktat über rationale Praxis (1978) und Kritik der reinen Erkenntnislehre (1987).

Karl Raimund Popper

Der Philosoph und Wissenschaftstheoretiker Karl Raimund Popper wird am 28. Juli 1902 in Wien geboren. Nach einigen Studienjahren am Wiener Konservatorium, einer Möbeltischlerlehre, dem Studium am Pädagogischen Institut und seiner Promotion in Psychologie (1928) erwirbt er 1929 seine Befähigung zum Lehramt der Mathematik und Physik an Hauptschulen. 1930 tritt er den Lehrerdienst an einer Hauptschule an. 1937 erhält er einen Lehrauftrag am Canterbury University College in Christchurch (Neuseeland); 1945 nimmt er eine Dozentur für Logik und Wissenschaftliche Methodenlehre an der London School of Economics and Political Science der London University an, an der er 1949 zum ordentlichen Professor ernannt wird. Am 17. September 1994 stirbt Popper in London.

Karl Raimund Popper gilt als der Begründer des Kritischen Rationalismus, den er 1935 in seinem Hauptwerk »Logik der Forschung« den Positionen des logischen Empirismus des Wiener Kreises entgegenstellt.

Weitere wichtige Werke sind: Die offene Gesellschaft und ihre Feinde (1945), Das Elend des Historizismus (1957), Vermutungen und Widerlegungen (1963), Objektive Erkenntnis (1972) und Das Ich und sein Gehirn (1977; zusammen mit dem Neurophysiologen John C. Eccles).

Max Weber

Der Soziologe, Volkswirtschaftler und Wirtschaftshistoriker Max Weber wird am 21. April 1864 in Erfurt geboren. Nach dem Studium der Rechtswissenschaften, Nationalökonomie, Philosophie und Geschichte in Heidelberg, Straßburg und Berlin, promoviert (1889) und habilitiert (1891) er sich. 1893 erhält er eine Professur für Handelsrecht in Berlin, von 1894-1897 lehrt er Nationalökonomie in Freiburg im Breisgau und von 1897-1903 in Heidelberg. Nach einer krankheitsbedingten Unterbrechung seiner Lehrtätigkeit nimmt er 1918 eine

Professur für Soziologie in Berlin an; ab 1919 lehrt er Soziologie bis zu seinem Tod (14. Juni 1920) in München.

Seit 1903 engagiert sich Max Weber als Herausgeber des »Archivs für Sozialwissenschaft und Sozialpolitik« und als Mitarbeiter des Vereins für Socialpolitik. Er ist Mitbegründer der Deutschen Demokratischen Partei und der Deutschen Gesellschaft für Soziologie. Mit seinen historisch-soziologischen und begrifflich-theoretischen Arbeiten leistet er einen wichtigen Beitrag zur Begründung der Soziologie als eigenständiger Wissenschaft.

Wichtige Schriften sind: Gesammelte Aufsätze zur Religionssoziologie (1920-21), Gesammelte politische Schriften (1921), Gesammelte Aufsätze zur Wissenschaftslehre (1922), Soziologische Grundbegriffe (1922), Wirtschaft und Gesellschaft (1922), Gesammelte Aufsätze zur Sozial- und Wirtschaftsgeschichte (1924) und Gesammelte Aufsätze zur Soziologie und Sozialpolitik (1924).

Thomas Samuel Kuhn

Der amerikanische Physiker, Wissenschaftshistoriker und -theoretiker wird am 18. Juli 1922 in Cincinnati (Ohio) geboren. An der Harvard University studiert Kuhn Physik. Dort erhält er 1946 seinen M.A.-Abschluß und promoviert 1949. 1958 erhält er eine Professur für Wissenschaftsgeschichte in Berkeley, 1964 in Princeton; seit 1979 ist er Professor für Wissenschaftstheorie und Wissenschaftsgeschichte am Massachusetts Institute of Technology in Cambridge (Massachusetts). Am 17. Juni 1996 stirbt Kuhn in Cambridge.

In seinem grundlegenden Werk »Die Struktur wissenschaftlicher Revolutionen« (1962) widerspricht Kuhn traditionellen wissenschaftstheoretischen Positionen und grenzt seine eigene Position besonders von der Popperschen Lehre des Kritischen Rationalismus und dessen Auffassung von Wissenschaftsentwicklung ab.

Wolfgang Stegmüller

Der Philosoph und Wissenschaftstheoretiker wird am 3. Juni 1923 in Natters bei Innsbruck geboren. Wolfgang Stegmüller studiert Nationalökonomie in Innsbruck, worin er sich 1945 promoviert. 1947 promoviert er ein weiteres Mal, diesmal in Philosophie. 1949 habiliert er sich für Philosophie. Von 1958 bis 1990 hat er eine Professur für Philosophie in München inne. In Auseinandersetzung mit Werken bekannter Wissenschaftstheoretiker (u. a. mit Arbeiten von R. Carnap, C. G. Hempel und K. R. Popper) forscht er über Erkenntnistheorie, Wissenschaftstheorie, Logik und analytische Philosophie. Stegmüller leistet durch seine Arbeiten zur Wissenschaftstheorie einen wichtigen Beitrag zur ihrer Begründung als Forschungsrichtung in Deutschland und wird Hauptvertreter des wissenschaftstheoretischen Strukturalismus in Deutschland. Er stirbt am 1. Juni 1991 in München.

Wichtige Werke sind: Hauptströmungen der Gegenwartsphilosophie (1952, 1978-1989), Probleme und Resultate der Wissenschaftstheorie und analytischen Philosophie (1969-1986 mit M. Varga von Kibét) und The strukturalist view of theories (1979).

Imre Lakatos

Der britische Wissenschaftshistoriker und -theoretiker wird am 5. November 1922 in Budapest geboren. Sein 1945 in Debrecen begonnenes Studium der Mathematik, Physik und Philosophie setzt er 1945 in Budapest fort. Nach erfolgter Promotion in Philosophie (1949 in Debrecen) studiert er in Moskau. Ab 1960 ist er Dozent und Professor an der London School of Economics and Political Science, ab 1969 Professor für Logik an der London University, und ab 1971 hat er zugleich eine Professur an der Boston University inne. Er stirbt am 2. Februar 1974 in London.

Imre Lakatos zählt neben K. R. Popper zu den führenden Vertretern der Wissenschaftstheorie des Kritischen Rationalismus. In seiner Theorie der Wissenschaftsgeschichte unterstützt Lakatos mit der Methodologie wissenschaftlicher Forschungsprogramme die Vorstellung einer rationalen Methodologie und versucht, zwischen den wissenschaftstheoretischen Positionen Poppers und Kuhns zu vermitteln.

Der von Lakatos zusammen mit A. Musgrave herausgegebene Sammelband »Kritik und Erkenntnisfortschritt« (Braunschweig 1974) hat die wissenschaftstheoretische Diskussion nachhaltig geprägt. Weitere wichtige wissenschaftstheoretische Aufsätze finden sich in den beiden von J. Worall und G. Currie herausgegebenen Bänden »Philosophische Schriften« (Braunschweig 1982).